Versammlungsrecht in der kommunalen Praxis

Grundlagen – Eingriffsnormen – Rechtsschutz

von

Matthias Hettich
Staatsanwalt, Mannheim

ERICH SCHMIDT VERLAG

Bibliografische Information der Deutschen Bibliothek

Die Deutsche Bibliothek verzeichnet diese Publikation in der Deutschen Nationalbibliografie; detaillierte bibliografische Daten sind im Internet über http://dnb.ddb.de abrufbar.

ISBN 3 503 07484 8

Alle Rechte vorbehalten
© Erich Schmidt Verlag GmbH & Co., Berlin 2003
www.ESV.info

Dieses Papier erfüllt die Frankfurter Forderungen
der Deutschen Bibliothek und der Gesellschaft für das Buch
bezüglich der Alterungsbeständigkeit und entspricht sowohl den
strengen Bestimmungen der US Norm Ansi/Niso Z 39.48-1992
als auch der ISO Norm 9706.

Satz: multitext, Berlin
Druck: Ott-Druck, Berlin

Vorwort

Das Buch geht zurück auf meine Tätigkeit als Richter am Verwaltungsgericht Dresden. Es wendet sich besonders an die Sachbearbeiter in Kommunen und Landratsämtern, die mit Versammlungsrecht befasst sind. Den Schwerpunkt der Betrachtung bilden daher die Ausführungen zu Auflagen und Verbot von Versammlungen unter freiem Himmel. Von erheblicher praktischer Relevanz für die Versammlungsbehörden sind des weiteren die Fragen des Versammlungsbegriffs, des Verhältnisses des Versammlungsrechts zu sonstigen Rechtsgebieten, zu Auflagen und Verbot in geschlossenen Räumen und zum gerichtlichen Rechtsschutz. Diese Problemkreise sind daher ebenfalls ausführlich dargestellt.

Im Vordergrund der Betrachtung steht eine ins Einzelne gehende Darstellung und Analyse der Rechtsprechung der Verwaltungsgerichte und des Bundesverfassungsgerichts. Denn für die Versammlungsbehörden wird der Stand der Rechtsprechung stets Ausgangspunkt ihrer rechtlichen Überlegungen sein. Die Darstellung der Rechtsprechung erfolgt stets in kritischer Auseinandersetzung mit abweichenden Ansichten in der rechtswissenschaftlichen Literatur. Das Buch zeigt daher auch auf, wo die Lösungen der Rechtsprechung inhaltlich nicht zu überzeugen vermögen und wo gegebenenfalls ein Wandel der Rechtsprechung zu erwarten ist. Das Buch ist daher auch für Ausbildung und Lehre und alle mit Versammlungsrecht befassten Juristen, insbesondere Richter und Rechtsanwälte geeignet.

Zu der angestrebten Novellierung des Versammlungsgesetzes ist es in der 14. Legislaturperiode nicht gekommen. Das Versammlungsrecht hat in den letzten Jahren, insbesondere seit dem Jahr 2000 gleichwohl eine relativ dynamische Entwicklung genommen. Zwar liegt zu vielen Einzelfragen seit längerem eine gefestigte Rechtsprechung der Verwaltungsgerichte vor; jedoch hat die Judikatur manche Neuerung und Entscheidung umstrittener Fragen gebracht. Dazu gehören insbesondere die Klärung des Versammlungsbegriffs durch die Entscheidung des Bundesverfassungsgerichts zur Love Parade, die Kontroverse zwischen dem OVG Münster und dem Bundesverfassungsgericht über die Bedeutung des Schutzguts der öffentlichen Ordnung bei rechtsextremistischen Demonstrationen sowie – beginnend mit der Entscheidung des Bundesverfassungsgerichts zu einer Versammlung am Gedenktag für die Opfer des Nationalsozialismus – die Bestimmung der Reichweite des Selbstbestimmungsrechts des Veranstalters.

Vorwort

Außerdem hoffe ich, zu manchem Problemkreis, der in der Praxis zwar nicht von zentraler Bedeutung, jedoch noch ungeklärt und umstritten ist, angemessene Lösungsvorschläge machen zu können. Dies betrifft insbesondere Fragen der Reichweite des Konzentrationsgrundsatzes, der Rechtsgrundlage für Maßnahmen gegenüber nichtöffentlichen Versammlungen und der Verfassungsmäßigkeit der Regelungen zu Versammlungsverboten an Sonn- und Feiertagen.

Das Buch berücksichtigt Rechtsprechung und Literatur bis Ende Juni 2003. Für Anregungen und Kritik bin ich jederzeit dankbar. Ich bitte, sie mir an folgende Adresse zu senden: Staatsanwaltschaft Mannheim, L 10, 11–12, 68149 Mannheim.

Mannheim, im Juli 2003   Matthias Hettich

Inhaltsverzeichnis

		Seite	Randnummer
Vorwort	....	5	
Abkürzungsverzeichnis	....	15	
1	**Grundlagen des Versammlungsrechts**	19	1–58
1.1	Das Grundrecht der Versammlungsfreiheit ..	19	1–34
1.1.1	Die Bedeutung der Versammlungsfreiheit ...	19	1
1.1.2	Der Schutzbereich des Art. 8 GG	19	2–28
1.1.2.1	Der Versammlungsbegriff	19	2–19
1.1.2.1.1	Teilnehmerzahl......................	20	3
1.1.2.1.2	Versammlungszweck	20	4–9
1.1.2.1.3	Verfassungsrechtlicher und einfachgesetzlicher Versammlungsbegriff..............	25	10
1.1.2.1.4	Insbesondere: Chaos-Tage, Zeltlager, Paraden und Events	25	11–19
1.1.2.2	Geschütztes Verhalten	30	20–21
1.1.2.3	Friedlich und ohne Waffen.............	31	22–26
1.1.2.4	Ohne Anmeldung oder Erlaubnis	34	27
1.1.2.5	Deutschenrecht......................	34	28
1.1.3	Beschränkungen der Versammlungsfreiheit..	34	29–31
1.1.4	Praktische Bedeutung für die Anwendung des Versammlungsgesetzes	35	32–34
1.1.4.1	Anwendungsbereich des Versammlungsgesetzes.................................	35	32
1.1.4.2	Verfassungskonforme Auslegung des Versammlungsgesetzes...................	35	33
1.1.4.3	Maßnahmen gegen unfriedliche und bewaffnete Versammlungen	36	34
1.2	Das Regelungssystem des Versammlungsgesetzes.................................	36	35–58
1.2.1	Öffentliche Versammlungen.............	36	35–36
1.2.1.1	Versammlungsbegriff...................	36	35
1.2.1.2	Begriff der Öffentlichkeit...............	36	36
1.2.2	Versammlungen in geschlossenen Räumen und Versammlungen unter freiem Himmel ..	37	37–38

Inhaltsverzeichnis

		Seite	Randnummer
1.2.3	Verhältnis des Versammlungsgesetzes zu anderen Rechtsbereichen	38	39–58
1.2.3.1	Bedeutung der Frage	38	39
1.2.3.2	Allgemeine Grundsätze	39	40
1.2.3.3	Verhältnis zum allgemeinen Polizeirecht	40	41–48
1.2.3.3.1	Allgemeines Polizeirecht zur „Lückenfüllung"	40	42
1.2.3.3.2	Maßnahmen gegenüber nichtöffentlichen Versammlungen	41	43
1.2.3.3.3	Maßnahmen gegenüber externen Störern	41	44
1.2.3.3.4	Maßnahmen nach Beendigung der Versammlung	41	45
1.2.3.3.5	Maßnahmen im Vorfeld der Versammlung	42	46–48
1.2.3.4	Verhältnis zum sonstigen Ordnungsrecht	46	49
1.2.3.5	Verhältnis zum Straßen- und Straßenverkehrsrecht	46	50–54
1.2.3.5.1	Erlaubnisfreiheit	46	50
1.2.3.5.2	Interessenausgleich nach § 15 Abs. 1 VersG	46	51
1.2.3.5.3	Reichweite der Erlaubnisfreiheit	47	52–53
1.2.3.5.4	Straßenreinigungspflicht	48	54
1.2.3.6	Verhältnis zu sonstigen Rechtsgebieten	49	55–58
2	**Allgemeine Regelungen für öffentliche Versammlungen**	55	59–91
2.1	Pflicht zur Namensangabe	55	59
2.2	Verbot des Waffentragens	55	60–65
2.2.1	Tatbestand des Verbots	55	60–62
2.2.2	Rechtsfolgen der Verletzung des Verbots	56	63–65
2.3	Uniformverbot	57	66–70
2.3.1	Gesetzeszweck	57	66
2.3.2	Reichweite des Verbots	58	67–69
2.3.3	Bedeutung für die Versammlungsbehörden	61	70
2.4	Störungsverbot	61	71
2.5	Bild- und Tonaufnahmen durch die Polizei	62	72–76
2.5.1	Befugnisse nach § 12 a VersG	62	72–75
2.5.1.1	Verfassungsmäßigkeit des § 12 a VersG	62	73–74
2.5.1.2	Datenerhebung und -speicherung nach § 12 a VersG	64	75

		Seite	Randnummer
2.5.2	Sonstige Befugnisse	64	76
2.6	Kooperation zwischen Versammlungsbehörde und Veranstalter	64	77– 91
2.6.1	Zweck der Kooperation	65	78
2.6.2	Rechtliche Grundlagen der Kooperation	65	79
2.6.3	Durchführung der Kooperation	66	80– 88
2.6.3.1	Voraussetzungen für eine Kooperation	66	80
2.6.3.2	Kooperationspflicht der Behörde	66	81– 85
2.6.3.3	Kooperationsobliegenheit des Veranstalters	68	86– 87
2.6.3.4	Verfahren	69	88
2.6.4	Folgen durchgeführter und unterlassener Kooperation	69	89– 91
3	**Die innere Ordnung der Versammlung**	73	92–107
3.1	Das Ordnungsmodell des Versammlungsgesetzes	73	92– 93
3.2	Die Leitung der Versammlung	74	94– 97
3.2.1	Die Person des Versammlungsleiters	74	94
3.2.2	Fehlen eines Versammlungsleiters	74	95– 96
3.2.3	Zuverlässigkeit des Versammlungsleiters	75	97
3.3	Verwendung von Ordnern	76	98– 99
3.4	Anwesenheit von Polizeibeamten	79	100–102
3.5	Ordnungsbefugnisse des Versammlungsleiters und der Polizei	81	103–107
3.5.1	Zugang zur Versammlung	81	103
3.5.2	Störungen innerhalb der Versammlung	82	104–107
3.5.2.1	Versammlungen in geschlossenen Räumen	82	104–105
3.5.2.2	Versammlungen unter freiem Himmel	83	106–107
4	**Öffentliche Versammlungen unter freiem Himmel**	85	108–233
4.1	Die Anmeldepflicht	85	108–120
4.1.1	Normzweck	85	109–110
4.1.1.1	Überkommene Sichtweise	85	109
4.1.1.2	Heutiges Verständnis	86	110
4.1.2	Inhalt der Anmeldepflicht	86	111–115
4.1.2.1	Sachlicher Anwendungsbereich	86	111–112
4.1.2.2	Verpflichteter: Der Veranstalter	88	113

Inhaltsverzeichnis

		Seite	Randnummer
4.1.2.3	Inhalt der Anmeldung	89	114
4.1.2.4	Anmeldefrist	89	115
4.1.3	Durchsetzung der Anmeldepflicht und Sanktionen	90	116–120
4.1.3.1	Gesetzliche Ausgangslage	90	116
4.1.3.2	Auflösung der Versammlung nach § 15 Abs. 2 VersG	90	117
4.1.3.3	Durchsetzung der Anmeldepflicht	91	118–120
4.2	Auflagen und Verbot	93	121–215
4.2.1	Bedeutung des § 15 Abs. 1 VersG	93	121
4.2.2	Verfassungsmäßigkeit des § 15 Abs. 1 VersG	93	122–134
4.2.2.1	Bestimmtheit der Eingriffsvoraussetzungen	93	122
4.2.2.2	Schutz der öffentlichen Ordnung verfassungsgemäß?	94	123–124
4.2.2.3	Versammlungsverbot wegen Gefährdung der öffentlichen Ordnung?	96	125–130
4.2.2.4	Vereinbarkeit mit Art. 8 GG	102	131
4.2.2.5	Generell enge Auslegung des Tatbestands des § 15 Abs. 1 VersG?	103	132
4.2.2.6	Fazit: Auswirkungen in der Praxis	103	133–134
4.2.3	Tatbestandliche Voraussetzungen für Verbot und Auflagen	104	135–164
4.2.3.1	Öffentliche Sicherheit	104	135–144
4.2.3.2	Öffentliche Ordnung	110	145
4.2.3.3	Unmittelbare Gefahr	111	146–149
4.2.3.4	Gesetzliche Versammlungsverbote	113	150–160
4.2.3.4.1	Bannkreisgesetze	113	151–157
4.2.3.4.2	Sonn- und Feiertagsgesetze	117	158–160
4.2.3.5	Insbesondere: Gefährdungen der öffentlichen Sicherheit oder Ordnung durch extremistische Versammlungen	121	161–164
4.2.3.5.1	Versammlungen von Parteien	121	162
4.2.3.5.2	Versammlungen sonstiger Vereinigungen	122	163
4.2.3.5.3	Sonstige extremistische Versammlungen	124	164
4.2.4	Polizeipflichtigkeit der Versammlung	124	165–178
4.2.4.1	Die Versammlung als Störer	125	166–172
4.2.4.2	Die Versammlung als Nichtstörer	129	173–178
4.2.4.2.1	Echter polizeilicher Notstand	131	176–177
4.2.4.2.2	Unechter polizeilicher Notstand	133	178

Inhaltsverzeichnis

		Seite	Randnummer
4.2.5	Rechtsfolge: Ermessen	134	179–208
4.2.5.1	Entschließungsermessen	134	180
4.2.5.2	Auswahlermessen	135	181–208
4.2.5.2.1	Auflagen	135	182–205
4.2.5.2.2	Verbot	150	206–208
4.2.6	Erlass einer Verbots- oder Auflagenverfügung	153	209–215
4.2.6.1	Adressat der Verfügung	153	209–210
4.2.6.2	Verfahren	154	211
4.2.6.3	Form	155	212
4.2.6.4	Inhalt	155	213–215
4.3	Auflösung nach § 15 Abs. 2 und 3 VersG	157	216–227
4.3.1	Bedeutung der Vorschrift	157	216
4.3.2	Auflösungsgründe	157	217–218
4.3.3	Polizeipflichtigkeit der Versammlung	158	219
4.3.4	Rechtsfolge: Auflösung und andere Beschränkungen	158	220–222
4.3.4.1	Auflösung	159	221
4.3.4.2	Andere Beschränkungen	159	222
4.3.5	Erlass der Auflösungsverfügung	161	223
4.3.6	Wirkung der Auflösung	161	224
4.3.7	Durchsetzung der Auflösung	162	225–227
4.4	Schutzwaffen- und Vermummungsverbot	163	228–233
4.4.1	Verfassungsmäßigkeit des § 17 a VersG	164	229–230
4.4.2	Schutzwaffenverbot	165	231
4.4.3	Vermummungsverbot	165	232
4.4.4	Folgen eines Verstoßes	166	233
5	**Versammlungen in geschlossenen Räumen**	167	234–265
5.1	Einladung	167	234–235
5.2	Verbot und beschränkende Maßnahmen	168	236–256
5.2.1	Bedeutung des § 5 VersG	168	236–238
5.2.2	Verfassungsmäßigkeit des § 5 VersG	169	239–240
5.2.3	Anwendungsbereich	171	241–242
5.2.4	Voraussetzungen für Verbot und beschränkende Maßnahmen	172	243–251
5.2.4.1	§ 5 Nr. 1 VersG	172	243
5.2.4.2	§ 5 Nr. 2 VersG	173	244
5.2.4.3	§ 5 Nr. 3 VersG	173	245–247

Inhaltsverzeichnis

		Seite	Randnummer
5.2.4.4	§ 5 Nr. 4 VersG	175	248–251
5.2.5	Polizeipflichtigkeit der Versammlung	177	252–253
5.2.6	Rechtsfolge: Ermessen	178	254–255
5.2.7	Erlass einer Verbots- oder beschränkenden Verfügung	179	256
5.3	Auflösung nach § 13 VersG	179	257–265
5.3.1	Bedeutung der Vorschrift	179	257
5.3.2	Verfassungsmäßigkeit des § 13 VersG	179	258
5.3.3	Auflösungsgründe	180	259–262
5.3.3.1	§ 13 Abs. 1 Satz 1 Nr. 1 VersG	180	259
5.3.3.2	§ 13 Abs. 1 Satz 1 Nr. 2 VersG	181	260
5.3.3.3	§ 13 Abs. 1 Satz 1 Nr. 3 VersG	182	261
5.3.3.4	§ 13 Abs. 1 Satz 1 Nr. 4 VersG	183	262
5.3.4	Polizeipflichtigkeit der Versammlung	183	263
5.3.5	Rechtsfolge: Auflösung und andere Beschränkungen	183	264
5.3.6	Die Auflösungsverfügung, ihre Folgen und ihre Durchsetzung	183	265
6	**Nichtöffentliche Versammlungen**	185	266–274
6.1	Lösung 1: Anwendung des allgemeinen Polizeirechts	185	267
6.2	Lösung 2: Analoge Anwendung des Versammlungsgesetzes	185	268
6.3	Differenzierung nach Fallgruppen	185	269–274
7	**Rechtsschutz**	191	275–286
7.1	Vorläufiger Rechtsschutz nach § 80 Abs. 5 VwGO	191	275–278
7.2	Abänderungs- und Beschwerdeverfahren	194	279–281
7.3	Einstweilige Anordnungen nach § 123 VwGO	196	282
7.4	Einstweilige Anordnungen nach § 32 BVerfGG	196	283
7.5	Hauptsacheverfahren auf Feststellung der Rechtswidrigkeit	197	284–286

Inhaltsverzeichnis

Seite

Anhänge
Anhang 1   Muster eines Verbotsbescheids   203
Anhang 2   Muster eines Auflagenbescheids mit Anmelde-
           bestätigung und Genehmigung von Ordnern .   211

Literaturverzeichnis   217
Stichwortverzeichnis   223

Abkürzungsverzeichnis

a.A.	anderer Ansicht
a.a.O.	am angegebenen Ort
Abs.	Absatz
a.E.	am Ende
a.F.	alte Fassung
allg. M.	allgemeine Meinung
Alt.	Alternative
Anm.	Anmerkung
ausf.	ausführlich
AöR	Archiv des öffentlichen Rechts
Art.	Artikel (Einzahl)
Artt.	Artikel (Mehrzahl)
AtomG	Atomgesetz
Bayer. VerfGH	Bayerischer Verfassungsgerichtshof
BayObLG	Bayerisches Oberstes Landesgericht
BayVBl.	Bayerische Verwaltungsblätter
Bd.	Band
Begr.	Begründer
Beschl.	Beschluss
BGB	Bürgerliches Gesetzbuch
BGH	Bundesgerichtshof
BGSG	Gesetz über den Bundesgrenzschutz
BImSchG	Bundesimmissionsschutzgesetz
BK	Bonner Kommentar zum Grundgesetz
BSeuchenG	Bundesseuchengesetz
BT-Drs.	Bundestags-Drucksache
BVerfG	Bundesverfassungsgericht
BVerfGE	Entscheidungssammlung des Bundesverfassungsgerichts
BVerfGG	Bundesverfassungsgerichtsgesetz
BVerwG	Bundesverwaltungsgericht
BVerwGE	Entscheidungssammlung des Bundesverwaltungsgerichts
DAR	Deutsches Autorecht
Ders.	Derselbe
Dies.	Dieselben

Abkürzungsverzeichnis

DÖV	Die öffentliche Verwaltung
DVBl.	Deutsches Verwaltungsblatt
EG	Europäische Gemeinschaft
EG-Vertrag	Vertrag zur Gründung der Europäischen Gemeinschaft
EuGH	Europäischer Gerichtshof
EuGHE	Entscheidungssammlung des Europäischen Gerichtshofs
EzSt	Entscheidungssammlung zum Straf- und Ordnungswidrigkeitenrecht
f.	folgende
ff.	(fort-)folgende
Fn.	Fußnote
FStrG	Fernstraßengesetz
GG	Grundgesetz
ggf.	gegebenenfalls
h.M.	herrschende Meinung
Hrsg.	Herausgeber
Hs.	Halbsatz
HSOG	Hessisches Sicherheits- und Ordnungsgesetz
HStR	Handbuch des Staatsrechts
i.S.d.	im Sinne des
i.V.m.	in Verbindung mit
JZ	Juristenzeitung
KG	Kammergericht
krit.	kritisch
LG	Landgericht
lit.	litera (Buchstabe)
LKV	Landes- und Kommunalverwaltung
Ltd. OStA	Leitender Oberstaatsanwalt
m.w.N.	mit weiteren Nachweisen
n.F.	neue Fassung
NJ	Neue Justiz

Abkürzungsverzeichnis

NJW	Neue Juristische Wochenschrift
Nr.	Nummer
NuR	Natur und Recht
NStZ	Neue Zeitschrift für Strafrecht
NStZ-RR	Neue Zeitschrift für Strafrecht, Rechtsprechungsreport
NVwZ	Neue Zeitschrift für Verwaltungsrecht
NVwZ-RR	Neue Zeitschrift für Verwaltungsrecht, Rechtsprechungsreport
OLG	Oberlandesgericht
OVG	Oberverwaltungsgericht
OWiG	Ordnungswidrigkeitengesetz
PAG	Polizeiaufgabengesetz
PolG	Polizeigesetz
Rn.	Randnummer
Rs.	Rechtssache
s.	siehe
S.	Seite
SächsVBl.	Sächsische Verwaltungsblätter
sog.	sogenannte
str.	strittig
st. Rspr.	ständige Rechtsprechung
StGB	Strafgesetzbuch
StPO	Strafprozessordnung
StVO	Straßenverkehrsordnung
TA	Technische Anleitung
ThürVBl.	Thüringer Verwaltungsblätter
u.a.	unter anderem
unstr.	unstrittig
Urt.	Urteil
UWG	Gesetz gegen den unlauteren Wettbewerb
v.	vom
VBlBW	Verwaltungsblätter Baden-Württemberg
VereinsG	Vereinsgesetz
VersG	Versammlungsgesetz

Abkürzungsverzeichnis

VersammlG	Versammlungsgesetz
VerwArch	Verwaltungsarchiv
VG	Verwaltungsgericht
VGH	Verwaltungsgerichtshof
vgl.	vergleiche
VwGO	Verwaltungsgerichtsordnung
VwVfG	Verwaltungsverfahrensgesetz
WaffG	Waffengesetz
WHG	Wasserhaushaltsgesetz
WRV	Weimarer Reichsverfassung
z.B.	zum Beispiel
zit.	zitiert

1 Grundlagen des Versammlungsrechts

1.1 Das Grundrecht der Versammlungsfreiheit

1.1.1 Die Bedeutung der Versammlungsfreiheit

Alle Deutschen haben nach Art. 8 Abs. 1 GG das Recht, sich ohne Anmeldung oder Erlaubnis friedlich und ohne Waffen zu versammeln. Für Versammlungen unter freiem Himmel kann dieses Recht durch Gesetz oder auf Grund eines Gesetzes beschränkt werden (Art. 8 Abs. 2 GG). Nach der Rechtsprechung des Bundesverfassungsgerichts ist die Versammlungsfreiheit – ebenso wie die Meinungsfreiheit – für eine freiheitliche demokratische Ordnung konstituierend (BVerfGE 69, 315, 345). Diese überragende Bedeutung der Versammlungsfreiheit hat erhebliche Auswirkungen auf Anwendung und Auslegung des Versammlungsgesetzes (s. Rn. 32 f.).

1

1.1.2 Der Schutzbereich des Art. 8 GG

1.1.2.1 Versammlungsbegriff

Unter welchen Voraussetzungen eine Versammlung i.S.d. Art. 8 GG vorliegt, ist in manchen Einzelheiten streitig. In der Praxis werden selten Zweifel bestehen, ob es sich um eine Versammlung handelt; in der Mehrzahl der Fälle geht es um Demonstrationszüge und politische Veranstaltungen in geschlossenen Räumen, die eindeutig Versammlungen sind. Auch besteht Einigkeit über die Grundmerkmale, die eine Versammlung ausmachen:

2

– Nur wenn mehrere Menschen zusammenkommen, handelt es sich um eine Versammlung. Die politische Demonstration eines Einzelnen ist keine Versammlung.

– Versammlungen erfordern eine innere Verbindung der Beteiligten zu einem gemeinsamen Handeln. Fehlt es daran, handelt es sich beim Zusammentreffen mehrerer Personen um bloße Ansammlungen, die nicht in den Schutzbereich des Art. 8 Abs. 1 GG fallen. Keine Versammlungen sind daher Ereignisse, zu denen Menschen zusammenkommen, ohne einen gemeinsamen, sie verbindenden Zweck zu verfolgen, z.B. ein Verkehrsunfall, zu dem Neugierige strömen, Volksbelustigungen oder ein Menschenauflauf vor einem Informationsstand. Solche zufälligen Ansammlungen können jedoch zu Versammlungen werden, wenn sich die innere Verbindung im Verlauf einstellt.

In beiden Punkten bestehen jedoch unterschiedliche Auffassungen zu den Einzelheiten:

1.1.2.1.1 Teilnehmerzahl

3 Streitig ist, ob eine Versammlung zwei oder drei Teilnehmer voraussetzt. Überwiegend werden zwei Personen für notwendig und ausreichend gehalten (Dietel/Gintzel/Kniesel, § 1 VersG Rn. 7). Dem ist zu folgen. Es ist kein Gesichtspunkt ersichtlich, Versammlungen von zwei Personen den Schutz des Art. 8 Abs. 1 GG zu versagen. Insbesondere ist m.E. nicht nachvollziehbar, dass der Begriff der Versammlung als solcher eher drei Teilnehmer nahe lege (so BK-Benda, Stand: Mai 1995, Art. 8 GG Rn. 21; noch weitergehend Frowein NJW 1969, 1081 Fn. 10: nur in Ausnahmefällen reichen drei bis fünf Personen aus).

1.1.2.1.2 Versammlungszweck

4 Von größerer Bedeutung ist die Frage, zu welchem Zweck sich Menschen zusammengefunden haben müssen, damit es sich um eine Versammlung i.S.d. Art. 8 Abs. 1 GG handelt. Nach der Rechtsprechung der Verwaltungsgerichte ist eine Versammlung gegeben, wenn Menschen zum Zweck der gemeinsamen Meinungsbildung oder Meinungsäußerung zusammenkommen, d.h. um gemeinsam Diskussionen zu führen oder eine Meinung kundzutun (vgl. nur BVerwGE 82, 34, 38 f.; 56, 63, 69; OVG Berlin LKV 1999, 372, 373; OVG Weimar NVwZ-RR 1998, 497, 498; offen gelassen bei OVG Berlin NJW 2001, 1740 zur sog. Weihnachtsparade 2000).

Dabei muss das Thema der Versammlung weder einen politischen Bezug noch eine öffentliche Angelegenheit zum Gegenstand haben. Dies ist heute ganz überwiegende Meinung in Rechtsprechung und Literatur. Nur vereinzelt wird die Erörterung öffentlicher Angelegenheiten für begriffsnotwendig gehalten (VGH Mannheim NVwZ-RR 1995, 271); diese Auffassung dürfte auch auf die in Preußen 1850 durch Verordnung eingeführte Anzeigepflicht für Versammlungen, in welchen öffentliche Angelegenheiten erörtert und beraten werden sollten, zurückgehen. Als Merkmal des Grundrechts der Versammlungsfreiheit ist die Erörterung öffentlicher Angelegenheiten verfassungsgeschichtlich jedoch nicht belegt. Eine solche Einschränkung des Versammlungsbegriffs wäre auch kaum praktikabel (vgl. Frowein NJW 1969, 1082 sowie Geck DVBl. 1980, 802, jeweils auch mit Ausführungen zum Herkommen des Begriffs „öffentliche Angelegenheit").

Handelt es sich um eine Veranstaltung, die der gemeinsamen Meinungsäußerung oder -bildung dient, verliert sie ihren Charakter als Versammlung nicht dadurch, dass der Veranstalter versucht, ihr ein anderes Gepräge zu geben, um der Anwendung des Versammlungsrechts zu entfliehen. Das Versammlungsrecht gilt daher auch für eine als Versammlung zu beurteilende „Bürgerfragestunde" zu Castor-Transporten nach Gorleben, wenn diese zur selben Zeit und am selben Ort sowie inhaltlich verschränkt mit einer Fraktionssitzung einer Landtagsfraktion stattfindet (BVerfG NVwZ-RR 2001, 442).

Zur kollektiven Meinungsäußerung und -bildung gehört auch die kritische Teilnahme an einer Versammlung. Auch wer den Zielen der Versammlung und den dort vertretenen Meinungen kritisch gegenübersteht, kann sich auf das aus Art. 8 Abs. 1 GG folgende Teilnahmerecht berufen. Besteht das Ziel jedoch in der Verhinderung der Versammlung, ist das Verhalten nicht mehr von der Versammlungsfreiheit gedeckt. Diese setzt die Bereitschaft voraus, die Versammlung in ihrem Bestand hinzunehmen und abweichende Meinungen allein mit kommunikativen Mitteln zu verfolgen (BVerfGE 84, 203, 209; VGH Mannheim NVwZ-RR 1990, 602; s. auch Rn. 44, 71).

Ein erheblicher Teil der Literatur versteht den Versammlungsbegriff weiter 5
als die Rechtsprechung. Die gemeinsame Meinungsbildung oder -äußerung sei nicht konstitutiv für Versammlungen. Jeder beliebige gemeinsame Zweck reiche aus (BK-Benda, Art. 8 GG Rn. 27 f.; HStR-Kloepfer, Rn. 23; Maunz/Dürig-Herzog, Stand: Januar 1987, Art. 8 GG Rn. 50 f.). Als Kommunikationsgrundrecht erfasse Art. 8 Abs. 1 GG alle persönlichen Begegnungen zwischen Menschen, auch das persönliche Gespräch zwischen zwei Personen (so Bleckmann, § 29 Rn. 7 f.). Daher handele es sich auch bei Veranstaltungen, die künstlerischen, wissenschaftlichen, privaten oder Unterhaltungszwecken dienen, wie z.B. Konzerten, Vorträgen, Kongressen oder Fußballspielen, um Versammlungen. Dabei wird zum Teil die Auffassung vertreten, neben diesem weiten Versammlungsbegriff des Grundgesetzes bestehe ein engerer einfachgesetzlicher Versammlungsbegriff. Das Tatbestandsmerkmal „öffentlich" im Versammlungsgesetz beziehe sich auch auf den gemeinsamen Zweck der Versammlungsteilnehmer. Damit werde auf die gemeinsame Meinungsbildung und -kundgabe in öffentlichen Angelegenheiten abgestellt (Dietel/Gintzel/Kniesel, § 1 VersG Rn. 196 ff., 6 ff.).

Nach der Rechtsprechung sind die genannten Veranstaltungen hingegen keine Versammlungen, da sie nicht der gemeinsamen Meinungsbildung oder -äußerung dienen (VGH Mannheim NVwZ-RR 1995, 271). Unproblematisch sind sie jedoch dann Versammlungen, wenn sie in ihrem Verlauf einen demonstrativen, auf Meinungskundgabe gerichteten Charakter annehmen, z.B. wenn ein Vortrag oder ein Konzert die Zuhörer zu politischem Protest veranlasst. Dann sind ab diesem Zeitpunkt auch die Voraussetzungen erfüllt, die die verwaltungsgerichtliche Rechtsprechung an Versammlungen stellt. Unterschiede ergeben sich erst für Veranstaltungen, die einen eindeutig „nichtdemonstrativen" Charakter haben und auch in ihrem Verlauf behalten:

6 Dabei ist der enge Versammlungsbegriff der Rechtsprechung vorzugswürdig. Zwar mag man für den weiten Versammlungsbegriff den Wortlaut des Art. 8 Abs. 1 GG anführen, der einen bestimmten Zweck des Versammelns nicht voraussetzt. Auch § 17 VersG spricht für diese Auffassung: Da der Gesetzgeber bestimmte religiöse Veranstaltungen und hergebrachte Volksfeste von der Anwendung der §§ 14 bis 16 VersG ausnimmt, spricht einiges dafür, dass er solche Veranstaltungen als Versammlungen ansah, obwohl sie typischerweise nicht der Meinungskundgabe dienen – auch wenn eine Gesetzesbegründung zu dieser Vorschrift fehlt (vgl. BT-Drs. 1/1102, S. 10).

Für den engeren Versammlungsbegriff spricht jedoch entscheidend zweierlei. *Erstens:* Die Verbürgung der Versammlungsfreiheit entsprach der Forderung nach Schutz vor staatlichen Eingriffen in Veranstaltungen, die der öffentlichen Meinungsbildung dienten. Der Schutz vor Beeinträchtigungen von Zusammenkünften privater oder gesellschaftlicher Natur spielte in der historischen Entwicklung des Grundrechts der Versammlungsfreiheit keine Rolle. In der Weimarer Republik wurden Konzert-, Vortrags- und Theaterveranstaltungen nicht als von der Versammlungsfreiheit (Art. 123 der Weimarer Reichsverfassung) geschützte Versammlungen angesehen, da ihre Besucher nicht zum Zweck gemeinsamer Erörterungen und Kundgebungen zusammenkommen. Hieran knüpfte das Grundgesetz an (vgl. Geck DVBl. 1980, 802, m.w.N.). Dieser Entstehungsgeschichte kommt bei der Auslegung eine erhebliche Bedeutung zu. Die Einbeziehung der Regelungstradition sowie des rechtlichen und historischen Umfelds der Entstehung von Verfassungsnormen ist – worauf das Bundesverfassungsgericht mehrfach hingewiesen hat (BVerfGE 79, 127, 143 f.; 74, 102, 116; 74, 51, 57) – gerade zur Auslegung von Verfassungsbestimmungen mit „lapidarer Sprachgestalt" erforderlich (a.A. insoweit Geck, a.a.O., der die Entstehungsgeschichte hinter andere Auslegungsaspekte zurücktreten lässt und dem weiten Versammlungsbegriff folgt).

7 *Zweitens:* Die Anwendung des Versammlungsrechts auf private und gesellschaftliche Zusammenkünfte jeglicher Art kann – was bei der Diskussion fast gänzlich übersehen wird – zu unangemessenen Rechtsfolgen führen. Soweit solche Treffen nur einem bestimmten Personenkreis offen stehen und daher nicht öffentlich sind (z.B. Geburtstagsfeiern), ist das Versammlungsgesetz zwar nicht anwendbar. Sind solche Veranstaltungen öffentlich, unterfallen sie jedoch dem Versammlungsgesetz. Das bedeutet: Unter freiem Himmel sind sie anmeldepflichtig. Dies mag zwar privilegierend wirken, soweit die Veranstaltungen auf öffentlichen Verkehrsflächen stattfinden und die eigentlich nach allgemeinem Straßenrecht bestehende Pflicht, eine Sondernutzungserlaubnis einzuholen, durch die bloße Anmeldepflicht nach § 14 VersG verdrängt wird. Geht die Veranstaltung jedoch nicht über den nach Straßenrecht

erlaubnis- und anmeldefreien Gemeingebrauch hinaus, stellt die Anmeldepflicht eine Belastung dar, für die es an einer Rechtfertigung fehlt. Denn typischerweise sind solche Veranstaltungen nicht mit dem Gefahrenpotenzial verbunden, wegen dessen die Anmeldepflicht eingeführt wurde. Die Normen des Versammlungsrechts „passen" hier ersichtlich nicht.

Folge einer Anwendung des Versammlungsgesetzes wäre auch, dass polizeiliche Maßnahmen nur unter den besonderen Voraussetzungen des § 15 VersG, also nur bei einer unmittelbaren Gefahr für Rechtsgüter, die der Versammlungsfreiheit gleichwertig sind, zulässig wären. In kritischen Situationen bei Rockkonzerten und Fußballspielen ist es jedoch sinnvoll, dass die Polizei auf die Gesamtheit der allgemeinen polizeirechtlichen Befugnisse zurückgreifen kann, insbesondere schon bei einer einfachen Gefahr für die öffentliche Sicherheit und Ordnung einschreiten kann (ähnlich Zeitler, Rn. 20; zu polizeilichen Maßnahmen bei Großveranstaltungen vgl. Nolte NVwZ 2001, 147 ff.). Die Regeln des Versammlungsgesetzes sind für solche Veranstaltungen nicht geschaffen.

Manche Anhänger eines weiten Versammlungsbegriffs erkennen dies und versuchen zu begründen, warum rein kommerzielle oder unterhaltende Veranstaltungen keine Versammlungen seien. Bei ihnen fehle es an einer gemeinsamen Zweckverfolgung. Auch sei der Grundrechtsschutz bei rein marktwirtschaftlich orientierten Zusammenkünften von Menschen nicht gerechtfertigt (vgl. Deutelmoser NVwZ 1999, 242 f.). Die Argumentation offenbart die Schwächen des weiten Versammlungsbegriffs: Der Konzertbesuch ist das Zusammenkommen zu einem gemeinsamen Zweck – nämlich, ein Konzert zu hören. Verzichtet man auf das Merkmal der gemeinsamen Meinungsäußerung oder -bildung, ist es inkonsequent und nicht schlüssig begründbar, Konzerten, Kongressen u.ä. den Grundrechtsschutz des Art. 8 GG zu verweigern.

Schließlich sei noch auf Folgendes hingewiesen: Auf die Rechtsprechung 8 des Bundesverfassungsgerichts können sich die Vertreter des weiten Versammlungsbegriffs nicht berufen. Schon in der Brokdorf-Entscheidung hat es „…Versammlungen und Aufzüge – im Unterschied zu bloßen Ansammlungen oder Volksbelustigungen – als Ausdruck gemeinschaftlicher, auf Kommunikation angelegter Entfaltung…" als durch Art. 8 Abs. 1 GG geschützt angesehen und die Versammlungsfreiheit als „…Freiheit zur kollektiven Meinungskundgabe…" gekennzeichnet (BVerfGE 69, 315, 345). Soweit es ausgeführt hat, dass sich der Schutz des Art. 8 Abs. 1 GG nicht auf Veranstaltungen „…beschränkt, auf denen argumentiert und gestritten wird, sondern .. vielfältige Formen gemeinsamen Verhaltens bis hin zu nicht verbalen Ausdrucksformen…" erfasst (a.a.O., S. 343), betrifft dies nur die Frage, ob nur die gemeinsame Meinungskundgabe mit bestimmten Mitteln geschützt ist. Das Bundesverfassungsgericht hat dies verneint. Die Form der Meinungskundgabe ist mithin unerheblich, die Meinungskundgabe jedoch Voraussetzung des Grundrechtsschutzes. Dies ist auch die Rechtsprechung der Verwaltungsgerichte. So genießen z.B. Straßentheater sowie musikalische und tänzerische Darbietungen, die dem Zweck dienen, für die Lehren eines indischen Philosophen öffentlich Stellung zu beziehen, den Schutz des Art. 8 GG (VGH Mannheim NVwZ-RR 1995, 271).

9   Das Bundesverfassungsgericht hat in einer Kammerentscheidung zur Fuckparade und zur Love Parade 2001 die Grundsätze aus der Brokdorf-Entscheidung verdeutlicht und die Rechtsprechung der Verwaltungsgerichte bestätigt. Versammlungen i.S.d. Art. 8 Abs. 1 GG sind demnach nur örtliche Zusammenkünfte mehrerer Personen zwecks gemeinschaftlicher Erörterung und Kundgebung mit dem Ziel der Teilhabe an der öffentlichen Meinungsbildung. Für die Eröffnung des Schutzzwecks der Versammlungsfreiheit reicht es nicht aus, wenn die Teilnehmer bei ihrem gemeinschaftlichen Verhalten zu irgendeinem Zweck miteinander verbunden sind. Denn das Grundrecht der Versammlungsfreiheit erhält seine besondere verfassungsrechtliche Bedeutung in der Demokratie wegen des Bezugs auf den Prozess der öffentlichen Meinungsbildung; gegenüber der allgemeinen Handlungsfreiheit genießt es aus diesem Grund einen gesteigerten Schutz. Bleiben Zweifel, so bewirkt der hohe Rang der Versammlungsfreiheit, dass die Veranstaltung wie eine Versammlung behandelt wird (BVerfG NJW 2001, 2459; kritisch u.a. Wiefelspütz NJW 2002, 275). Der 1. Senat des Bundesverfassungsgerichts hat sich diese Auffassung seiner Kammer in seiner Entscheidung zur Strafbarkeit von Blockaden inzwischen zu eigen gemacht (BVerfGE 102, 94).

Mit dieser Entscheidung hat das Bundesverfassungsgericht seine Auffassung, jede Form der kollektiven Meinungskundgabe sei von Art. 8 Abs. 1 GG geschützt, nicht aufgegeben (so aber offenbar Tschentscher NVwZ 2001, 1244). Es ist zwischen dem Zweck einer Veranstaltung – für Art. 8 Abs. 1 GG reicht nur der Zweck der kollektiven Meinungskundgabe oder -bildung – und den Formen der Meinungskundgabe zu unterscheiden. Meinungskundgabe kann auch in ungewöhnlicher Form erfolgen, aber nicht jedes Verhalten in der Öffentlichkeit ist eine Meinungskundgabe. Versammlungsbehörden und Verwaltungsgerichte haben zu prüfen, ob objektive Gesichtspunkte dafür sprechen, dass die als Versammlung angemeldete Veranstaltung der Meinungskundgabe oder –bildung dient. Dies kann auch bei Veranstaltungen zu bejahen sein, die nicht in der Form einer „klassischen Demonstration" durchgeführt werden. Erst recht ergeben sich aufgrund der Entscheidung des Bundesverfassungsgerichts zur Love Parade keine Abgrenzungsprobleme für nonverbale Demonstrationen wie Schweigemärsche, Mahnwachen und Menschenketten (so aber Tschentscher NVwZ 2001, 1246). Zu solchen Überlegungen gibt die Entscheidung keinerlei Anlass (ebenso Hoffmann-Riem NVwZ 2002, 259; Wiefelspütz NJW 2002, 275).

1.1.2.1.3 Verfassungsrechtlicher und einfachgesetzlicher Versammlungsbegriff

Ein vom Versammlungsgesetz abweichender verfassungsrechtlicher Versammlungsbegriff existiert nicht. Für unterschiedliche Versammlungsbegriffe im Grundgesetz und im einfachen Recht gibt das Gesetz keinerlei Anhaltspunkte. Unterschiede ergeben sich nur insofern, als das Versammlungsgesetz (fast) nur Regelungen zu öffentlichen Versammlungen enthält (s. Rn. 36), grundgesetzlich geschützt jedoch auch nichtöffentliche Versammlungen sind. Dass das Tatbestandsmerkmal „öffentlich" einen weiten verfassungsrechtlichen Versammlungsbegriff auf Versammlungen zum Zwecke der Meinungsbildung und -kundgabe begrenze (so Dietel/Gintzel/Kniesel, § 1 VersG Rn. 197; s. bereits bei Rn. 5), ist nicht zu erkennen. Auch wenn man anders als die Rechtsprechung von einem weiten Versammlungsbegriff in Art. 8 Abs. 1 GG ausgeht, liegt es nach dem Wortsinn nahe, den Begriff der Öffentlichkeit im Hinblick auf die Zugänglichkeit der Versammlung auszulegen.

10

1.1.2.1.4 Insbesondere: Chaos-Tage, Zeltlager, Paraden und Events

Praktisch bedeutsam wurde die Frage nach der Reichweite des Versammlungsbegriffs vor allem für die Chaos-Tage in Hannover, die Hanfparade in Berlin, die jährliche Love Parade in Berlin sowie das Roma-Zeltlager am Rhein in Düsseldorf:

11

Am einfachsten gelagert war der Fall des Zeltlagers, das von der Abschiebung bedrohte Roma am Düsseldorfer Rheinufer zwischen Landtag und Staatskanzlei errichtet hatten. Das Zeltlager war eine Versammlung, weil die Roma damit für ein Bleiberecht eintreten wollten. Der Umstand, dass das Zeltlager mehrere Wochen andauerte, führt per se nicht dazu, das Vorliegen einer Versammlung zu verneinen. Denn allein durch ihre Dauer verliert eine Veranstaltung nicht ihren Versammlungscharakter, solange alle Merkmale des Versammlungsbegriffs erfüllt sind. Daher ist das Zeltlager dann keine Versammlung mehr, wenn es lediglich als Wohnstätte und Ausgangspunkt von Demonstrationen dient, zu dem man nach Beendigung der Demonstration zurückkehrt. Die Gerichte haben Letzteres im konkreten Fall nachvollziehbar verneint und den Versammlungscharakter daher zutreffend bejaht (OVG Münster NVwZ-RR 1992, 360; VG Düsseldorf NVwZ-RR 1992, 185; dazu kritisch Dietlein NVwZ 1992, 1066; Kanther NVwZ 2001, 1242).

12

Zu Recht ist darauf hingewiesen worden, dass den demonstrierenden Roma die rechtliche Verfügungsbefugnis über den Versammlungsort, auf dem sie ihr Zeltlager errichtet hatten, nicht zustand und auch Art. 8 GG ihnen keinen Anspruch auf Überlassung dieses Platzes zum Zweck, dort eine Versammlung durchzuführen, einräumte (vgl. Deger NJW 1997, 924; zu dieser Problematik s. Rn. 190). Eine Versammlung bleibt jedoch eine Versammlung, auch wenn sie an einem Ort stattfindet, für den Veranstalter und Teilnehmer keine Verfügungsbefugnis haben. Dieser Umstand hat vielmehr Bedeutung für die Möglichkeit, nach § 15 Abs. 1 VersG eine Auflage zu erlassen, einen anderen Versammlungsort zu wählen.

13 Die Chaos-Tage 1996 in Hannover sah das VG Hannover als Versammlung an (NVwZ-RR 1997, 622; kritisch Deger, a.a.O., zustimmend Deutelmoser NVwZ 1999, 242). Jedenfalls die meisten Teilnehmer hätten die Absicht gehabt, durch eine Vielzahl von gemeinsam angeführten Aktionen ihre Auffassung vom Leben darzustellen. Dass es unter den Teilnehmern diesbezüglich unterschiedliche Anschauungen gebe, ändere nichts an dem verbindenden Willen, durch provozierendes Verhalten bürgerliche Ordnungsvorstellungen in Frage zu stellen. Das OVG Bremen hingegen hat in einer Entscheidung zur Ingewahrsamnahme einer Person anlässlich der dortigen Chaos-Tage 1996 gar nicht erörtert, ob das Versammlungsgesetz anwendbar ist, sondern die Rechtmäßigkeit der Maßnahme nach dem Polizeigesetz geprüft (NVwZ 2001, 221).

14 Die Love Parade 1997 wurde zunächst unter dem Thema „Save our planet" angemeldet, das Motto später in „Let the sun shine in your heart" geändert. Es solle – so der Veranstalter – demonstriert werden, dass sich alle Menschen für eine lebenswerte und friedliche Umwelt einsetzen sollten. Die Versammlungsbehörde erkannte die Love Parade unter Einschluss der Musikwagen als Versammlung an, nahm hiervon aber das Aufstellen von Getränkeverkaufsständen wegen des insoweit rein kommerziellen Charakters aus. Die gegen die Love Parade gerichteten Klagen wurden abgewiesen, ohne den Versammlungscharakter der Love Parade zu erörtern (OVG Berlin NJW 1998, 1423; VG Berlin, Beschl. v. 24.6.1997, 1 A 221/97).
Auch die Love Parade 1999 unter dem Motto „Music is the key", mit der die Veranstalter ein Zeichen für Offenheit, Toleranz und ein friedliches Miteinander setzen wollten, wurde vom Polizeipräsidenten als Versammlung bestätigt. Das zugleich geplante Love Parade Forum, eine stationäre Veranstaltung, die hauptsächlich der entgeltlichen Versorgung der Teilnehmer mit Speisen und Getränken dienen sollte, war hiervon teilweise ausgenommen. Die Gerichte (OVG Berlin LKV 1999, 372, 373; VG Berlin LKV 1999, 373, 374; LKV 1999, 375, 376) ließen die Frage, ob die Love Parade eine Versammlung sei, ausdrücklich offen; das VG Berlin äußerte jedoch erhebliche Zweifel (LKV 1999, 373, 374). Das Aufstellen von Imbiss- und Verkaufsständen im öffentlichen Verkehrsraum zum Verkauf von Speisen und Getränken (das Love Parade Forum) sei, so VG und OVG übereinstimmend, von der Versammlungsfreiheit jedenfalls nicht umfasst. Recht deutliche Worte fand insoweit das VG Berlin: Die Veranstalter etikettierten mit dem Begriff Love Parade Forum den ganz offensichtlich geschäftlich besonders interessanten Veranstaltungsteil

als gewissermaßen stationäre Versammlung, ohne dass dieses Vorhaben selbst eine versammlungsrechtliche Relevanz habe (LKV 1999, 373, 375). Auch sei das Love Parade Forum keine „Demonstration für den Umweltschutz". Die bloße Wiederherstellung des vormaligen Zustands des Tiergartens nach der Love Parade sei eine aus dem Verursacherprinzip folgende Pflicht. Es seien keinerlei Anhaltspunkte ersichtlich, dass einzelne Standbetreiber mit dem Umweltgesichtspunkt überhaupt an die Öffentlichkeit treten wollten. Vielmehr gebe es hinreichende Indizien, dass das angebliche Engagement für die Umwelt nur vorgeschoben sei, um günstig in den Besitz einer geldwerten Position zu kommen (LKV 1999, 375, 376).

Für die Love Parade 2001 verneinten VG und OVG Berlin das Vorliegen einer Versammlung, da es am konstitutiven Element der Meinungskundgabe fehle und Musik und Tanz hier nicht auf Meinungskundgabe gerichtet seien. Das Bundesverfassungsgericht hat in einer Kammerentscheidung den Antrag des Veranstalters auf Erlass einer einstweiligen Anordnung abgelehnt und damit die Beschlüsse des VG und des OVG Berlin bestätigt. Art. 8 Abs. 1 GG schütze nur das Zusammenkommen zur gemeinsamen Meinungsbildung oder -kundgabe. Es sei verfassungsrechtlich nicht zu beanstanden, wenn die Verwaltungsgerichte den Versammlungsbegriff des Versammlungsgesetzes in Anlehnung an den verfassungsrechtlichen Versammlungsbegriff auslegten. Veranstaltungen, die der bloßen Zurschaustellung eines Lebensgefühls dienten oder als eine auf Spaß und Unterhaltung gerichtete Massenparty gedacht seien, fielen hierunter nicht. Eine Musik- oder Tanzveranstaltung werde auch nicht allein dadurch insgesamt zu einer Versammlung, dass bei ihrer Gelegenheit auch Meinungen geäußert würden (BVerfG NJW 2001, 2459; bei Skinheadkonzerten kann im Einzelfall hingegen nicht die Unterhaltung, sondern die Meinungsbildung im Vordergrund stehen, vgl. hierzu – auf der Grundlage eines weiten Versammlungsbegriffs – Führing NVwZ 2001, 158 f., zu einem Runderlass des Innenministeriums Sachsen-Anhalt vom 9. 11. 1999, abgedruckt in NVwZ 2000, 414 sowie Thalmaier BayVBl. 2002, 517 ff. und Renck BayVBl. 2002, 523 f.). In derselben Entscheidung hat das Bundesverfassungsgericht zur Fuckparade ausgeführt, es sei verfassungsrechtlich tragfähig, dass das OVG Berlin auch diese Veranstaltung nicht als Versammlung angesehen habe. Es sei nicht zu beanstanden darauf abzustellen, dass das vorgesehene Verteilen von 20.000 Handzetteln mit kritischen Äußerungen zur Berliner Kulturpolitik der Veranstaltung nicht das Gesamtgepräge als Massenspektakel oder Volksbelustigung nehme (a.a.O.).

Anders beurteilte das VG Berlin die Hanfparade, bei der für die Freigabe *15* des Hanfanbaus geworben und auch Hanfartikel verkauft werden sollten. Dieser Verkauf sei vom Grundrechtsschutz mitumfasst. Wegen der Freiheit, die Mittel der Meinungskundgabe zu wählen, fielen Versammlungsteile nicht allein deswegen aus dem Schutzbereich heraus, weil damit nebenbei auch Gewinnerzielungsabsichten des Veranstalters verfolgt würden, sofern sich noch ein inhaltlicher Bezug zum Veranstaltungsthema herstellen lasse (Beschl. v. 28.8.1998, 1 A 383/98).

16 Ein Stadtlauf von Inline-Skatern ist keine Versammlung. Die Meinungskundgabe tritt gegenüber der sportlichen Betätigung und dem Unterhaltungscharakter vollkommen in den Hintergrund (OVG Münster NVwZ 2001, 1316).

17 Alle genannten Fälle sind durch eine allgemeine Problematik gekennzeichnet: Da das Versammlungsgrundrecht die Freiheit umfasst, die Mittel der Meinungskundgabe zu wählen (s. Rn. 8), kann auch die Verwirklichung einer bestimmten Lebensform, die Lebensgestaltung selbst ein zulässiges Kundgabemittel und damit Ausübung der Versammlungsfreiheit sein. Sogleich stellt sich jedoch die Frage, in welchen Fällen es sich nur noch um diese individuelle Lebensgestaltung und nicht mehr um Meinungskundgabe handelt. Sind Zeltlager, Chaos-Tage und Love Parade keine Kundgabe, sondern jeweils nur Umsetzen einer Lebensweise (vgl. Dietlein sowie Deger, je a.a.O.) oder handelt es sich doch um Versammlungen, da sich Verwirklichung der Lebensart und Meinungskundgabe nicht gegenseitig ausschließen (so Deutelmoser NVwZ 1998, 242)? Diese Streitfrage hat mit der Kammerentscheidung des Bundesverfassungsgerichts eine gewisse Klärung erfahren. Hervorzuheben ist jedoch, dass mit diesem Beschluss nicht entschieden ist, dass solche Veranstaltungen unter keinen Umständen Versammlungen i.S.d. Art. 8 Abs. 1 GG sein können (so aber offenbar Tschentscher NVwZ 2001, 1244; s. dazu bereits Rn. 9). Die dargestellte Rechtsprechung zeigt, dass die in der zitierten Literatur zu findende Gegenüberstellung von individueller Lebensgestaltung und Versammlungsfreiheit die Komplexität des Problems nicht erschöpft. Vielmehr haben sich folgende Grundlinien herausgebildet:

18 *Erstens:* Der Einwand, es handele sich bei bestimmten Veranstaltungen (oder Teilen von Veranstaltungen) bloß um individuelle Lebensgestaltung, reicht per se nicht aus, um das Vorliegen einer Versammlung zu verneinen. Die Freiheit, die Mittel der Meinungskundgabe zu wählen, schließt auch solche Kundgabemittel, bei entsprechendem thematischen Bezug sogar den Verkauf von Gegenständen ein – wie der Fall der Hanfparade zeigt.

Andererseits kann die schlichte Behauptung des Veranstalters, mit beliebigen Tätigkeiten für etwas Bestimmtes einzutreten, nicht dazu führen, den Schutz des Versammlungsrechts zu erlangen. Auch angesichts der Freiheit, die Kundgabemittel zu wählen, dürfen und müssen Behörden und Gerichte Feststellungen dazu treffen, ob die Veranstaltung der Meinungsbildung oder -kundgabe dient. Zutreffend haben die Verwaltungsgerichte daher geprüft, ob das Zeltlager der Roma zu einer bloßen Wohnstätte geworden war und ob das Love Parade Forum kommerziellen Zwecken diente. Das Bundesverfassungsgericht hat diese Vorgehensweise in seiner Entscheidung zur Love Parade 2001 und zur Fuckparade bestätigt: Zwar stehe es den Beteiligten frei, ihre Ausdrucksmittel zu wählen, jedoch sei die rechtliche Einordnung dieses Verhaltens Aufgabe der Gerichte (NJW 2001, 2459). Sprechen konkrete Anhaltspunkte für versammlungsfremde Zwecke, kommt dem Vorbringen des Veranstalters, es handele sich um eine Versammlung, keine entscheidende Bedeutung zu. Dabei können – wie von den Gerichten beim Zeltlager der Roma und der Love Parade vorgenommen – ernstlich nur objektive Gesichtspunkte herangezogen werden; eine Abgrenzung nach der subjektiven Absicht der Veranstalter kann kaum zu tragfähigen Ergebnissen führen. Daher hinerlässt auch die Entscheidung des VG Hannover zu den Chaos-Tagen einen unbefriedigenden Eindruck, da nachprüfbare Feststellungen zum angegebenen Versammlungszweck fehlen.

Zweitens: Besondere Probleme treten auf, wenn Veranstaltungen objektiv mehreren Zwecken dienen, z.B. der Belustigung und der Meinungskundgabe oder der Meinungskundgabe und kommerziellen Zwecken. Grundsätzlich sind hier zwei Herangehensweisen denkbar: *19*

– Die gesamte Veranstaltung wird einheitlich beurteilt, also – je nach dem Ergebnis der rechtlichen Prüfung – nach Versammlungsrecht oder nach den allgemeinen Regeln des Polizei-, Straßen- und Straßenverkehrsrechts. So ist das OVG Berlin in seiner Entscheidung zur Fuckparade vorgegangen, indem es auf das Gesamtgepräge der Veranstaltung abgestellt hat.
– Die einzelnen Teile der Veranstaltung werden getrennt beurteilt, der eine nach Versammlungsrecht, der andere nach den allgemeinen Regeln des Polizei-, Straßen- und Straßenverkehrsrecht. Dies lag den Entscheidungen von VG und OVG Berlin zum Love Parade Forum im Jahr 1999 zugrunde.

Die beiden Methoden sind nur scheinbar miteinander unvereinbar. Die isolierte Beurteilung einzelner Veranstaltungsteile ist nur möglich, soweit diese sachlich trennbar sind. Beim Love Parade Forum war dies der Fall, bei der Fuckparade war das Verteilen der Handzettel möglicherweise von der Veranstaltung insgesamt nicht zu trennen. Handelt es sich hingegen um eigenständige, trennbare Veranstaltungsteile, ist die getrennte rechtliche Beurteilung auch angemessen. Des besonderen Grundrechtsschutzes aus Art. 8 Abs. 1 GG bedürfen kommerzielle und ähnliche Aktivitäten, die zu Versammlungen hinzutreten, nicht.

Daraus folgt also: Kommerzielle oder sonstige, für sich nicht auf Meinungskundgabe gerichtete Aktivitäten, die im Rahmen von als Versammlungen angemeldeten Veranstaltungen geplant sind, können unabhängig von anderen Teilen der Veranstaltung auf ihre versammlungsrechtliche Relevanz überprüft werden, soweit sie sachlich getrennt werden können. Es bedarf also keiner Gesamtbetrachtung, ob die vorgesehenen Tätigkeiten, z.B. Demonstration und Imbissstände in ihrer Gesamtheit eine Versammlung sind. Begleiterscheinungen einer Demonstration nehmen also nicht automatisch an den Privilegierungen des Versammlungsrechts teil. Für sie ist gegebenenfalls eine Sondernutzungserlaubnis erforderlich (s. Rn. 52).

Anders liegt es hingegen, wenn auf Meinungskundgabe gerichtete und andere Veranstaltungselemente untrennbar miteinander verwoben sind. Dann kann nur eine einheitliche rechtliche Beurteilung der Veranstaltung erfolgen. Ist die Meinungskundgabe ein völlig untergeordneter Zweck, kann nur in Betracht kommen, der Veranstaltung insgesamt den Versammlungscharakter abzusprechen; dem entspricht es, wenn das Bundesverfassungsgericht von Meinungskundgabe „bei Gelegenheit" einer Musik- und Tanzveranstaltung spricht. Im übrigen ist es denkbar, auf den Schwerpunkt, den Hauptzweck der Veranstaltung oder darauf abzustellen, ob bei den mehreren verfolgten Zwecken die Meinungskundgabe eine erhebliche, wenn auch nicht die überwiegende Rolle spielt. Mit dem letzteren Kriterium wird man in Zweifelsfällen häufiger zur Bejahung des Versammlungscharakters kommen als bei einer bloßen Schwerpunktbetrachtung.

1.1.2.2 Geschütztes Verhalten

20 Die Versammlungsfreiheit gewährleistet die Freiheit der Teilnahme an einer Versammlung ebenso wie die Freiheit des Zu- und Abgangs zu ihr. Geschützt ist der gesamte Vorgang des Sich-Versammelns (BVerfGE 84, 203, 209; von Mangoldt/Klein/Starck-Gusy, Art. 8 GG Rn. 30, 32 m.w.N.; a.A. von Münch/Kunig-Kunig, Art. 8 GG Rn. 18). Die Behinderung von Anfahrten zu einer Demonstration und schleppende vorbeugende Kontrollen sind daher Eingriffe in die Versammlungsfreiheit (vgl. BVerfGE 69, 315, 349). Gewährleistet sind auch das Recht zur Veranstaltung und das zur Leitung einer Versammlung.

21 Kern der Versammlungsfreiheit ist das Selbstbestimmungsrecht des Veranstalters über Ort, Zeitpunkt, Art und Inhalt der Versammlung (BVerfGE 69, 315, 343). Bereits aus der allgemeinen Grundrechtsdogmatik folgt jedoch, dass Eingriffe in dieses Selbstbestimmungsrecht nicht per se unzulässig sind, sondern verfassungsrechtlich gerechtfertigt sein können. Als Grundrechtseingriffe bedürfen sie einer verfassungsrechtlichen Rechtfertigung und einer gesetzlichen Ermächtigungsgrundlage; unter Beachtung dieser Voraussetzungen sind Eingriffe möglich. Dementsprechend war es bereits Rechtsprechung des Bundesverwaltungsgerichts, dass das Selbstbestimmungsrecht des Veranstalters über den Ort der Versammlung ihm keinen Anspruch auf Überlassung von Flächen einräumt, über die er keine Verfügungsbefugnis besitzt (BVerwGE 91, 135; Buchholz 11, Art. 8 GG Nr. 7). Beginnend mit seiner

Entscheidung zu einer Versammlung am Gedenktag für die Opfer des Nationalsozialismus hat das Bundesverfassungsgericht klargestellt, dass das Selbstbestimmungsrecht dem Veranstalter nur das Recht gewährt, sein Demonstrationsinteresse eigenständig zu konkretisieren. Kollidiert sein Grundrecht der Versammlungsfreiheit aber mit anderen Rechtsgütern, obliegt es der Versammlungsbehörde, diese Kollision im Wege der Abwägung der widerstreitenden Interessen aufzulösen (BVerfG NJW 2001, 1409; s. ausf. Rn. 190, 195).

1.1.2.3 Friedlich und ohne Waffen

Versammlungen sind nur grundgesetzlich geschützt, soweit sie friedlich und ohne Waffen durchgeführt werden. Insoweit ist, wie aus dem Wortlaut ersichtlich, bereits der Schutzbereich des Art. 8 Abs. 1 GG zurückgenommen. 22

Der Begriff der Friedlichkeit ist durch die Rechtsprechung des Bundesverfassungsgerichts, der die Literatur ganz überwiegend folgt, im wesentlichen geklärt: Erst äußerliche Handlungen von einiger Gefährlichkeit wie etwa Gewalttätigkeiten oder aggressive Ausschreitungen gegen Personen oder Sachen machen eine Versammlung unfriedlich, nicht hingegen Behinderungen Dritter, seien diese auch gewollt und nicht nur in Kauf genommen. Der strafrechtliche Gewaltbegriff gilt hier also nicht. Erst recht führt nicht jeder Rechtsverstoß zur Unfriedlichkeit der Versammlung. Anderenfalls stünde die Eröffnung des Schutzbereichs unter einem Vorbehalt der Gesetzmäßigkeit; des Gesetzesvorbehalts des Art. 8 Abs. 2 GG bedürfte es dann nicht (BVerfGE 104, 92; 87, 399, 406; 73, 206, 248). 23

Unfriedliches Verhalten einzelner Versammlungsteilnehmer und erst recht Störungen Außenstehender machen eine Versammlung nicht insgesamt unfriedlich. Anderenfalls hätten es einige wenige Demonstranten oder gar Dritte in der Hand, Versammlungen ihren Grundrechtsschutz zu nehmen. Die friedlichen Versammlungsteilnehmer können sich weiterhin auf Art. 8 Abs. 1 GG berufen. Die Versammlung ist erst dann nicht mehr friedlich, wenn das Verhalten der unfriedlichen Versammlungsteilnehmer der Veranstaltung ihr Gepräge gibt (Sachs-Höfling, Art. 8 GG Rn. 33 f. m.w.N.).

Im Jahr 2001 hat das Bundesverfassungsgericht eine Reihe von Kammerentscheidungen zu rechtsextremistischen Versammlungen getroffen (s. ausf. Rn. 126 ff., 145). Dabei hat es auch ausgesprochen, Art. 8 GG schütze Aufmärsche mit paramilitärischen oder sonst wie einschüchternden Begleitumständen nicht (NJW 2001, 2069). Damit scheinen solche Versammlungen nicht in den Schutzbereich des Art. 8 GG zu fallen. Der Sache nach ist das Gericht m.E. jedoch davon ausgegangen, dass solche Versammlungen sehr wohl in den Schutzbereich des Art. 8 GG fallen, jedoch wegen der Gefährdung der öffentlichen Ordnung Auflagen erlassen werden können, die nach Art. 8 Abs. 2 GG auch zulässig sind. Diese Einordnung solcher Aufmärsche ist auch zutreffend. Denn nicht jede Versammlung mit einschüchterndem Charakter ist unfriedlich im oben beschriebenen Sinn.

24   Praktische Bedeutung hat die Frage der Friedlichkeit insbesondere für Sitzblockaden: Beschränken sich Teilnehmer einer Sitzblockade auf passive Resistenz und bleiben insoweit friedlich, ist der Schutzbereich des Art. 8 Abs. 1 GG eröffnet. Das bedeutet jedoch nicht, dass Sitzblockaden zwingend rechtmäßig sind. Vielmehr können Sitzblockaden – auch wenn sie i.S.d. Art. 8 Abs. 1 GG friedlich und daher grundgesetzlich geschützt sind – nach § 15 VersG wegen einer unmittelbaren Gefahr für die öffentliche Sicherheit und Ordnung aufgelöst werden, wenn die Behinderung Dritter beabsichtigt wird, um die Aufmerksamkeit für das Demonstrationsanliegen zu erhöhen. Die Polizei kann in solchen Fällen einschreiten, wenn die Rechte Dritter, insbesondere ihre Fortbewegungsmöglichkeit nicht nur geringfügig beeinträchtigt sind. Führt die Demonstration hingegen nur als Nebenfolge zu Behinderungen Dritter, die typischerweise bei der Ausübung der Versammlungsfreiheit unvermeidbar sind und die sich auch durch zumutbare Auflagen nicht abwenden lassen, kommen Maßnahmen gegen die Versammlung nicht in Betracht. Diese Grundsätze aus der Mutlangen-Entscheidung des Bundesverfassungsgerichts (BVerfGE 73, 206, 249 f.) haben auch heute noch Bestand (s. auch Rn. 141, 189 ff.). Die nachfolgenden Entscheidungen des Bundesverfassungsgerichts und des Bundesgerichtshofs (vgl. insbesondere BVerfGE 104, 92; 92, 1; 87, 394; BGHSt 41, 182) betrafen nur die Frage, ob und in welchem Umfang Sitzblockaden Ordnungswidrigkeiten und Straftaten sind. Die Teilnehmer an Blockaden können sich auch zivilrechtlichen Schadensersatzansprüchen ausgesetzt sehen (vgl. BGH NJW 1998, 377, 380).

25   Nur Versammlungen ohne Waffen sind vom Grundrecht der Versammlungsfreiheit erfasst. Bereits das Tragen der Waffen lässt den Grundrechtsschutz entfallen, auf den Einsatz kommt es nicht an (von Mangoldt/Klein/Starck-Gusy, Art. 8 GG Rn. 26 f.). Waffen i.S.d. Art. 8 Abs. 1 GG sind jedenfalls die sog. technischen Waffen, die schon zur Verletzung von Menschen hergestellt worden sind. Dies sind die Waffen des § 1 WaffG, insbesondere Schusswaffen, Messer und chemische Kampfstoffe.

Darüber hinaus sieht die wohl überwiegende Meinung auch sonstige gefährliche Werkzeuge, die zur Verletzung von Personen oder zur Beschädigung von Sachen geeignet sind und zu diesem Zweck mitgeführt werden, als Waffen i.S.d. Art. 8 Abs. 1 GG an, z.B. Eisenstangen, Baseballschläger, Spazierstöcke (Maunz/Dürig-Herzog, Art. 8 GG Rn. 66; von Mangoldt/Klein/Starck-Gusy, Art. 8 GG Rn. 27; sehr weitgehend Dietel/Gintzel/Kniesel, § 1 VersG Rn. 143, § 2 VersG Rn. 14 ff.: gegebenenfalls auch Farbbeutel oder rohe Eier). M.E. meint Art. 8 GG jedoch nur die Waffen im technischen Sinn. Dafür spricht zunächst der Wortlaut, der sonstige gefährliche Gegenstände nicht erwähnt. Auch die Geschichte des Waffenrechts belegt dies: Der Waffenbegriff des Waffenrechts sah nicht erst mit dem Waffengesetz von 1968, sondern bereits seit den dreißiger Jahren als Wesensmerkmal der Waffe die *Zweck*bestimmung an, seinem Besitzer in einem Kampf als Angriffs- oder Verteidigungsmittel zu dienen (vgl. Potyrkus/Steindorf, § 1 WaffG Rn. 2 m.w.N.). Es spricht nichts dafür, dass der Verfassungsgesetzgeber von einem anderen Waffenbegriff ausging. Auch in anderen Bereichen herrscht – bei näherer Betrachtung – derselbe Waffenbegriff:

Dies gilt auch für den sogenannten weiteren Waffenbegriff des Strafrechts. Er soll nicht nur die Waffe im technischen Sinn, sondern auch für Angriff oder Verteidigung nur geeignete Gegenstände umfassen. Die §§ 224 Abs. 1 Nr. 2, 244 Abs. 1 Nr. 1a, 250 Abs. 1 Nr. 1a StGB sehen für die Körperverletzung, den Diebstahl und den Raub eine höhere Strafdrohung vor, wenn die Taten mittels oder unter Mitführen einer Waffe oder eines anderen gefährlichen Werkzeugs begangen werden. Ein eigenständiger weiterer Waffenbegriff besteht hier jedoch nicht. Soweit im Strafrecht vom sogenannten weiteren Waffenbegriff gesprochen wird, handelt es sich lediglich um eine begriffliche Zusammenfassung der Tatbestandsmerkmale „Waffe" und „anderes gefährliches Werkzeug". Dies belegt auch ein Blick in die Rechtsprechung der Strafgerichte: Danach ergibt sich der strafrechtliche Waffenbegriff erst aus der systematischen Interpretation des Tatbestandsmerkmals „Waffe" im Hinblick auf das daneben gestellte Tatbestandsmerkmal „anderes gefährliches Werkzeug" (vgl. BGH NJW 1998, 2915, 2916). Das Tatbestandsmerkmal „Waffe" in diesen Strafgesetznormen meint mithin ebenfalls nur die technische Waffe i.S.d. § 1 WaffG (so auch Tröndle/Fischer, § 244 StGB Rn. 3). Wäre der Gesetzgeber hingegen von einem eigenständigen, per se weiteren Waffenbegriff des Strafrechts ausgegangen, hätte er auf die Begehungsform mittels eines anderen gefährlichen Werkzeugs verzichten können. Das Gleiche gilt für § 2 Abs. 3 VersG: Auch hier hielt es der Gesetzgeber für erforderlich, dem offensichtlich i.S.d. § 1 WaffG zu verstehenden Waffenbegriff eine Tatbestandsalternative für sonstige Gegenstände hinzuzufügen.

Der Begriff der Waffe im Art. 8 Abs. 1 GG ist daher i.S.d. § 1 WaffG zu verstehen (so auch Sachs-Höfling, Art. 8 GG Rn. 36; Jarass/Pieroth-Jarass, Art. 8 GG Rn. 6; ähnlich von Münch/Kunig-Kunig, Art. 8 GG Rn. 26). Daraus folgt zugleich: Das Mitführen sonstiger Gegenstände, die nur durch die Art ihrer Verwendung gefährlich werden können, macht eine Versammlung gegebenenfalls unfriedlich und lässt dann den Grundrechtsschutz entfallen.

Einigkeit besteht darüber, dass Schutzgegenstände wie Helme oder Schilde, auch wenn sie der Gesetzgeber in § 17a VersG als Schutzwaffen bezeichnet, 26 keine Waffen i.S.d. Art. 8 Abs. 1 GG sind, da sie nicht zum Angriff geeignet sind. Der Schutzbereich der Versammlungsfreiheit ist auch beim Mitführen solcher Dinge eröffnet (vgl. Maunz/Dürig-Herzog, Art. 8 GG Rn. 68).

1.1.2.4 Ohne Anmeldung oder Erlaubnis

27 Das Grundgesetz schützt explizit das Versammeln ohne Erlaubnis und Anmeldung. Die in § 14 VersG geregelte Anmeldepflicht für Versammlungen unter freiem Himmel schränkt dieses Recht ein; die Einschränkung ist verfassungsgemäß (s. Rn. 108). Jedoch muss der Umstand, dass zum Schutzbereich des Grundrechts das Versammeln ohne Anmeldung und Erlaubnis gehört, Auswirkungen haben – auf die Anmeldepflicht bei Spontan- und Eilversammlungen (s. Rn. 111) und auf die Möglichkeit, die Versammlung bei unterlassener Anmeldung aufzulösen (s. Rn. 217).

1.1.2.5 Deutschenrecht

28 Das Grundrecht der Versammlungsfreiheit steht nur Deutschen zu. Ausländer können sich insoweit nur auf die allgemeine Handlungsfreiheit des Art. 2 Abs. 1 GG berufen. Jedoch räumt das einfache Recht in § 1 VersG jedermann das Recht ein, an öffentlichen Versammlungen und Aufzüge teilzunehmen und sie zu veranstalten.

1.1.3 Beschränkungen der Versammlungsfreiheit

29 Die Pflicht zur Anmeldung von Versammlungen, Auflagen, Verbote und Auflösungen sind zielgerichtete Eingriffe in die Versammlungsfreiheit. Auch die Regelungen der Bannkreisgesetze sowie der Sonn- und Feiertagsgesetze beschränken die Versammlungsfreiheit unmittelbar. In einzelnen Punkten wird die Verfassungsmäßigkeit aller genannten Einschränkungen bezweifelt. Hierauf wird bei der Darstellung der §§ 5, 15 VersG ausführlich eingegangen (s. Rn. 108, 122 ff., 153, 159, 239, 258).

30 Faktische Beeinträchtigungen der Versammlungsfreiheit von solchem Gewicht, dass sie von der Teilnahme an einer Versammlung abschrecken können, sind ebenfalls Eingriffe in die Versammlungsfreiheit (Jarass/Pieroth-Jarass, Art. 8 GG Rn. 11). Dies gilt z.B. für die Behinderung der Anfahrt und schleppende vorbeugende Kontrollen, die den Zugang zu einer Demonstration unzumutbar beeinträchtigen (BVerfGE 69, 315, 349). Auch sonstige Realakte können Eingriffe in die Versammlungsfreiheit sein, wenn sie die kollektive Meinungsäußerung oder -bildung erheblich behindern (vgl. z.B. VG München NVwZ 2000, 461, zu rechtswidrigen polizeilichen Maßnahmen, die

verhinderten, dass der chinesische Staatspräsident eine Mahnwache wahrnehmen konnte).

Versammlungen in geschlossenen Räumen unterliegen nicht dem Gesetzesvorbehalt des Art. 8 Abs. 2 GG. Staatliche Eingriffe sind daher nur zulässig, soweit damit die Begrenzungen des Schutzbereichs auf friedliche und waffenlose Versammlungen nachgezeichnet werden oder wenn dies zum Schutz eines kollidierenden Verfassungsguts geboten ist. Eine Übertragung der Schranken des Art. 9 Abs. 2 GG im Wege der Analogie (so Maunz/Dürig-Herzog, Art. 8 GG Rn. 127; a.A. Sachs-Höfling, Art. 8 GG Rn. 70; Schwäble, S. 168) kommt nicht in Betracht; die Folge wäre, dass Versammlungen in geschlossenen Räumen u.a. unter der Schranke der Strafgesetze stünden. Für eine analoge Anwendung fehlt es bereits an einer Regelungslücke im Grundgesetz. Der Verfassungsgesetzgeber hat zur Vereinigungsfreiheit und zur Versammlungsfreiheit je eigene Schrankenbestimmungen getroffen, deren Sinn nicht durch eine voraussetzungslose Übertragung der Grundrechtsschranken unterlaufen werden kann. 31

1.1.4 Praktische Bedeutung für die Anwendung des Versammlungsgesetzes

1.1.4.1 Anwendungsbereich des Versammlungsgesetzes

Die Frage, wie weit das Grundrecht der Versammlungsfreiheit reicht, hat nicht allein verfassungsrechtliche Bedeutung, sondern bringt erhebliche praktische Auswirkungen für die Anwendung des Versammlungsgesetzes mit sich. Auf der Hand liegt dies für das Problem, ob auch Veranstaltungen ohne Meinungskundgabe, wie z.B. Konzerte und wissenschaftliche Kongresse Versammlungen sind; diese Streitfrage betrifft unmittelbar die Anwendbarkeit des Versammlungsgesetzes – wenn man von einem einheitlichen Versammlungsbegriff in Verfassung und einfachem Recht ausgeht (s. Rn. 10). 32

1.1.4.2 Verfassungskonforme Auslegung des Versammlungsgesetzes

Die grundlegende Bedeutung der Versammlungsfreiheit für die freiheitliche Ordnung muss bei der Auslegung der einzelnen Bestimmungen des Versammlungsgesetzes stets bedacht werden. Daraus folgt insbesondere, dass Verbot und Auflösung einer Versammlung nur ausgesprochen werden dürfen, wenn dies zum Schutz gleichwertiger Rechtsgüter notwendig ist und wenn eine unmittelbare Gefährdung der öffentlichen Sicherheit und Ordnung abgewendet werden muss (BVerfGE 87, 339, 409; 69, 315, 343 ff.; s. Rn. 206 f., 220 f.). Das Versammlungsgesetz, das in wesentlichen Teilen noch unverändert aus dem Jahr 1953 stammt, trägt dieser Bedeutung der Versammlungsfreiheit in seinem Wortlaut nicht immer Rechnung. So besteht z.B. nach ganz h.M. entgegen dem klaren Wortlaut des § 15 Abs. 2 VersG keine Möglich- 33

Grundlagen des Versammlungsrechts

keit, eine Versammlung allein deswegen aufzulösen, weil sie nicht angemeldet war (s. hierzu auch Rn. 217). In solchen Fällen bedarf es der verfassungskonformen Auslegung des Versammlungsgesetzes.

Das Gleiche gilt für die Anmeldepflicht bei Spontan- und Eilversammlungen. § 14 VersG gilt – in verfassungskonformer Auslegung – für Spontanversammlungen nicht und für Eilversammlungen nur in modifizierter Form. Anderenfalls wäre die Versammlungsfreiheit unzulässig eingeschränkt (s. Rn. 108, 111).

1.1.4.3 Maßnahmen gegen unfriedliche oder bewaffnete Versammlungen

34 Unfriedliche oder bewaffnete Versammlungen genießen keinen Grundrechtsschutz (s. Rn. 22 ff.). Gleichwohl handelt es sich um Versammlungen, so dass das Versammlungsgesetz anzuwenden ist (BVerwG NVwZ 1988, 250, 251). Die Voraussetzungen für ein Verbot oder eine Auflösung nach § 15 VersG dürften jedoch regelmäßig gegeben sein. Im Rahmen der Ermessensausübung und der Verhältnismäßigkeitsprüfung ist zudem – zugunsten der Eingriffsmöglichkeit – zu berücksichtigen, dass die Versammlung nicht unter Art. 8 Abs. 1 GG fällt.

1.2 Das Regelungssystem des Versammlungsgesetzes

1.2.1 Öffentliche Versammlungen

1.2.1.1 Versammlungsbegriff

35 Das Versammlungsgesetz enthält nur Regelungen zu Versammlungen. Bloße Ansammlungen (s. Rn. 2) sind in ihm nicht geregelt. Gegenüber dem Grundgesetz folgt das Versammlungsgesetz keinem eigenen Versammlungsbegriff (s. Rn. 10). Ob es sich um eine Versammlung handelt, beurteilt sich also nach Grundgesetz und Versammlungsgesetz gleich.

1.2.1.2 Begriff der Öffentlichkeit

36 Das Versammlungsgesetz erfasst im wesentlichen nur öffentliche Versammlungen. Nur wenige Bestimmungen, insbesondere die §§ 3, 21 VersG, gelten auch für nichtöffentliche Versammlungen. Im übrigen fallen nichtöffentliche Versammlungen von vornherein nicht in den Anwendungsbereich des Versammlungsgesetzes. Es kann sich bei ihnen gleichwohl um Versammlungen i.S.d. Art. 8 Abs. 1 GG handeln. Der Schutzbereich des Grundrechts der Versammlungsfreiheit umfasst unstreitig öffentliche und nichtöffentliche Versammlungen (BVerwG NVwZ 1991, 991). Auf der Ebene des einfachen Rechts gilt für diese vor allem das allgemeine Polizei- und Ordnungsrecht (str.; s. Rn. 266 ff.).

Eine Versammlung ist öffentlich, wenn sie sich nicht an einen abgeschlossenen Personenkreis richtet. Entscheidend ist dabei nicht, wer an der Veranstaltung teilnimmt, sondern wem der Veranstalter das Zutrittsrecht zur Versammlung einräumt – unabhängig davon, wer davon Gebrauch macht. Öffentlich ist eine Veranstaltung daher, wenn der Zutritt grundsätzlich jedermann oder einem individuell nicht abgegrenzten Personenkreis gestattet ist (BVerwG NVwZ 1999, 991, 992; Buchholz 11, Art. 8 GG Nr. 8). Wie sich aus § 6 Abs. 1 VersG ergibt, führt bei einer Versammlung in einem geschlossenen Raum jedoch nicht jeder Ausschluss bestimmter Personen oder Personenkreise in der Einladung dazu, dass es sich um eine nichtöffentliche Versammlung handelt (s. Rn. 234). Einladungen nur an einen bestimmten Personenkreis machen jedoch in der Regel eine Versammlung nichtöffentlich. Mitgliederversammlungen von Gewerkschaften und Parteien sind daher nichtöffentlich (vgl. – noch immer instruktiv – Frowein NJW 1969, 1082). Stellt der Veranstalter einer Versammlung, zu der nur ein bestimmter Personenkreis eingeladen ist, jedoch nicht sicher, dass nur die eingeladenen Personen Zutritt haben, liegt eine öffentliche Versammlung vor. Denn Zutritt wird dann einem nicht abgeschlossenen Personenkreis gewährt (OVG Weimar NVwZ-RR 1998, 497, 499; von Mangoldt/Klein/Starck-Gusy, Art. 8 GG Rn. 61).

Nichtöffentliche Versammlungen unter freiem Himmel sind kaum denkbar. Sie liegen nur dann vor, wenn der Wille zur Begrenzung des teilnehmenden Personenkreises eindeutig hervortritt und während der gesamten Dauer der Veranstaltung durchgesetzt wird. Da öffentliche Straßen und Plätze von jedermann aufgesucht werden können, sind Versammlungen unter freiem Himmel in der Regel jedem zugänglich. Faktisch sind nichtöffentliche Versammlungen unter freiem Himmel daher nur auf befriedetem Besitztum möglich (so zutreffend von Mangoldt/Klein/Starck-Gusy, a.a.O.; ähnlich Frowein NJW 1969, 1083: Versammlungen unter freiem Himmel sind öffentlich, wenn sie entweder allen oder unbestimmt vielen zur Teilnahme offen stehen oder sich an die Öffentlichkeit wenden; weitergehend Dietel/Gintzel/Kniesel, § 1 VersG Rn. 212: Versammlungen unter freiem Himmel sind stets öffentlich).

1.2.2 Versammlungen in geschlossenen Räumen und Versammlungen unter freiem Himmel

Das Versammlungsgesetz trifft in seinen Abschnitten II und III unterschiedliche Regelungen für Versammlungen in geschlossenen Räumen einerseits (§§ 5 bis 13) und Versammlungen unter freiem Himmel und Aufzüge andererseits (§§ 14 bis 20). Ein Grund hierfür ist, dass der Gesetzesvorbehalt in Art. 8 Abs. 2 GG für Versammlungen unter freiem Himmel nicht gilt.

37

Grundlagen des Versammlungsrechts

Die Unterscheidung knüpft daran an, dass Versammlungen unter freiem Himmel ein höheres Gefahrenpotenzial haben. Für die Abgrenzung kommt es daher entgegen dem Wortlaut nicht entscheidend darauf an, ob die Versammlung unter einem Dach stattfindet. Denn Gefahren, die der Versammlung drohen oder von ihr ausgehen können, ergeben sich typischerweise aus der ungehinderten Kommunikation mit dem räumlichen Umfeld der Versammlung. Entscheidend ist daher nicht die Offenheit nach oben, sondern zur Seite hin. Ist der Versammlungsort baulich nach außen abgeschlossen und nur durch Türen zu betreten, jedoch nicht überdacht, wie z. B. ein ummauerter Innenhof, handelt es sich daher um eine Versammlung in einem geschlossenen Raum. Andererseits liegt eine Versammlung unter freiem Himmel vor, wenn der Ort der Versammlung zwar überdacht, aber nach allen Seiten offen ist (so bereits Frowein NJW 1969, 1083, heute allgemeine Meinung; zu Streitpunkten in Einzelfragen bei Sportstadien sowie Lautsprecherübertragungen aus geschlossenen Räumen nach außen vgl. Krüger, S. 30 ff.).

Für Versammlungen unter freiem Himmel unterscheidet das Versammlungsgesetz zwischen Versammlungen und Aufzügen. Aufzüge sind Versammlungen, die sich fortbewegen – im Unterschied zu stationären Versammlungen. Eigene Regelungen, die nur für Aufzüge oder nur für stationäre Versammlungen gelten, treffen nur die §§ 18, 19 VersG, die vor allem Normen zur inneren Ordnung der Versammlung enthalten (s. Rn. 106). Der Einfachheit halber spreche ich in diesem Buch im übrigen nur von Versammlungen und Demonstrationen, Aufzüge mit eingeschlossen.

38 Zudem macht das Gesetz für Gottesdienste unter freiem Himmel, kirchliche Prozessionen, Bittgänge und Wallfahrten, gewöhnliche Leichenbegängnisse, Züge von Hochzeitsgesellschaften und hergebrachte Volksfeste eine Ausnahme. Die §§ 14 bis 16 VersG gelten für sie nicht (§ 17 VersG). Auch das Vermummungs- und Schutzwaffenverbot ist auf sie nicht anwendbar (§ 17a Abs. 3 Satz 1 VersG). Die meisten dieser Veranstaltungen sind mangels Meinungskundgabe oder -bildung ohnehin keine Versammlungen.

1.2.3 Verhältnis des Versammlungsgesetzes zu anderen Rechtsbereichen

1.2.3.1 Bedeutung der Frage

39 Von erheblicher praktischer Bedeutung und in manchen Einzelheiten noch nicht abschließend geklärt ist das Verhältnis des Versammlungsgesetzes zu Regelungen in anderen Gesetzen. Dieser Aspekt betrifft nicht nur „rein akademische Abgrenzungsfragen", sondern ist auch für die Praxis der Versammlungsbehörden wesentlich. Dabei geht es zum einen darum, ob Verfügungen gegenüber Veranstalter, Versammlungsleiter und Teilnehmern auf Rechtsgrundlagen außerhalb des Versammlungsgesetzes, z.B. das Bauordnungs-

recht oder das Wegerecht gestützt werden können (Frage der Spezialität des Versammlungsgesetzes). Zum zweiten geht es um die Frage, welche sonstigen Rechtsvorschriften die Versammlungsbehörde bei der Anwendung der Vorschriften des Versammlungsgesetzes mitberücksichtigen und prüfen darf und muss (Frage der Konzentrationswirkung).

1.2.3.2 Allgemeine Grundsätze

In diesem Bereich stellt sich eine Vielzahl von Einzelproblemen, die zum Teil unterschiedlichen Regeln folgen. Jedoch lassen sich als Ausgangspunkt folgende Grundsätze feststellen: *40*

– Das Versammlungsgesetz regelt die Voraussetzungen für die Durchführung von Versammlungen und die Zulässigkeit von Eingriffen und Beschränkungen wie Auflagen, Verbot und Auflösung. Insoweit unterliegen Versammlungen keinen weitergehenden Beschränkungen und Eingriffen (BVerwGE 80, 158). Dies betrifft zum einen das Verhältnis zum allgemeinen Polizei- und Ordnungsrecht: Das Versammlungsgesetz regelt die Befugnisse zur Beschränkung der Versammlungsfreiheit abschließend, so dass polizeiliche Maßnahmen gegen Teilnehmer einer Versammlung nur auf der Grundlage des Versammlungsgesetzes erlassen werden können. Das Versammlungsgesetz mit seinen gegenüber dem allgemeinen Polizei- und Ordnungsrecht erhöhten Eingriffsvoraussetzungen ist insoweit lex specialis (sog. Polizeifestigkeit des Versammlungsgesetzes, vgl. VGH Mannheim NVwZ 1998, 761, 763; Urt. v. 16.11.1999, 1 S 1315/98; Dietel/Gintzel/Kniesel, § 1 VersG Rn. 188).

– Zum anderen sind die §§ 14, 15 VersG Spezialregelungen zu den Vorschriften des allgemeinen Straßen- und Straßenverkehrsrechts: Die Regelung des § 29 Abs. 2 StVO, wonach Veranstaltungen, für die Straßen mehr als verkehrsüblich in Anspruch genommen werden, der Erlaubnis bedürfen, ist auf Versammlungen nicht anwendbar. Die §§ 14, 15 VersG stellen insoweit Spezialregelungen dar mit der Folge, dass es bei der bloßen Anmeldepflicht des § 14 VersG verbleibt; eine straßenrechtliche Erlaubnispflicht besteht nicht (BVerwGE 82, 34, 39 ff.). Die §§ 14, 15 VersG haben insoweit eine Konzentrationswirkung. Dieses im Versammlungsgesetz vorgesehene Verfahren ersetzt Genehmigungen und Erlaubnisse, die für die typischerweise mit Versammlungen verbundenen Sondernutzungen sonst erforderlich wären.

– Nach h.M. gilt die Ausschlusswirkung gegenüber dem Polizeirecht jedoch nicht ausnahmslos. Sie erfasst – den zeitlichen Ablauf einer Versammlung betreffend – nur den im Versammlungsgesetz geregelten Bereich und bezieht sich – inhaltlich – nur auf gezielte Eingriffe in die Versammlungsfreiheit und auf behördliches Tätigwerden bei versammlungsspezifischen Gefahren (BVerwGE 80, 158; VGH Mannheim NVwZ 1998, 761, 763; a.A. Ridder-Breitbach/Deiseroth/Rühl, § 15 VersG Rn. 39, 54 ff.). Die Einzelheiten sind ebenso wie der Umfang des Konzentrationsgrundsatzes ungeklärt; die offenen Fragen werden im folgenden ausführlich dargestellt.

1.2.3.3 Verhältnis zum allgemeinen Polizeirecht

41 Einen übergeordneten Grundsatz der Polizeifestigkeit des Versammlungsgesetzes gibt es nicht (ebenso Zeitler, Rn. 48). Ob bestimmte Rechtsvorschriften leges speciales sind und daher die Anwendung anderer Normen ausschließen, ist eine Frage der allgemeinen Gesetzesauslegung. Von erheblicher Bedeutung ist hier Art. 72 GG. Er bestimmt, dass der Landesgesetzgeber mit ergänzenden und abweichenden Regelungen nur ausgeschlossen ist, *solange und soweit* der Bund von seiner Regelungskompetenz Gebrauch gemacht hat. Eine bundesrechtliche Regelung hat daher nur Sperrwirkung, wenn sie den geregelten Sachbereich erschöpfend regelt (vgl. nur BVerfGE 20, 238, 248 f.).

Eine solche erschöpfende Regelung ist das Versammlungsgesetz im Verhältnis zum allgemeinen Polizeirecht, wie ausgeführt, soweit es um die Abwehr von sog. versammlungsspezifischen Gefahren geht. Maßnahmen gegenüber den Teilnehmern einer Versammlung können daher nur auf der Grundlage des Versammlungsgesetzes getroffen werden. Die versammlungsrechtlichen Regelungen mit ihren erhöhten Eingriffsschwellen wären überflüssig, wenn zugleich nach der polizeilichen Generalklausel vorgegangen werden könnte. Dies widerspräche offensichtlich dem Zweck der Regelungen in den §§ 5, 13, 15 VersG.

Außerhalb dieses Bereiches gilt im einzelnen Folgendes:

1.2.3.3.1 Allgemeines Polizeirecht zur „Lückenfüllung"

42 Wo das Versammlungsgesetz für die Abwehr versammlungsspezifischer Gefahren keine Regelungen enthält, sind ergänzend die Regelungen des Polizei- und Ordnungsrechts des jeweiligen Bundeslandes anzuwenden. Dies betrifft insbesondere die Heranziehung der Vorschriften über die Polizeipflichtigkeit und das Vorgehen gegen Nichtstörer bei Versammlungen unter freiem Himmel (s. Rn. 165 ff.; zu Versammlungen in geschlossenen Räumen s. Rn. 253, 260). Das Versammlungsgesetz regelt auch die polizeilichen Zwangsbefugnisse zur Durchsetzung von Anordnungen, die auf der Grundlage des Versammlungsgesetzes ergangen sind, nicht. Insoweit gilt das jeweilige Landespolizeirecht (Bayer. VerfGH NVwZ 1999, 664, 666).

Das Regelungssystem des Versammlungsgesetzes

Entgegen der Rechtsprechung des Bundesverwaltungsgerichts bedarf es hingegen keines Rückgriffs auf das allgemeine Polizei- und Ordnungsrecht zur Ausfüllung des Begriffs der Auflagen in § 15 VersG (s. Rn. 187).

1.2.3.3.2 Maßnahmen gegenüber nichtöffentlichen Versammlungen

Das Versammlungsgesetz enthält fast keine Regelungen zu nichtöffentlichen Versammlungen. Im Hinblick auf nichtöffentliche Versammlungen ist das Versammlungsgesetz nicht abschließend. Insoweit ist das allgemeine Polizei- und Ordnungsrecht anwendbar (str., s. Rn. 266 ff.). 43

1.2.3.3.3 Maßnahmen gegenüber externen Störern

Das Versammlungsgesetz enthält keine Ermächtigung zu Maßnahmen gegenüber Nichtteilnehmern, die den ordnungsgemäßen Ablauf einer öffentlichen Versammlung zu stören versuchen: Die Befugnisse des Versammlungsleiters reichen insoweit nicht aus; Maßnahmen gegen die Versammlung wie Verbot oder Auflösung würden gegen das Gebot, die von Dritten rechtswidrig gestörte Versammlung zu schützen, verstoßen; das Störungsverbot des § 2 Abs. 2 VersG ist keine ausreichende Ermächtigungsgrundlage für ein polizeiliches Einschreiten. Gegen externe Störer kann die Polizei daher auf der Grundlage der polizeilichen Generalklausel nach allgemeinem Polizei- und Ordnungsrecht vorgehen und ihnen gegenüber ein Zutrittsverbot erlassen (VGH Mannheim NVwZ-RR 1990, 602; bestätigt von BVerwG, Beschl. v. 15.5.1990, 1 B 59/90 und BVerfGE 84, 203). 44

1.2.3.3.4 Maßnahmen nach Beendigung der Versammlung

Für den Zeitraum nach Beendigung der Versammlung sieht das Versammlungsgesetz nur in § 13 Abs. 2, der über § 18 Abs. 1 VersG auch für Versammlungen unter freiem Himmel gilt, eine Regelung vor. Danach haben sich alle Teilnehmer sofort zu entfernen, sobald eine Versammlung für aufgelöst erklärt ist. Im übrigen enthält das Versammlungsgesetz insoweit keine Regelungen. Daher ist das allgemeine Polizei- und Ordnungsrecht hier anwendbar, z.B. soweit es um die Durchsetzung der Entfernungspflicht mittels Verbringungsgewahrsams geht (KG NVwZ 2000, 468, 469 f.; Krüger, S. 36 f.; Dietel/Gintzel/Kniesel, § 1 VersG Rn. 73 ff., § 15 Rn. 51 m.w.N. aus der Rechtsprechung). Solange jedoch die Versammlung nicht aufgelöst ist, gilt das Versammlungsgesetz; Maßnahmen wie Ingewahrsamnahme und Abtransport von Versammlungsteilnehmern können dann nicht auf allgemeines Polizei- und Ordnungsrecht gestützt werden. Der Grundrechtsschutz des Art. 8 Abs. 1 GG ist erst beendet, wenn die Versammlung förmlich beendet 45 ist. Nach der förmlichen Auflösung ist allgemeines Polizei- und Ordnungsrecht anwendbar (OVG Bremen NVwZ 1987, 235, 236; Dietel/Gintzel/Kniesel, § 13 VersG Rn. 50).

1.2.3.3.5 Maßnahmen im Vorfeld der Versammlung

46 Der umstrittenste Bereich im Verhältnis von Versammlungsgesetz und allgemeinem Polizei- und Ordnungsrecht betrifft polizeiliche Maßnahmen im Vorfeld der Versammlung. Unstreitig gehört der Vorgang des Sich-Versammelns, soweit er friedlich und ohne Waffen i.S.d. Art. 8 Abs. 1 GG geschieht, verfassungsrechtlich zum Schutzbereich der Versammlungsfreiheit (s. Rn. 20). Klar ist ebenso, dass das Versammlungsgesetz diesen Bereich einer Versammlung kaum regelt. Für den Vorfeldbereich einer Versammlung hält die Rechtsprechung daher polizeiliche Maßnahmen aufgrund allgemeinen Polizei- und Ordnungsrechts, z.B. Errichtung von Kontrollstellen, Durchsuchung und Sicherstellung von Gegenständen für zulässig. Das Versammlungsgesetz regele allein die rechtlichen Voraussetzungen für die Durchführung von Versammlungen und die zulässigen Beschränkungen von Versammlungen als solchen. Nur für diese typischen Eingriffsfälle wie Auflagen, Verbot und Auflösung sei das Versammlungsgesetz eine abschließende Regelung. Mangels eigener Regelungen zum Vorfeldbereich entfalte das Versammlungsgesetz insoweit keine Sperrwirkung (Bayer. VerfGH NVwZ 1991, 664, 666; VGH Mannheim, Urt. v. 16.11.1998, 1 S 1315/98; NVwZ 1998, 761, 763; VGH München BayVBl. 1983, 434, 436; OVG Münster DVBl. 1982, 653, 654; VG Braunschweig NVwZ 1988, 661; VG Würzburg NJW 1980, 2541; der Sache nach ebenso, ohne das Verhältnis von Versammlungsrecht und Polizeirecht zu erörtern: BVerwGE 45, 51; zustimmend Deger NVwZ 1999, 267; Ridder-Hase, § 12 a VersG Rn. 25 ff.; Ridder-Hartmann, § 5 VersG Rn. 46; Drews/Wacke/Vogel/Martens, § 11, 2 g: vorläufige Maßnahmen wie Anhalten anreisender Teilnehmer, deren Durchsuchung, Sicherstellung von Waffen auf der Grundlage der polizeilichen Generalklausel sind zulässig).

Im Widerspruch zu dieser Auffassung steht eine Entscheidung des Bundesverwaltungsgerichts zur Einrichtung von Kontrollstellen im Vorfeld von Großdemonstrationen. Die Frage nach der Zulässigkeit solcher Kontrollstellen rechtfertige die Zulassung der Revision nicht. Ein Versammlungsverbot sei nur das äußerste Mittel zur Abwehr von Gefahren für die öffentliche Sicherheit und Ordnung. § 15 Abs. 1 VersG verweise mit der Wendung, die zuständige Behörde könne die Versammlung von „bestimmten Auflagen" abhängig machen, auch auf den Katalog der dieser Behörde zur Abwehr unmittelbarer Gefahren zustehenden polizeilichen Befugnisse nach dem jeweiligen

Landesrecht (Beschl. v. 23. 8. 1991, 1 B 77/91). Damit hat das Bundesverwaltungsgericht indirekt ausgesprochen, Kontrollstellen im Vorfeld von Versammlungen könnten auf der Grundlage des § 15 Abs. 1 VersG in Verbindung mit Landespolizeirecht eingerichtet werden. Demnach enthielte das Versammlungsgesetz doch Regelungen zum Vorfeldbereich. Die Auffassung des Bundesverwaltungsgerichts trifft jedoch nicht zu: Die Rechtsprechung, § 15 Abs. 1 VersG verweise mit dem Begriff der Auflagen auf die Befugnisse nach Landespolizeirecht, ist abzulehnen (s. ausf. Rn. 187). Aber auch auf der Grundlage dieser Rechtsprechung ermöglicht § 15 Abs. 1 VersG nicht die Einrichtung von Kontrollstellen im Vorfeld einer Versammlung. Mit der Möglichkeit nach § 15 Abs. 1 VersG, die Versammlung von bestimmten Auflagen abhängig zu machen, ist die Befugnis zu belastenden Verwaltungsakten eingeräumt, die dem Veranstalter bestimmte Handlungen oder Unterlassungen aufgibt. Solchen Auflagen kann der Veranstalter Folge leisten oder – wie § 15 Abs. 2 VersG formuliert – zuwiderhandeln. Sie betreffen die Durchführung der Versammlung. Einseitige Zwangsmaßnahmen der Polizei sind keine Auflagen, von denen die Versammlung abhängt. Die Entscheidung des Bundesverwaltungsgerichts ist daher mit dem Wortlaut des § 15 Abs. 1 VersG unvereinbar.

Ob die Auffassung der ganz überwiegenden Rechtsprechung, das Versammlungsgesetz entfalte für den Vorfeldbereich keine Sperrwirkung, zutrifft, ist fraglich. Dies zeigt die Auslegung des § 2 Abs. 3 Satz 2 VersG. Die Vorschrift enthält das Verbot, gefährliche Gegenstände auf dem Weg zu Versammlungen mitzuführen oder zu Versammlungen hinzuschaffen, und damit eine (vereinzelte) Regelung zum Vorfeld der Versammlung. In seiner ursprünglichen Fassung verbot diese Vorschrift nur, Waffen bei sich zu führen; die Erweiterung dieses Verbots auf den Vorfeldbereich erfolgte 1978 durch eine Gesetzesänderung in der Absicht, auf die veränderten Gegebenheiten und neue Gefahren im Vorfeld von Versammlungen zu reagieren (vgl. hierzu Ridder-Breitbach § 2 VersG Rn. 17). § 2 Abs. 3 VersG enthält – in seiner Ursprungs- wie in seiner heutigen Fassung – keine Ermächtigungsgrundlage zur Durchsetzung des Verbots. Jedoch knüpfen die Vorschriften über Versammlungen in geschlossenen Räumen Rechtsfolgen an eine Verletzung des Waffentragungsverbots: Nach § 5 Nr. 2 VersG kann eine Versammlung in geschlossenen Räumen verboten werden, wenn der Veranstalter oder der Leiter der Versammlung Teilnehmern Zutritt gewährt, die Waffen oder sonstige Gegenstände im Sinne von § 2 Abs. 3 VersG mit sich führen. Eine Versammlung in geschlossenen Räumen kann nach § 13 Abs. 1 Nr. 3 VersG aufgelöst werden, wenn der Leiter Personen, die Waffen oder sonstige Gegenstände im Sinne von § 2 Abs. 3 VersG mit sich führen, nicht sofort ausschließt und für die Durchführung des Ausschlusses sorgt. Diese Regelungen wurden bei der

Novellierung des § 2 Abs. 3 VersG im Jahre 1978 redaktionell an das auf sonstige Gegenstände erweiterte Waffentragungsverbot angepasst, blieben jedoch inhaltlich unverändert.

Daraus folgt: Obwohl das Waffentragungsverbot zeitlich nach vorne erstreckt wurde, greifen die daran anknüpfenden Sanktionen – mit Ausnahme der Strafvorschrift in § 27 Abs. 1 VersG – weiterhin erst bei oder unmittelbar vor Beginn der Versammlung ein (ebenso Ridder-Hartmann, § 5 VersG Rn. 46). Wenn der Gesetzgeber gerade wegen besonderer Gefahren der Bewaffnung im Vorfeldbereich einer Versammlung eine Verbotsregelung erweitert, hieran jedoch nur strafrechtliche Folgen knüpft und das Instrumentarium der Polizei unverändert lässt, spricht einiges dafür, dass der Gesetzgeber eine abschließende Regelung getroffen hat, so dass ein Rückgriff auf Landespolizeirecht insoweit ausgeschlossen ist. Anderes könnte man nur annehmen, wenn der Gesetzgeber das Problem übersehen hätte und somit eine Regelungslücke entstanden wäre, die man – mangels abschließender Regelung im Versammlungsgesetz – mit dem allgemeinen Polizei- und Ordnungsrecht schließt. Eine solche Annahme ist aber problematisch, da der Gesetzgeber bei der Novellierung 1978 die Vorschriften der §§ 5 Nr. 2, 13 Abs. 1 Nr. 3 VersG geändert hat, ohne die präventiv-polizeilichen Möglichkeiten auf den Vorfeldbereich auszudehnen. Für ein Versehen des Gesetzgebers – und damit für eine nicht abschließende Regelung des Vorfeldbereichs im Versammlungsgesetz – könnte allenfalls die Gesetzesbegründung zum neuen § 2 Abs. 3 VersG sprechen, dass das Waffentragungsverbot auf die Vorbereitungsphase ausgedehnt werde, damit „...die zuständigen Behörden bereits vor Beginn von Versammlungen durch präventive Maßnahmen für einen friedlichen und waffenlosen Versammlungsverlauf sorgen können..." (Beschlussempfehlung des Rechtsausschusses, BT-Drs. 8/1845, S. 10).

47 Jedenfalls begegnen polizeiliche Maßnahmen im Vorfeld einer Versammlung, die auf der Grundlage des allgemeinen Polizei- und Ordnungsrechts ergehen, Bedenken im Hinblick auf das Zitiergebot des Art. 19 Abs. 1 Satz 2 GG. Die jeweiligen landesrechtlichen Gesetze führen die Versammlungsfreiheit als eingeschränktes Grundrecht nicht auf. Dies kann nur rechtmäßig sein, wenn das Zitiergebot keine Anwendung findet. Nach der Rechtsprechung des Bundesverfassungsgerichts ist das in drei Fällen anzunehmen, nämlich wenn es sich um ein vorkonstitutionelles Gesetz handelt, wenn ein nachkonstitutionelles Gesetz lediglich bereits geltende Grundrechtsbeschränkungen unverändert oder mit geringen Abweichungen wiederholt oder wenn es sich nicht um Grundrechtsbeschränkungen, sondern um Regelungen handelt, die der Gesetzgeber in Ausführung der ihm obliegenden, im Grundrecht vorgesehenen Regelungsaufträge, Inhaltsbestimmungen oder Schrankenziehungen vornimmt. In Interpretation dieser Rechtsprechung nimmt die Literatur zum Teil

an, mittelbare Grundrechtsbeschränkungen unterfielen ebenfalls nicht dem Zitiergebot (von Münch/Kunig-Krebs, Art. 19 GG Rn. 16f. m.w.N.). Eine Ausnahme vom Zitiergebot kann hier nur nach der dritten Fallgruppe in Betracht kommen. Um bloß mittelbare Grundrechtsbeeinträchtigungen handelt es sich jedoch nicht. Vorfeldkontrollen durch Einrichtung von Kontrollstellen, an denen Personenfeststellungen, Durchsuchungen und Sicherstellungen von Gegenständen stattfinden, sind gezielte Eingriffe in die Versammlungsfreiheit (ebenso Deger NVwZ 1999, 267). Gerade die Schaffung von Ermächtigungsgrundlagen zur Einrichtung von Kontrollstellen (z.B. § 26 Abs. 1 Nr. 4 PolG Baden-Württemberg) erfolgte zur Abwehr versammlungsspezifischer Gefahren (Zeitler, Rn. 54, der ebenfalls einen Verstoß gegen das Zitiergebot annimmt; weitere verfassungsrechtliche Bedenken werden geltend gemacht bei Ridder-Hase, § 12a VersG Rn. 24ff.). Die genannten Maßnahmen gehen auch über Einschränkungen hinaus, die lediglich die in der Versammlungsfreiheit selbst angelegten Grenzen der Friedlichkeit und Waffenlosigkeit nachzeichnen. Sie erfassen als regelmäßige Konsequenz, nicht als atypische Nebenfolge eine Vielzahl von anreisenden friedlichen Demonstrationsteilnehmern.

Hält man jedoch mit der ganz h.M. in der Rechtsprechung polizeiliche Maßnahmen im Vorfeldbereich auf der Grundlage des allgemeinen Polizeirechts für zulässig, kommt es entscheidend darauf an, den Vorfeldbereich vom im Versammlungsgesetz geregelten Bereich der eigentlichen Versammlung zeitlich abzugrenzen. Der VGH Mannheim hat im Fall einer Razzia bei einer Versammlung in einem geschlossenen Raum angenommen, das versammlungsgesetzliche Regelungswerk erfasse eine Versammlung erst, sobald sie der Ordnungsgewalt eines Versammlungsleiters unterliegt (NVwZ 1998, 761, 763; insoweit zustimmend Deger NVwZ 1999, 266). Diese zeitliche Abgrenzung dürfte zutreffen. Denn das Versammlungsgesetz – geschaffen mit der Konzeption, der Versammlungsleiter regele die innere Ordnung der Versammlung – regelt den davor liegenden Zeitraum kaum. 48

Für die Frage, ob es sich um eine nach Polizeirecht zu beurteilende Vorfeldmaßnahme handelt, kann es nur darauf ankommen, wann diese Maßnahme ihre Wirkung entfalten soll. Eine polizeiliche Meldeauflage, die dem Betroffenen aufgibt, sich zu bestimmten Zeitpunkten, für die Versammlungen angemeldet sind, bei der Polizei zu melden, soll der Gefahrenabwehr für den Zeitraum der Durchführung der Versammlung dienen. Es handelt sich daher nicht um eine Vorfeldmaßnahme, sondern um eine nach § 15 Abs. 1 VersG zu beurteilende Auflage (a.A. VGH Mannheim, Urt. v. 16.11.1999, 1 S 1315/98; s. dazu auch Rn. 203)

Grundlagen des Versammlungsrechts

1.2.3.4 Verhältnis zum sonstigen Ordnungsrecht

49 Allgemein anerkannt ist, dass Anordnungen aus bauordnungs-, feuersicherheits- und seuchenrechtlichen Gründen nach den jeweils einschlägigen Ermächtigungsgrundlagen auch gegenüber Versammlungen grundsätzlich zulässig sind. Das Versammlungsgesetz hat insoweit keine Regelungen getroffen. Solche Anordnungen stehen mit der Ausübung der Versammlungsfreiheit nicht in innerem Zusammenhang und betreffen sie nur als Nebenfolge (Bayer. VerfGH NVwZ 1999, 664, 666; Ott/Wächtler, § 1 VersG Rn. 34 f. mit Beispielen).

1.2.3.5 Verhältnis zum Straßen- und Straßenverkehrsrecht
1.2.3.5.1 Erlaubnisfreiheit

50 Wie dargestellt, sind die §§ 14, 15 VersG Spezialregelungen zu den Vorschriften des allgemeinen Straßen- und Straßenverkehrsrechts; eine straßenrechtliche oder straßenverkehrsrechtliche Erlaubnispflicht besteht nicht, auch wenn die Straßen mehr als verkehrsüblich in Anspruch genommen werden. Insoweit hat das Verfahren nach §§ 14, 15 VersG Konzentrationswirkung (s. Rn. 40).

Dies gilt auch für Demonstrationen auf Bundesautobahnen. Diese sind nur für den Schnellverkehr mit Kraftfahrzeugen bestimmt (§ 1 Abs. 3 FStrG), so dass das Laufen, Fahrradfahren und langsames Fahren im Konvoi über die Widmung hinausgeht und folglich kein Gemeingebrauch nach § 7 Abs. 1 Satz 1 FStrG, sondern Sondernutzung nach § 8 Abs. 1 Satz 1 FStrG ist. Hierfür ist eigentlich nach § 8 Abs. 1 Satz 2 FStrG eine Sondernutzungserlaubnis erforderlich. Da es sich gleichzeitig straßenverkehrsrechtlich um eine übermäßige Straßenbenutzung handelt, bedarf es der Sondernutzungserlaubnis nicht (§ 8 Abs. 6 FStrG), sondern nur der straßenverkehrsrechtlichen Erlaubnis nach § 29 Abs. 2 StVO. Insoweit sind jedoch die §§ 14, 15 VersG Sonderregelungen, die § 29 Abs. 2 StVO verdrängen. Auch für Demonstrationen auf Bundesautobahnen bedarf es daher keiner Erlaubnis nach Straßen- oder Straßenverkehrsrecht (a.A. Ridder-Breitbach/Deiseroth/Rühl, § 15 VersG Rn. 205).

1.2.3.5.2 Interessenausgleich nach § 15 Abs. 1 VersG

51 Aus der Erlaubnisfreiheit der Sondernutzung folgt jedoch nur, dass der Veranstalter nicht verpflichtet ist, eine Sondernutzungserlaubnis oder eine straßenverkehrsrechtliche Erlaubnis einzuholen. Die Anforderungen des Straßenverkehrsrechts sind Teil der öffentlichen Sicherheit, so dass die Versammlungsbehörde nach § 15 Abs. 1 VersG Auflagen zum Versammlungsort und gegebenenfalls ein Versammlungsverbot erlassen kann. Dabei wird zu berücksichtigen sein, dass der Veranstalter keine Verfügungsbefugnis über die öffentlichen Straßen, für die er eine Versammlung angemeldet hat, besitzt. Die Belange des widmungsgemäßen Verkehrs, der durch eine Demonstration auf den angemeldeten Flächen beeinträchtigt würde, und das Interesse des Veranstalters, sein Anliegen öffentlichkeitswirksam zur Geltung zu bringen, hat die Versammlungsbehörde zum Ausgleich zu bringen (s. ausf. Rn. 141, 189 ff.).

1.2.3.5.3 Reichweite der Erlaubnisfreiheit

Nach der Rechtsprechung der Verwaltungsgerichte gilt der Konzentrationsgrundsatz jedoch nur für die Versammlung selbst und eng mit ihr zusammenhängende Aktivitäten (s. auch Rn. 19). Tätigkeiten, die für die Durchführung der Versammlung nicht funktional notwendig sind, nehmen an der Konzentrationswirkung nicht teil. Für diese nicht versammlungsimmanenten Tätigkeiten ist daher, soweit sie mit einer Sondernutzung öffentlicher Flächen verbunden sind, eine Sondernutzungserlaubnis erforderlich. Dies gilt insbesondere für 52

– das Aufstellen eines Pavillons und von Zelten zum Regenschutz für Teilnehmer einer Mahnwache (VG Berlin, Beschl. v. 29.5.1996, 1 A 171.96),

– das Aufstellen eines 500-Personen-Zeltes auf dem Marktplatz (OVG Bautzen NVwZ-RR 2002, 435),

– das Aufstellen von Sitzbänken und einer Tribüne für die Kundgebung einer Partei (OVG Lüneburg NJW 1978, 1939, jedoch eine Ermessensreduzierung auf Null bezüglich der Erteilung einer Sondernutzungserlaubnis bejahend),

– das Aufstellen von Sitzgelegenheiten (VGH München NJW 1978, 1939),

– das Aufstellen von Imbissständen zum Verkauf von Lebensmitteln an Demonstrationsteilnehmer (VGH Mannheim NVwZ-RR 1994, 370; s. auch Rn. 14 zu Verkaufsständen im Rahmen der Love Parade).

Als unmittelbar versammlungsbezogen und daher erlaubnisfrei haben die Gerichte dagegen angesehen

– Straßentheater, mit dem Meinungskundgabe erfolgt (VGH Mannheim NVwZ-RR 1995, 271, 272),

– Verkauf von Druckerzeugnissen zum Selbstkostenpreis im Rahmen einer Wahlveranstaltung (VG München NJW 1983, 1219),

– Aufstellen von Verkaufsständen für Hanf-Artikel im Rahmen der Hanf-Parade (s. Rn. 15),

Grundlagen des Versammlungsrechts

– Errichtung eines Zeltlagers am Düsseldorfer Rheinufer durch Roma, die damit für ein Bleiberecht in Deutschland demonstrierten (s. Rn. 12).

Uneinheitlich ist die Rechtsprechung zum Aufstellen von Informationsständen im Rahmen von Versammlungen. Das Bundesverwaltungsgericht hat entschieden, der durch Verteilung politischer Schriften ausgeübte Betrieb eines Informationsstandes habe nicht die Meinungsbildung und Meinungsäußerung in Gruppenform zum eigentlichen Ziel, sondern wolle vielmehr den Vorübergehenden ein einseitiges Informationsangebot machen. Diese Tätigkeit falle daher nicht in den Schutzbereich des Art. 8 Abs. 1 GG, es handele sich mithin um eine erlaubnispflichtige Sondernutzung (BVerwGE 56, 63, 69; zustimmend Kanther NVwZ 2001, 1241). Unter diesen Prämissen mag die Begründung des Bundesverwaltungsgerichts folgerichtig erscheinen. Häufig jedoch wird ein Informationsstand zumindest auch an die Versammlungsteilnehmer selbst gerichtet und daher Teil der Meinungsbildung sein. Dann fällt sein Aufstellen in den Schutzbereich und ist keine erlaubnispflichtige Sondernutzung (so VG Berlin, Beschl. v. 28. 8. 1998, 1 A 383.98, zur Hanf-Parade; ebenso Ridder-Bertuleit/Steinmeier, § 1 VersG Rn. 25).

53 Der Betrieb von Lautsprechern und Megaphonen im öffentlichen Verkehrsraum ist bei Störungen des Straßenverkehrs nach § 33 Abs. 1 StVO verboten; hiervon kann eine Ausnahmegenehmigung erteilt werden, § 46 Abs. 1 Nr. 9 StVO. Einer solchen Ausnahmegenehmigung bedarf es jedoch nicht, wenn der Lautsprechereinsatz aufgrund der Art und der Größe der Demonstration zur Meinungskundgabe nötig ist. Dann fällt der Lautsprechereinsatz in den Schutzbereich des Art. 8 Abs. 1 GG. Aufgrund der Konzentrationswirkung der §§ 14, 15 VersG bedarf es daher keiner Ausnahmegenehmigung (OLG Celle NJW 1981, 227; NJW 1977, 444, 445; Kanther NVwZ 2001, 1242 f.; vgl. auch BVerwG DÖV 1979, 720, m.w.N.).

1.2.3.5.4 Straßenreinigungspflicht

54 Nach § 7 Abs. 3 FStrG und nach entsprechenden Bestimmungen in den Straßengesetzen der Länder hat jeder, der eine Straße über das übliche Maß hinaus verunreinigt, die Verunreinigung unverzüglich ohne Aufforderung zu beseitigen; andernfalls kann die Straßenbaubehörde oder der Straßenbaulastträger die Verunreinigung auf seine Kosten beseitigen. Diese Beseitigungspflicht und die darauf beruhende Kostentragungspflicht werden nicht durch die Regelungen des Versammlungsrechts verdrängt. Die Ausschlusswirkung des Versammlungsgesetzes bezieht sich nur auf gezielte Eingriffe in das Versammlungsrecht. Die Beseitigungs- und die Reinigungspflicht betreffen jedoch nicht die Durchführung einer Versammlung, sondern die Beseitigung von deren Folgen (BVerwGE 80, 158).

Der Veranstalter einer Versammlung kann daher für die Verunreinigung in Anspruch genommen werden, wenn er – nach allgemeinen Grundsätzen – die Verunreinigung unmittelbar verursacht hat. Eine solche Verursachung kann darin bestehen, dass der Veranstalter bei der Versammlung Speisen, Getränke und Flugblätter verteilen lässt, die liegen bleiben (a.a.O.). Hingegen ist der Leiter einer Versammlung als solcher nicht zur Straßenreinigung verpflichtet. Die bloße Tätigkeit als Versammlungsleiter steht in keinem Zusammenhang zu einer Straßenverunreinigung. Anderes gilt etwa, wenn er Flugblätter verteilte oder verteilen ließ; eine solche Haftung beruht jedoch nicht auf seiner Stellung als Versammlungsleiter, sondern auf seiner Verursachung der Verunreinigung (BVerwG NJW 1989, 53, 54).

1.2.3.6 Verhältnis zu sonstigen Rechtsgebieten

Das in den §§ 14, 15 VersG vorgesehene Verfahren, dass der Veranstalter eine Versammlung anmeldet und die Versammlungsbehörde daraufhin prüft, ob Auflagen oder ein Verbot zu erlassen sind, hat nach h.M. Konzentrationswirkung: Anderweitige Erlaubnisvorbehalte sind durch §§ 14, 15 VersG suspendiert. Die Versammlungsbehörde hat über die Zulässigkeit der Sondernutzung insgesamt zu entscheiden (Dietel/Gintzel/Kniesel, § 1 VersG Rn. 193, § 14 Rn. 34, § 15 Rn. 12; Lisken/Denninger-Kniesel, H Rn. 175 ff., 219 ff.). Unstreitig ist dies für das soeben dargestellte Verhältnis des Versammlungsgesetzes zum Straßen- und Straßenverkehrsrecht, soweit die Tätigkeiten in den Schutzbereich des Art. 8 Abs. 1 GG fallen. Auch im Verhältnis zum allgemeinen Polizeirecht wirft der Konzentrationsgrundsatz keine Probleme auf, da dieses keinen Erlaubnisvorbehalt für Veranstaltungen kennt und es nur auf die genaue Bestimmung der Reichweite der Spezialität des Versammlungsgesetzes ankommt. Im übrigen ist der Umfang des Konzentrationsgrundsatzes nicht abschließend geklärt:

55

– Die Rechtsprechung hat in einigen Entscheidungen einen über das Straßen- und Straßenverkehrsrecht hinausgehenden Konzentrationsgrundsatz angenommen. Danach ist die Versammlungsbehörde verpflichtet, bei einer „Nacht-Tanz-Demo" das durch Art. 2 Abs. 2 Satz 1 GG verfassungsrechtlich geschützte Ruhebedürfnis der Anwohner und immissionsschutzrechtliche Gesichtspunkte (VG Frankfurt/Main NJW 2001, 1741, 1742) und gegenüber einem Roma-Zeltlager, das eine Versammlung ist, gesundheitspolizeiliche Aspekte zu prüfen und zu berücksichtigen (OVG Münster NVwZ-RR 1992, 360). Ebenso muss die Versammlungsbehörde bedenken, ob es sich bei dem ausgewählten Versammlungsort um eine öffentliche Einrichtung im Sinne des Kommunalrechts handelt, zu der im Rahmen ihres Widmungszwecks jedermann oder zumindest jeder Einwohner freien Zugang hat (VGH Kassel DVBl. 1990, 1052, 1053).

– In der Literatur wird vertreten, die Versammlungsbehörde sei befugt und verpflichtet zu prüfen, welche rechtlichen Anforderungen an die Versammlungen sich aus sonstigen Regelungen ergeben, und gegebenenfalls entsprechende Maßnahmen zu treffen; dabei habe sie intern die eigentlich zuständige Behörde zu beteiligen. Bei Betätigungen im Rahmen der Versammlung, die für diese nicht funktional notwendig, nicht versammlungsspezifisch seien, könne die Versammlungsbehörde jedoch den Veranstalter an die insoweit für die Erlaubniserteilung zuständige Behörde verweisen und bis zu dieser Erlaubniserteilung die entsprechende Tätigkeit verbieten (Dietel/ Gintzel/Kniesel, § 15 VersG Rn. 15, etwas anders bei § 1 VersG Rn. 193 f. unter Bezugnahme auf das Gebot versammlungsfreundlicher Verfahrensgestaltung; ausführlich Kanther NVwZ 2001, 1239 ff.).

– Davon abweichend nimmt ein Teil der Literatur einen umfassenden Konzentrationsgrundsatz an. Mit dem Verfahren nach §§ 14, 15 VersG seien auch sonstige Erlaubnisakte der allgemeinen Gesetze, die der Gefahrenabwehr dienen, z.B. des Wasser- und Immissionsschutzrechts ersetzt. Nur wenn spezielle der Gefahrenabwehr dienende bundesrechtliche Normen, wie § 34 Abs. 1 Satz 2 BSeuchenG, ausdrücklich die Versammlungsfreiheit einschränken, könne von den Eingriffsvoraussetzungen des § 15 VersG und seiner Konzentrationswirkung abgewichen werden (Ridder-Breitbach/Deiseroth/Rühl, § 15 VersG Rn. 57 f.). Damit erhalte der Veranstalter „alles aus einer Hand", da die Versammlungsbehörde grundsätzlich für alle zu treffenden Anordnungen zuständig sei. Zugleich sei er somit vor einer Schikanepraxis der Behörden durch eine missbräuchliche Berufung auf die allgemeine Gefahrenabwehr geschützt. Die einschlägigen allgemeinen Gesetze könnten nur „…durch das Nadelöhr des § 15 VersG…" zum Tragen kommen, nachdem sie als Bestandteil der öffentlichen Sicherheit in diese Eingriffsermächtigung transferiert worden seien. Auf eine Unterscheidung versammlungsspezifischer und nicht versammlungsspezifischer Tätigkeiten und Gefahren könne es nicht ankommen (Lisken/Denninger-Kniesel, H Rn. 175 f.).

56 Der derzeitige Rechtszustand ist von Unsicherheit geprägt (so auch der Befund von Kanther NVwZ 2001, 1239 ff.). Dies liegt auch daran, dass – abgesehen von den „Kernfragen" des Verhältnisses zum allgemeinen Polizeirecht und Straßen- und Straßenverkehrsrecht – eine weitgehende Klärung der Fragen von Spezialität und Konzentrationsgrundsatz durch die Rechtsprechung noch nicht stattgefunden hat. Die in der Literatur gebildeten Beispielsfälle sind bisher theoretisch geblieben, können aber einer Veranschaulichung der Problematik dienen:

Die Empore eines Versammlungsraums ist baupolizeilich für höchstens 100 Personen zugelassen, wegen des großen Andrangs jedoch von 200 Versammlungsteilnehmern besetzt. Kann die Polizei die Empore räumen?

Ansammlungen einer größeren Anzahl von Menschen, also auch Versammlungen werden wegen einer Pockenepidemie nach dem Bundesseuchengesetz für ein bestimmtes Gebiet und einen bestimmten Zeitraum verboten (Beispiele nach Ott/Wächtler, Einf. Rn. 34).

Eine Versammlung auf Stauseen des Sauerlandes, die als Trinkwasserspeicher von jeder Benutzung durch Private ausgeschlossen sind, wird angemeldet (Beispiel nach Brohm JZ 1989, 324, 329; dazu Ridder-Breitbach/Deiseroth/Rühl, § 15 VersG Rn. 213).

Bei der Lösung solcher Fälle ist Verschiedenes zu bedenken.

Erstens: Selbstverständlich stellt es ein versammlungsfreundliches Verhalten dar, wenn die Versammlungsbehörde alle mit einer Versammlung verbundenen öffentlich-rechtlichen Fragen prüft und – ggf. nach interner Beteiligung von Fachbehörden – der Veranstalter mit der Entscheidung der Versammlungsbehörde „alles aus einer Hand" erhält. Jedoch ist damit noch lange nicht gesagt, dass Art. 8 Abs. 1 GG ein solches Verfahren erfordert. Einen allgemeinen Konzentrationsgrundsatz kennt das deutsche Verwaltungsrecht nicht. Die Rechtsfolge, dass eine Genehmigung andere Genehmigungen mit einschließt, ist nur in einer geringen Anzahl von Vorschriften (z.B. im Bundesimmissionsschutzgesetz und im Atomgesetz) vorgesehen und selbst dort dem Umfang nach begrenzt. Im übrigen wird nicht angenommen, dass Grundrechte, z.B. das Recht am eingerichteten und ausgeübten Gewerbebetrieb, als Verfahrensgarantien einen Anspruch auf eine Genehmigung aus einer Hand geben. Vielmehr ist die Regel, dass mehrere Genehmigungen eingeholt werden müssen. Wenn etwas anderes gelten soll, kann sich dies nur aus einer ausdrücklichen Regelung oder mittels Auslegung ergeben. Da eine ausdrückliche Regelung über eine Konzentrationswirkung fehlt, kann diese nur aus der Auslegung der §§ 14, 15 VersG folgen. So ging auch das Bundesverwaltungsgericht in seiner Entscheidung zum Verhältnis der §§ 14, 15 VersG zu § 29 Abs. 2 StVO vor, indem es – wie dargestellt – prüfte, ob sich die Regelungsgegenstände dieser Vorschriften decken, und daraus den Schluss zog, § 29 Abs. 2 StVO sei nicht anwendbar.

57

Zweitens: Die öffentliche Sicherheit ist stets gefährdet, wenn eine Verletzung eines Rechtssatzes des besonderen Verwaltungsrechts droht. Denn die gesamten Rechtsnormen sind Schutzgut der öffentlichen Sicherheit. Daraus folgt jedoch noch nicht, dass die Versammlungsbehörde sämtliche Rechtsnormen des besonderen Verwaltungsrechts zu prüfen hat. In anderen Rechtsgebieten ist eine Ermächtigungsgrundlage, die auf die öffentliche Sicherheit und Ordnung abstellt, nicht stets mit einer umfassenden Prüfungskompetenz der jeweiligen Behörde verbunden. In Bayern ist es nicht Aufgabe der Bauordnungsbehörden, die Vereinbarkeit eines Bauvorhabens mit allen Rechtssätzen, insbesondere des sonstigen besonderen Verwaltungsrechts zu prüfen. Nicht erst seit der Gesetzgeber diese beschränkte Prüfungskompetenz ausdrücklich geregelt hat (vgl. Finkelnburg/Ortloff, Bd. II, S. 103), ist es Aufgabe der Bauordnungsbehörden in Bayern, nur die baurechtlichen Vorschriften zu prüfen (VGH München NVwZ 1994, 304, 305, m.w.N.).

Wenn der Gesetzgeber besondere Vorschriften zur Regelung eines Lebensbereichs schafft, z.B. im Naturschutzrecht, und die Durchführung dieser Normen in die Zuständigkeit von Fachbehörden gibt, spricht – wenn, wie hier, eine ausdrückliche Regelung zur Konzentrationswirkung fehlt – dies für den Willen des Gesetzgebers, dass auch diese Behörde im Verhältnis zur Versammlungsbehörde zuständig bleibt. Es ist nicht ersichtlich, warum diese Zuständigkeitsordnung suspendiert sein soll, zumal die Versammlungsbehörden mit den Spezialvorschriften zahlreicher Bereiche des besonderen Verwaltungsrechts nicht vertraut sein können (vgl. Dietlein NVwZ 1992, 1067).

Drittens: In den Bereichen, in denen eine Konzentrationswirkung besteht, hat diese nicht zur Folge, dass die materiell-rechtlichen Anforderungen derjenigen Rechtsbereiche, deren Genehmigungen ersetzt werden, verloren gehen. Vielmehr bleiben die Maßstäbe des Rechts, das von der Konzentrationswirkung umfasst ist, erhalten (vgl. Jarass, Konkurrenz, S. 54f. am Beispiel der Genehmigung baulicher Anlagen). Der Fall der baufälligen Empore macht anschaulich, warum dies sinnvoll ist. Soll die Empore erst geräumt werden können, wenn eine unmittelbare Gefahr i.S.d. § 13 Abs. 1 Nr. 2 VersG droht, wenn der Einsturz also fast mit Gewissheit zu erwarten ist? Auch unter Berücksichtigung des allgemeinen Grundsatzes, dass die Eingriffsschwelle sinkt, je gewichtiger die gefährdeten Rechtsgüter sind, wird deutlich, dass es auf die Eingriffsvoraussetzungen des Versammlungsrechts nicht ankommt. Die erhöhten Eingriffsschwellen des Versammlungsgesetzes, insbesondere des § 15 Abs. 1 VersG gelten für die versammlungsspezifischen Gefahren. „Untypische" Anforderungen an die Versammlung, die sich z.B. aus dem Naturschutzrecht oder dem Bauordnungsrecht ergeben, folgen den Regeln dieses Fachrechts (ähnlich Brohm JZ 1989, 324; 1985, 509: die Verfahrenskonzentration stellt nicht frei von der Beachtung der materiell-rechtlichen Vorschriften anderer Rechtsbereiche).

58 Zusammengefasst bedeutet dies:

– Eine umfassende Konzentrationswirkung haben die §§ 14, 15 VersG nicht. Ob eine Konzentrationswirkung besteht, ist im Verhältnis zu jedem Rechtsbereich genau zu prüfen.

Das Regelungssystem des Versammlungsgesetzes

– Die materiell-rechtlichen Anforderungen derjenigen Rechtsbereiche, die nicht versammlungsspezifische Gefahren regeln, bleiben bestehen. Sie gelten nicht erst dann für Versammlungen, wenn die Eingriffsschwelle des Versammlungsgesetzes erreicht ist.

– Die Versammlungsbehörde ist nicht verpflichtet, dem Veranstalter "alles aus einer Hand" zu liefern. Sie darf und muss den Veranstalter, wenn sie nicht erfüllte Anforderungen aus anderen Rechtsbereichen erkennt, an die fachlich zuständige Behörde verweisen.

2 Allgemeine Regelungen für öffentliche Versammlungen
2.1 Pflicht zur Namensangabe

Wer zu einer Versammlung öffentlich einlädt, muss als Veranstalter in der Einladung seinen Namen angeben (§ 2 Abs. 1 VersG). Die Angabe muss erkennen lassen, wer zur Versammlung auffordert; weitere Anforderungen stellt das Gesetz nicht. Die Möglichkeit, dem Veranstalter, der die Namensangabe unterlässt, diese aufzugeben, sieht § 2 Abs. 1 VersG nicht vor. Eine solche Verfügung könnte also nur unter den Voraussetzungen der §§ 5, 15 Abs. 1 VersG ergehen, als Auflage (dafür Krüger, S. 42 f; dagegen Ridder-Breitbach, § 2 VersG Rn. 21; Zeitler, Rn. 67: die fehlende Namensangabe bleibt sanktionslos). Diese Möglichkeit bleibt jedoch theoretisch. Ist der Versammlungsbehörde der Name bekannt, ist nicht erkennbar, dass eine solche Verfügung zur Gefahrenabwehr geeignet sein kann; ist der Name des Veranstalters unbekannt, dürfte die Bekanntgabe der Verfügung nicht möglich sein.

2.2 Verbot des Waffentragens
2.2.1 Tatbestand des Verbots

Es ist verboten, Waffen bei Versammlungen mit sich zu führen, ohne dazu behördlich ermächtigt zu sein (§ 2 Abs. 2 Satz 1 VersG). Waffen sind – wie im Rahmen des Art. 8 Abs. 1 GG – technische Waffen im Sinne des Waffenrechts (s. Rn. 25).

Das Verbot gilt jedoch auch für Gegenstände, die ihrer Art nach zur Verletzung von Personen oder zur Beschädigung von Sachen geeignet und bestimmt sind (sog. Waffen im nichttechnischen Sinn). Dabei reicht es nicht aus, wenn der Gegenstand erst infolge der Art seiner Verwendung die Eignung zur Verletzung oder Beschädigung hat; denn das Gesetz fordert, dass sich diese Eignung aus der Art des Gegenstands ergeben muss; die Eignung muss also auf der Fabrikationsart beruhen (Erbs/Kohlhaas-Wache, Stand: 1.2.2000, § 2 VersG Rn. 12). Der Gegenstand ist zur Verletzung oder Beschädigung bestimmt, wenn sein Besitzer eine entsprechende Gebrauchsabsicht hat. Dieses subjektive Merkmal wird häufig schwer festzustellen sein; auf sein Vorliegen kann jedoch aufgrund objektiver Umstände geschlossen werden, z.B. aufgrund der Art des Gegenstands (z.B. Dachlatte mit durchgetriebenen Nägeln) oder der Ungewöhnlichkeit des Mitsichführens (z.B. Schraubenschlüssel bei Anreise zur Versammlung zu Fuß) (so zutreffend Zeitler, Rn. 451 ff., mit weiteren instruktiven Beispielen). Zu den gefährlichen Gegenständen zählen daher u.a. Schlagringe, Handstöcke, Gummiknüppel, Zaunlatten, Krücken, Stühle, Stahlruten, Äxte, Beile, Sensen, Bolzenschneider, Drahtscheren, Krähenfüße, nicht hingegen Scheinwaffen wie Schreckschuss- und Kinderpistolen (Erbs/Kohlhaas-Wache, a.a.O.). Auch weiche Gegenstände wie Farbbeutel, Tomaten und Eier sind zumindest zur Sachbeschädigung geeignet und bei entsprechender Gebrauchsabsicht auch dazu bestimmt (Zeitler, Rn. 459; Krüger, S. 47; a.A. Ott/Wächtler, § 2 VersG Rn. 14; Ridder-Breitbach, § 2 VersG Rn. 65: solche Gegenstände dienten allenfalls dazu, lächerlich zu machen und Missachtung auszudrücken). Sog. Schutzwaffen wie Schutzschilde und Helme sind weder Waffen im technischen Sinn noch im nichttechnischen Sinn (Dietel/Gintzel/Kniesel, § 2 VersG Rn. 14).

61 Die generelle Erlaubnis zum Waffentragen nach dem Waffenrecht, ein Waffenschein ist keine behördliche Ermächtigung i.S.v. § 2 Abs. 3 Satz 1 a.E. VersG. Notwendig ist also eine Ausnahmebewilligung zum Waffentragen in der konkreten Versammlung. Die Amtsträgern, z.B. Polizisten erteilte dienstliche Befugnis zum Waffentragen macht eine solche Ausnahmebewilligung entbehrlich, soweit der Amtsträger aus dienstlichen Gründen bei der Versammlung anwesend ist. Besucht er als Privatmann eine Versammlung, darf er keine Waffe mit sich führen.

62 Das Verbot richtet sich an jedermann, also an Veranstalter, Leiter, Teilnehmer und jeden Dritten. Letzteres ist besonders von Bedeutung für § 2 Abs. 3 Satz 2 VersG, mit dem das Verbot auf den Vorfeldbereich ausgedehnt wird. Danach ist es auch verboten, technische und nichttechnische Waffen ohne behördliche Ermächtigung auf dem Weg zu Versammlungen mit sich zu führen, zu derartigen Veranstaltungen hinzuschaffen oder sie zur Verwendung bei derartigen Veranstaltungen bereitzuhalten oder zu verteilen. Das Verbot richtet sich also auch an Personen, die an der Versammlung nicht selbst teilnehmen, sondern bloß Waffen zur Versammlung liefern.

2.2.2 Rechtsfolgen der Verletzung des Verbots

63 Wer gegen das Verbot des § 2 Abs. 3 VersG verstößt, kann sich nach § 27 Abs. 1 VersG strafbar machen. Versammlungsrechtliche Folgen knüpft das Gesetz an den Verstoß ausdrücklich für Versammlungen in geschlossenen Räumen. Diese können unter den Voraussetzungen des § 5 Nr. 2 VersG verboten (s. Rn. 244), unter denen des § 13 Abs. 1 Satz 1 Nr. 3 VersG aufgelöst werden (s. Rn. 261). Dabei ergreift auch der Verbotstatbestand des § 5 Nr. 2 VersG Verletzungen des Waffentragungsverbots im Vorfeld nach § 2 Abs. 3 Satz 2 VersG nicht (s. Rn. 46).

Auch für Versammlungen unter freiem Himmel haben Verstöße gegen das 64
Waffentragungsverbot versammlungsrechtliche Folgen, ohne dass diese ausdrücklich geregelt sind. Die Regelung des Waffentragungsverbots in § 2 Abs. 3 VersG ist Teil der in § 15 Abs. 1 und 2 VersG geschützten öffentlichen Sicherheit. Auflagen, Verbot und Auflösung können also grundsätzlich auf einen solchen Verstoß gestützt werden. Je gefährlicher die mitgeführten Waffen sind, um so eher werden nicht nur Beschränkungen, sondern Verbot und Auflösung in Betracht kommen, um die elementaren Rechtsgüter des Lebens und der Gesundheit zu schützen.

Verstoßen nur einzelne Personen gegen das Waffentragungsverbot, kann es zur Gefahrenabwehr ausreichend sein, diese von der Versammlung auszuschließen.

Sollen Waffen, die unter Verletzung des § 2 Abs. 3 VersG verwendet wurden, 65
beschlagnahmt werden, ist zwischen strafprozessualer und präventiv-polizeilicher Beschlagnahme zu unterscheiden. Liegt eine Straftat nach § 27 VersG vor, können die Waffen nach § 30 VersG eingezogen und daher nach §§ 111 b, 111 c StPO zur Sicherung der Einziehung beschlagnahmt werden. Erfolgt die präventiv-polizeiliche Beschlagnahme im Vorfeld der Versammlung, kann sie nicht auf Vorschriften des allgemeinen Polizei- und Ordnungsrechts gestützt werden (anders die h.M., s. Rn. 46). Ob sie auf der Grundlage des Versammlungsgesetzes ergehen kann, ist zweifelhaft. Eine Auflage ist die Beschlagnahme schon begrifflich nicht (s. Rn. 46, 188); der Gefahrenabwehr kann sie nur dienen, solange der Waffenträger noch nicht ausgeschlossen bzw. die Versammlung noch nicht verboten oder aufgelöst ist.

2.3 Uniformverbot

2.3.1 Gesetzeszweck

Nach § 3 Abs. 1 VersG ist es verboten, öffentlich oder in einer Versammlung 66
Uniformen, Uniformteile oder gleichartige Kleidungsstücke als Ausdruck einer gemeinsamen politischen Gesinnung zu tragen. Jugendverbänden, die sich vorwiegend der Jugendpflege widmen, kann von diesem Verbot auf Antrag eine Ausnahmegenehmigung erteilt werden (§ 3 Abs. 2 VersG). Ein Verstoß gegen das Uniformverbot stellt eine Straftat dar (§ 28 VersG).

Zweck des Uniformverbots ist, den freien politischen Meinungskampf zu schützen. Dieser wird – nach den Vorstellungen des Gesetzgebers – beeinträchtigt, wenn die Uniformierung als Ausdruck politischer Gesinnung erscheint und suggestiv-militant wirkt. Dabei hat sich der Gesetzgeber an den historischen Erscheinungsbildern nationalsozialistischer Verbände orientiert, ohne das Verbot hierauf zu beschränken (LG Hamburg NStZ 1983, 419 mit Nachweisen zum Gesetzgebungsverfahren; BVerfG NJW 1982, 1803). Die

Auslegung der Vorschrift bereitet erhebliche Probleme, da der Wortlaut der Vorschrift weiter reicht, als es der genannte Zweck gebietet. Insbesondere die Auslegung des Begriffs der gleichartigen Kleidungsstücke wirft zahlreiche Fragen auf.

2.3.2 Reichweite des Verbots

67   Das Uniformverbot gilt für öffentliche und nichtöffentliche Versammlungen. Verboten ist auch jedes öffentliche Tragen von Uniformen außerhalb von Versammlungen (vgl. dazu Erbs/Kohlhaas-Wache, Stand: 1.2.2000, § 3 VersG Rn. 3).

Uniformen sind gleichartige Kleidungsstücke, die nach Farbe, Form, Schnitt und sonstiger Aufmachung von der allgemein üblichen Bekleidung abweichen. Uniformteile sind Kleidungsstücke, die von jedem objektiven Beobachter unschwer als Bestandteil einer Uniform erkannt werden können (KG, Urt. v. 19.3.2001, (3) 1 Ss 344/00 (105/00)).

68   Worauf sich der Begriff der gleichartigen Kleidungsstücke bezieht, ist dem Gesetzeswortlaut nicht zu entnehmen. Denkbar ist einerseits, dass die Kleidungsstücke zueinander gleichartig sein müssen. Andererseits kann der Begriff der Gleichartigkeit auch auf Uniformen und Uniformteile bezogen werden; Kleidungsstücke sind dann gleichartig, wenn sie mit Uniformen und Uniformteilen gleichartig sind. Von diesem Verständnis geht die h.M. im Anschluss an eine Entscheidung des Bundesverfassungsgerichts aus. Nach dieser ist § 3 Abs. 1 VersG jedenfalls dann verfassungsrechtlich nicht zu beanstanden, wenn das Verbot, gleichartige Kleidungsstücke als Ausdruck einer gemeinsamen politischen Gesinnung zu tragen, auf das gemeinsame Tragen solcher Kleidung beschränkt wird, die mit Uniformen oder Uniformteilen gleichartig sind. Zwar sei auch die Meinungskundgebung durch Tragen gleichartiger Kleidungsstücke von Art. 5 Abs. 1 und Art. 8 GG geschützt. Es sei jedoch auch geeignet, suggestiv-militante Effekte in Richtung auf einschüchternde uniforme Militanz auszulösen. Wegen der damit verbundenen Beeinträchtigung des freien Meinungskampfes sei der Gesetzgeber nicht gehindert, die Meinungsäußerungsform des Uniformtragens schon in den Ansätzen und in ihren Umgehungsformen zu unterbinden. Zu solchen Umgehungsformen gehörten insbesondere das gemeinsame Tragen von zivilen Kleidungsstücken, die im wesentlichen einheitlich aussehen und erkennbar Bezüge zur Bekleidung historisch bekannter militanter Gruppierungen aufweisen (a.a.O.).

Mit der Formulierung, die Vorschrift sei *jedenfalls* bei der genannten Auslegung verfassungsgemäß, hat das Bundesverfassungsgericht offen gelassen, ob § 3 Abs. 1 VersG nur mit dieser Einschränkung verfassungsrechtlich nicht zu beanstanden ist. Gleichwohl haben die Gerichte diese Einschränkung übernommen (KG, a.a.O., unter 2. vor a), eine weitere Einschränkung unter c) offen lassend; BayObLG MDR 1987, 697; ebenso Einstellungsverfügung des Ltd. OStA beim LG Konstanz MDR 1984, 692).

Überwiegend halten Rechtsprechung und Literatur zusätzliche Einschränkungen des weit formulierten Tatbestands für erforderlich. So nimmt das LG Hamburg (a.a.O., aufgehoben durch BGH EzSt VersammlG § 3 Nr. 1) eine einschränkende Auslegung der Tatbestandsmerkmale des § 3 Abs. 1 VersG vor, um die Verhaltensweisen auszuscheiden, die zwar den äußeren Tatbestand erfüllen, aber eines strafrechtlichen Verbotes im Hinblick auf den Gesetzeszweck nicht bedürften; daher liege ein strafbares Verhalten nur vor, wenn die Kleidung bereits für sich geeignet sei, die befürchtete massen-suggestive Wirkung zu erzeugen, oder der Betroffene in der Absicht handele, eine solche Wirkung zu erzeugen. Das OVG Bautzen (NVwZ-RR 2002, 435, zu Bomberjacken und Springerstiefeln) hält das Uniformverbot für nicht einschlägig, soweit Kleidungsstücke zwar eine gemeinsame politische Gesinnung zum Ausdruck bringen, jedoch keine Gewaltbereitschaft signalisieren. Dem vergleichbar, wird in der Literatur – mit Abweichungen in den Einzelheiten – gefordert, das Uniformverbot könne nur eingreifen, wenn durch die Uniformen, Uniformteile oder gleichartigen Kleidungsstücke ein Eindruck der Bedrohung entstehe (Zeitler, Rn. 539; Ridder-Breitbach § 3 VersG Rn. 35; einen Überblick über die unterschiedlichen Auffassungen findet sich bei KG, a.a.O.).

Die strafrechtliche Entscheidungspraxis ist jedoch uneinheitlich. Der Leitende Oberstaatsanwalt beim LG Konstanz lehnte die Einleitung eines Ermittlungsverfahrens gegen Landtags- und Bundestagsabgeordnete der FDP ab, die im Wahlkampf 1984 in einheitlichen blau-gelben Anoraks auftraten. Den Farben der FDP könne nicht auch nur annähernd die gleiche politische Massensuggestivwirkung beigemessen werden wie z.B. schwarzen oder braunen Hemden, insbesondere bei Stiefelträgern (a.a.O.). Das Bayerische Oberste Landesgericht hielt das Tragen blauer Hemden, zu denen nicht einmal festgestellt war, ob sie FDJ-Hemden entsprachen, für strafbar (a.a.O.), das Kammergericht das Tragen von roten Tüchern der marxistisch-leninistisch-kommunistischen Partei (MLKP) der Türkei im Rahmen einer öffentlichen Demonstration nicht (a.a.O.). Jedoch hat sich nach Auffassung des Bundesgerichtshofs eine Wehrsportgruppe von neun Männern in Bundeswehrkleidung, die in privatem Rahmen eine Geländeübung durchführten, strafbar gemacht (Fall des LG Hamburg, a.a.O.).

Die ergangenen Entscheidungen erscheinen – im Vergleich zueinander – willkürlich. Auf ein zusätzliches ungeschriebenes Tatbestandsmerkmal des bedrohlichen Eindrucks wird nicht abgestellt. Gerade der FDP-Fall zeigt, dass allein die suggestive Wirkung der Kleidungsstücke kein taugliches Abgrenzungskriterium ist. Die Begründung der Einstellungsverfügung überzeugt kaum. Natürlich kann das Tragen von Kleidung, die an den Nationalsozialismus anknüpft, nicht abstrahiert von dem historischen Hintergrund des Nationalsozialismus beurteilt werden, da jeder objektive Beobachter sogleich diese Assoziationen – die die Träger ja auch hervorrufen wollen – hat. Jedoch kann das massenhafte Tragen blau-gelber Anoraks im Wahlkampf, von Bundeswehrkleidung bei einer Demonstration von Soldaten oder von Roben bei einer Demonstration von Richtern ebenso suggestive Wirkung haben wie die roten Hemden streikender Gewerkschaftsmitglieder. Die suggestive Wirkung ist daher offensichtlich kein taugliches Abgrenzungskriterium, um das verbotene Tragen gleichartiger Kleidungsstücke vom erlaubten Tragen zu unterscheiden.

69 Die Diskussion um die Beschränkung des Uniformverbots zeigt, dass die Vorschrift rechtspolitisch fragwürdig ist. Aus folgenden Gründen wird sich die Frage, ob und in welcher Weise das Uniformverbot einzuschränken ist, häufig jedoch gar nicht stellen:

– Verboten ist nur das Tragen von Uniformen, Uniformteilen und gleichartigen Kleidungsstücken als Ausdruck einer gemeinsamen politischen Gesinnung. Die Bedeutung dieses Tatbestandsmerkmals wird häufig verkannt. Mit ihm hat bereits der Gesetzgeber eine Einschränkung des Uniformverbots vorgenommen. Denn Gesinnung ist mehr als eine gemeinsame Meinung zu einem politischen Sachverhalt, Gesinnung ist eine gemeinsame politische Grundüberzeugung (ebenso Dietel/Gintzel/Kniesel, § 3 VersG Rn. 5). Ein Teil der uniformierten Demonstrationen fällt mangels gemeinsamer politischer Gesinnung der Versammlungsteilnehmer nicht unter das Uniformverbot. In Roben für eine bessere Ausstattung der Justiz demonstrierende Richter haben keine gemeinsame politische Gesinnung.

– Strafrechtlich ist fraglich, ob die Vorschrift mit dem Bestimmtheitsgrundsatz (Art. 103 Abs. 2 GG) zu vereinbaren ist. Für den Normadressaten ist aufgrund der tatbestandlichen Weite des Verbots und der uneinheitlichen Rechtsprechung kaum erkennbar, welches Verhalten strafbar ist (vgl. Ott/Wächtler, § 3 VersG Rn. 15, 4; ähnlich Tölle NVwZ 2001, 153, 156: das Uniformverbot ist aufgrund seiner unbestimmten Fassung praktisch kaum handhabbar). Die Unvorhersehbarkeit strafgerichtlicher Entscheidungen kann einen Verstoß gegen Art. 103 Abs. 2 GG begründen (BVerfGE 92, 1 zu § 240 StGB).

– Versammlungsrechtlich spielt die Frage, ob das Tragen von Uniformen, Uniformteilen und gleichartigen Kleidungsstücken nur verboten ist, wenn zusätzliche ungeschriebene Tatbestandsmerkmale verwirklicht sind – wie etwa der durch die Uniformierung hervorgerufene Eindruck der Bedrohung –, eine geringe Rolle. Mit der Auffassung, weitere ungeschriebene Tatbestandsmerkmale gebe es nicht, wäre zwar mit jedem Verstoß gegen das Uniformverbot die öffentliche Sicherheit verletzt. Wenn die Uniformierung nicht bedrohlich wirkt – wie z.B. bei blau-gelben Anoraks –, wäre es in der Regel jedoch ermessensfehlerhaft, auf diesen Verstoß versammlungsrechtliche Maßnahmen zu stützen. Versammlungsrechtliche Maßnahmen werden daher in der Regel voraussetzen, dass von der Uniformierung eine bedrohliche Wirkung ausgeht.

2.3.3 Bedeutung für die Versammlungsbehörden

Die Versammlungsbehörden sollten der Auslegung des Begriffs „gleichartig" durch das Bundesverfassungsgericht, der sich die h.M. in Rechtsprechung und Schrifttum angeschlossen hat, folgen. Obgleich eine endgültige Klärung der Bedeutung dieses Tatbestandsmerkmals in der Rechtsprechung noch aussteht, ist zu erwarten, dass es bei dieser Begriffsbestimmung verbleiben wird. 70

Wenn die Versammlungsbehörde wegen eines Verstoßes gegen das Uniformverbot tätig werden will, muss sie stets prüfen, ob die vorgesehene Uniformierung auf objektive Dritte bedrohlich oder aggressiv-militant wirkt. Nur dann sind alle Voraussetzungen für ein Tätigwerden – Verstoß gegen das Uniformverbot und ermessensgerechtes Vorgehen – erfüllt. In Betracht kommen Auflagen, die die Uniformierung untersagen (vgl. OVG Münster NVwZ 2001, 706).

2.4 Störungsverbot

Nach § 2 Abs. 2 VersG hat jedermann bei öffentlichen Versammlungen Störungen zu unterlassen, die bezwecken, die ordnungsgemäße Durchführung zu verhindern. Darunter fallen zunächst Störungen, die aus der Versammlung heraus erfolgen. Welche Handlungen Störungen sind, hängt auch von der Art der Versammlung ab. Einzelne Zwischenrufe und Missfallensäußerungen können bei Diskussionsveranstaltungen Teil der Versammlung sein (OLG Hamm, Urt. v. 11.12.1991, 2 Ss 814/91). Eine Störung sind sie, wenn sie den Redebeitrag eines anderen für lange Zeit unterbrechen oder ganz unterbinden, z.B. durch Niederbrüllen des Redners. Ebenso sind anhaltende Pfeifkonzerte, grobe Beschimpfungen und Tätlichkeiten gegenüber anderen Teilnehmern Störungen. Handelt es sich hingegen um eine reine Informationsveranstaltung, die bereits eröffnet und durch das Abspielen eines Videofilms in Gang gesetzt ist, ist das Verlangen nach sofortiger Diskussion eine Störung des ordnungsgemäßen Ablaufs (OLG Hamm, a.a.O.). Hat der Veranstalter zu einem Schweigemarsch eingeladen, haben sich die Teilnehmer daran ebenso zu hal- 71 ten; andernfalls stören sie den ordnungsgemäßen Versammlungsablauf (Lisken/Denninger-Kniesel, H Rn. 25).

Rechtsfolge des § 2 Abs. 2 VersG ist lediglich das Verbot des Störens. Eine Ermächtigungsgrundlage zur Abwehr von Störungen gibt § 2 Abs. 2 VersG nicht (ganz h.M., vgl. nur Ott/Wächtler, § 2 VersG Rn. 5). Gegen Störungen durch Versammlungsteilnehmer kann der Versammlungsleiter nach § 8 VersG vorgehen. Bei gröblichen Störungen ist auch ein Ausschluss (§§ 11 Abs. 1, 18 Abs. 3, 19 Abs. 4 VersG) möglich (s. Rn. 105 ff.).

Das Verbot richtet sich nicht nur an Teilnehmer der Versammlung, sondern, wie bereits aus dem Wortlaut ersichtlich, an jedermann. Dazu zählen nicht nur bei der Versammlung anwesende sonstige Personen wie z.B. Vermieter des Versammlungslokals und Bedienungspersonal, sondern auch Dritte, die von außen auf die Versammlung einzuwirken beabsichtigen, insbesondere diese verhindern oder beenden wollen (VGH Mannheim NVwZ-RR 1990, 602; a.A. Krüger, S. 45; Dietel/Gintzel/Kniesel, § 2 VersG Rn. 8: es handle sich nicht um eine Störung „bei" einer Versammlung). Soweit es sich dabei um eine gewalttätige Gegendemonstration handelt, kann gegen diese nach §§ 13, 15 Abs. 2 VersG vorgegangen werden; ansonsten können externe Störer auf der Grundlage der polizeilichen Generalklausel von der Störung abgehalten werden (s. Rn. 44). Die Befugnisse des Versammlungsleiters und der Ordner nach §§ 8 ff. VersG hingegen betreffen nur Versammlungsteilnehmer (VGH Mannheim, a.a.O.).

2.5 Bild- und Tonaufnahmen durch die Polizei

2.5.1 Befugnisse nach § 12a VersG

72 § 12a VersG ermächtigt die Polizei unter bestimmten Voraussetzungen zu Bild- und Tonaufnahmen von Versammlungen in geschlossenen Räumen. Die Vorschrift gilt auch für Versammlungen unter freiem Himmel (§ 19a VersG).

2.5.1.1 Verfassungsmäßigkeit des § 12a VersG

73 Das Recht zu Versammlungen in geschlossenen Räumen ist vorbehaltlos gewährleistet. Befugnisse der Polizei zu Bild- und Tonaufnahmen können daher nur verfassungsgemäß sein, soweit sie die Grenzen des Schutzbereichs des Art. 8 Abs. 1 GG (Friedlichkeit und Waffenlosigkeit) nachzeichnen oder aufgrund verfassungsimmanenter Grenzen zum Schutz anderer Verfassungsgüter gerechtfertigt sind. Dem trägt § 12a Abs. 1 VersG nicht Rechnung. Er ermächtigt zu Bild- und Tonaufnahmen bei erheblichen Gefahren für die öffentliche Sicherheit oder Ordnung. Der Tatbestand ist daher z.B. schon bei

einer erheblichen Beeinträchtigung der Leichtigkeit des Straßenverkehrs erfüllt, ebenso bei jeder erheblichen Gefahr der Verletzung einer Rechtsnorm, da die gesamte Rechtsordnung Schutzgut der öffentlichen Sicherheit ist. Die Schwelle der Unfriedlichkeit i.S.d. Art. 8 Abs. 1 GG (s. Rn. 23 f.) ist also in einer Vielzahl von Fällen erheblicher Gefahren noch nicht erreicht (a. A. Krüger, S. 96 f.). Dasselbe gilt bei erheblichen Gefahren für die öffentliche Ordnung, mit der die außerrechtliche Ordnung geschützt ist. Eine sinnvolle Einschränkung im Hinblick auf die Grenze der Unfriedlichkeit hätte der Gesetzgeber nicht mit dem Erfordernis der Erheblichkeit der Gefahrenlage, sondern eher mit einer Beschränkung der Schutzgüter, z.B. auf Leib, Leben, Freiheit, Eigentum und den Bestand des Staates erreichen können. Zwar nimmt ein Teil der Literatur (Zeitler, Rn. 392; Ott/Wächtler, § 12 a VersG Rn. 8; Krüger, S. 92) an, eine erhebliche Gefahr setze stets eine Gefahr für ein bedeutsames Rechtsgut voraus. Aus dem Wortlaut folgt dies jedoch nicht. Da eine Einschränkung der geschützten Rechtsgüter in § 12 a Abs. 1 VersG nicht vorgenommen wird, kann sich die Erheblichkeit der Gefährdung nicht nur aus der Bedeutung des verletzten Rechtsguts, sondern auch aus der Art der Gefährdung, insbesondere ihrer Intensität ergeben (so z.B. auch Belz/Mußmann, § 22 PolG Rn. 16 zum Begriff der erheblichen Gefahr in § 22 Abs. 2 PolG Baden-Württemberg). Die Auslegung, nur Gefahren für bedeutende *Rechtsgüter* reichten für den Tatbestand des § 12 a Abs. 1 VersG aus, liegt auch deswegen fern, weil der Schutz der öffentlichen Sicherheit und Ordnung weit über Rechtsgüterschutz hinausgeht.

Daher ist § 12 a Abs. 1 VersG für Versammlungen in geschlossenen Räumen auch nicht im Hinblick auf den Schutz anderer Verfassungsgüter gerechtfertigt. Denn der Schutz der öffentlichen Sicherheit und Ordnung geht hierüber deutlich hinaus. Zutreffend nimmt die h.M. daher aus verfassungsrechtlichen Gründen eine Reduktion des § 12 a VersG auf die Auflösungsgründe des § 13 VersG vor; nur unter diesen Voraussetzungen – und soweit § 13 VersG selbst verfassungsgemäß ist – sind Bild- und Tonaufnahmen durch die Polizei bei Versammlungen in geschlossenen Räumen zulässig (VGH Mannheim NVwZ 1998, 761, 764; Dietel/Gintzel/Kniesel, § 12 a VersG Rn. 7; Zeitler, Rn. 405).

Für Versammlungen unter freiem Himmel dürfte § 12 a VersG verfassungsgemäß sein. Unbestritten beeinträchtigt die Möglichkeit von Ton- und Bildaufnahmen die Entschlussfreiheit, an einer Versammlung überhaupt teilzunehmen, und greift damit in den Schutzbereich der Versammlungsfreiheit und in das Recht auf informationelle Selbstbestimmung ein (vgl. nur OVG Bremen DVBl. 1990, 1048, 1049, zur Rechtslage vor Einführung des § 12 a VersG; Zeitler, Rn. 372 ff.). Die Beschränkung der Eingriffsmöglichkeit auf erhebliche Gefahren, verbunden mit einer Regelung zur Vernichtung erhobe-

74

ner Unterlagen, macht den Eingriff jedoch zulässig (ebenso Krüger, S. 97 f.; Zeitler, Rn. 378–389). Insbesondere ist die Regelung nicht zur Gefahrenabwehr ungeeignet (so aber Ridder-Hase, § 12a VersG Rn. 6ff., der u.a. deswegen die Regelung gänzlich für verfassungswidrig hält). Auch für die Versammlung, bei der die Erhebung erfolgt, kann es technisch möglich sein, die erhobenen Daten auszuwerten und auf ihrer Grundlage tätig zu werden.

2.5.1.2 Datenerhebung und -speicherung nach § 12a VersG

75 Bild- und Tonaufnahmen sind nur zulässig bei erheblichen Gefahren für die öffentliche Sicherheit und Ordnung. Solche können, wie soeben dargelegt, nicht nur bei Gefahren für bedeutsame Rechtsgüter vorliegen, sondern auch bei einem erheblichen Gewicht der Gefährdung. Für die Gefahren müssen tatsächliche Anhaltspunkte gegeben sein; insoweit gelten die allgemeinen polizeirechtlichen Grundsätze, dass Vermutungen nicht ausreichen. Nur Teilnehmer und Dritte, die unvermeidbar mit aufgenommen werden (§ 12a Abs. 1 Satz 2 VersG), dürfen erfasst werden. Die erhobenen Unterlagen dürfen nur für Zwecke der Strafverfolgung und für längstens drei Jahre für Zwecke der Gefahrenabwehr aufbewahrt werden; im übrigen sind sie unverzüglich zu vernichten (§ 12a Abs. 2 VersG).

2.5.2 Sonstige Befugnisse

76 Die Herstellung von Übersichtsbildern, die Schulungszwecken, zur Leitung des polizeilichen Einsatzes oder zur Einsatzdokumentation der Polizei dienen, ist in § 12a VersG nicht geregelt. Der Gesetzgeber ging bei Erlass der Vorschrift davon aus, dieses Recht bestehe ohne gesetzliche Regelung (Zeitler, Rn. 395). An einem Eingriff in die Versammlungsfreiheit und das Recht auf informationelle Selbstbestimmung kann es allenfalls fehlen, wenn auf dem Übersichtsbild einzelne Personen nicht zu identifizieren sind. Jedoch besteht stets die technische Möglichkeit, das Übersichtsbild so zu vergrößern, dass einzelne Personen erkennbar sind. Auch das Herstellen eines Übersichtsbildes ist daher ein Eingriff, der einer gesetzlichen Grundlage bedarf (so BVerwGE 113, 158, 162; OVG Bremen DVBl. 1990, 1048, 1049; Zeitler, Rn. 396ff.; Ott/Wächtler, § 12a VersG Rn. 9; a. A. Krüger, S. 90ff.: die Möglichkeit eines Eingriffs sei nicht bereits ein Eingriff).

2.6 Kooperation zwischen Versammlungsbehörde und Veranstalter

77 Versammlungsbehörde und Veranstalter sollen, insbesondere im Vorfeld von Versammlungen, miteinander kooperieren, d.h. durch rechtzeitige Kontaktaufnahme einander kennen lernen, Informationen austauschen und die Durch-

führung der Versammlung erörtern. Die Versammlungsbehörde hat frühzeitig über die Rechtslage aufzuklären, der Veranstalter kann – im Gespräch mit der Behörde – gegebenenfalls die Umstände der Versammlung modifizieren, um einen störungsfreien Verlauf der Versammlung zu gewährleisten. Diese Kooperation geht zurück auf die sogenannte Brokdorf-Entscheidung des Bundesverfassungsgerichts (BVerfGE 69, 315, 354 ff.). Sie gehört heute für die Versammlungsbehörde zur gängigen Verwaltungspraxis.

2.6.1 Zweck der Kooperation

Das Kooperationsverfahren soll dazu dienen, die Ausübung des Grundrechts der Versammlungsfreiheit zu ermöglichen, ohne dass berechtigte Interessen Dritter, die von der Durchführung der Versammlung betroffen sein können, und die Interessen der Allgemeinheit beeinträchtigt werden. Möglicherweise widerstreitende Interessen sollen frühzeitig zum Ausgleich gebracht werden, damit Versammlungen ohne Störungen stattfinden können.

78

2.6.2 Rechtliche Grundlagen der Kooperation

Das Bundesverfassungsgericht hat offengelassen, ob die Pflicht der Versammlungsbehörde zur Kooperation bereits aus einer staatlichen Schutzpflicht für die ungestörte Ausübung des Grundrechts aus Art. 8 Abs. 1 GG folgt. Jedenfalls die Funktion des Grundrechts als Organisations- und Verfahrensgarantie und die grundrechtsfreundliche Anwendung vorhandener Verfahrensvorschriften begründeten eine Kooperationspflicht. Hinzu trete die aus dem Verhältnismäßigkeitsprinzip folgende Pflicht, nach Möglichkeit mildere Mittel als Versammlungsverbot und Auflösung anzuwenden. Dazu gehöre auch die Kooperation (BVerfG, a.a.O., S. 355 f.).

79

Diese Rechtsprechung hat auch heute noch ihre Gültigkeit. Das Versammlungsgesetz enthält keine Regelungen zur Kooperation. Vorschläge zur Normierung des Kooperationsverfahrens sind nicht Gesetz geworden (vgl. im einzelnen Dietel/Gintzel/Kniesel, § 14 VersG Rn. 25 mit Fn. 61 sowie zuletzt Entwurf der CDU/CSU-Bundestagsfraktion für ein Gesetz zur Änderung des Versammlungsgesetzes, BT-Drs. 14/4754, S. 3).

Mangels Verfahrensvorschriften im Versammlungsgesetz sind daher die Regelungen der Landesverwaltungsverfahrensgesetze anzuwenden. Ein Verwaltungsverfahren i.S.d. § 9 VwVfG liegt in der Regel vor: Sobald die Anmeldung der Versammlung eingegangen ist oder die Versammlungsbehörde auf sonstige Weise von einer beabsichtigten Versammlung Kenntnis erhält, prüft sie regelmäßig den Erlass von Auflagen oder eines Verbots. Mit dieser Prüfung, spätestens jedoch mit der Einladung zu einem Kooperationsgespräch beginnt ein Verwaltungsverfahren, sodass die §§ 9 ff. VwVfG Anwendung finden (zur Frage, ob der Beginn eines Verwaltungsverfahrens eine Mitteilung an den Betroffenen erfordert vgl. einerseits Kopp/Raumsauer, § 22 VwVfG Rn. 5; § 9 Rn. 28 – bejahend; andererseits Knack/Clausen, § 9 VwVfG Rn. 3.4 – verneinend). Von Bedeutung ist dabei insbesondere die in § 25 VwVfG geregelte Hinweis- und Auskunftspflicht (s. Rn. 82 ff.).

2.6.3 Durchführung der Kooperation

2.6.3.1 Voraussetzungen für eine Kooperation

80 Ein Kooperationsgespräch ist nicht durchzuführen, wenn kein Kooperationsbedarf besteht oder wenn eine Kooperation tatsächlich nicht möglich ist (vgl. Dietel/Gintzel/Kniesel, § 14 VersG Rn. 29).

Kooperationsbedarf besteht immer dann, wenn der Erlass von Auflagen oder eines Verbots überhaupt in Betracht kommt, von der Behörde erwogen wird. Nur wenn eine Versammlung angemeldet wurde, bei der unter keinem denkbaren Gesichtspunkt eine Gefahr für die öffentliche Sicherheit und Ordnung entstehen kann, ist eine Kooperation entbehrlich. Im Zweifel sollte die Behörde nicht vom Kooperationsgespräch absehen.

Nicht möglich ist eine Kooperation aus zeitlichen Gründen bei Spontanversammlungen und sehr kurzfristig zustande kommenden Eilversammlungen. Hat es der Veranstalter hingegen versäumt, eine ihm mögliche Anmeldung vorzunehmen, bleibt die Kooperation der Versammlungsbehörde dennoch möglich, wenn sie von der Versammlung anderweitig erfährt und den Veranstalter kennt. Sie ist daher durchzuführen (vgl. Zeitler, Rn. 138).

2.6.3.2 Kooperationspflicht der Behörde

81 Die Versammlungsbehörde ist zur Kooperation verpflichtet. Es handelt sich um eine echte Rechtspflicht, die sich aus Art. 8 Abs. 1 GG und dem Verhältnismäßigkeitsprinzip ergibt.

Hauptgegenstand der Kooperation ist die Erörterung der Umstände der Versammlung in einem Kooperationsgespräch. Hierzu lädt die Versammlungsbehörde ein. Die Versammlungsbehörde hat sich im Kooperationsgespräch versammlungsfreundlich zu verhalten (BVerfGE 69, 315, 356). Die Einzelheiten der Durchführung der Versammlung sollen zwischen Versammlungsbehörde und Veranstalter besprochen werden. Dadurch soll einerseits die Behörde die Informationen erhalten, die sie zur Erstellung ihrer Gefahrenprognose benötigt. Andererseits soll die Behörde schon im Gespräch ihre bisherige Gefahreneinschätzung darlegen. Dadurch wird dem Veranstalter ermöglicht, die Auffassung der Behörde zu entkräften oder durch Modifikation der Umstände der Versammlung zu reagieren. Signalisiert der Veranstalter seine Bereitschaft zur Veränderung der Versammlungsmodalitäten, ist die Versammlungsbehörde im Rahmen ihrer Kooperationspflicht gehalten, diesen Möglichkeiten nachzugehen und nach Wegen zu suchen, die Versammlung gegen Gefahren zu schützen, die nicht von ihr selbst ausgehen (BVerfG DVBl. 2000, 1605, 1607 f.; VGH Mannheim VBlBW 2002, 383).

Eine *allgemeine* Pflicht der Versammlungsbehörde, den Veranstalter der Versammlung zu beraten, besteht nicht. Das Verwaltungsverfahrensgesetz knüpft die Pflicht einer Behörde zu Hinweisen gegenüber dem Bürger an bestimme Voraussetzungen: Nach § 25 Satz 1 VwVfG soll die Behörde die Abgabe von Erklärungen, die Stellung von Anträgen oder die Berichtigung von Erklärungen oder Anträgen anregen, wenn diese offensichtlich nur versehentlich oder aus Unkenntnis unterblieben oder unrichtig abgegeben oder gestellt worden sind. In Betracht kommt daher insbesondere ein Hinweis auf den nach § 18 Abs. 2 VersG bei Versammlungen unter freiem Himmel notwendigen Antrag, den Einsatz von Ordnern zu genehmigen. Denkbar ist auch ein Hinweis auf die Unvollständigkeit von Angaben in der Anmeldung. Denn der Inhalt der Anmeldung ist Tatsachenvortrag und daher wie jede Wissensbekundung eines Beteiligten eine Erklärung i.S.d. § 25 Satz 1 VwVfG (vgl. Knack/Clausen § 25 VwVfG Rn. 3.2) 82

Der Zweck der Kooperation kann auch Hinweise der Behörde erforderlich machen, die über das nach § 25 Satz 1 VwVfG Erforderliche hinausgehen, und zwar insbesondere zu den tatsächlichen Angaben der Veranstalter. Denn mit der Anmeldung muss der Veranstalter nur relativ wenige Tatsachen mitteilen. Mit dem Kooperationsgespräch soll jedoch ein weitergehender Informationsaustausch zwischen Veranstalter und Versammlungsbehörde erreicht werden, um einen friedlichen Verlauf der Versammlung zu gewährleisten. Die Behörde sollte daher den Veranstalter auffordern, die näheren Umstände der Versammlung im einzelnen darzulegen. Verpflichtet ist der Veranstalter zu diesen Angaben nicht. 83

Eine Auskunftspflicht der Behörde folgt aus § 25 Satz 2 VwVfG. Danach erteilt sie, soweit erforderlich, Auskunft über die den Beteiligten im Verwaltungsverfahren zustehenden Rechte und die ihnen obliegenden Pflichten. Nach h.M. bezieht sich diese Auskunft nicht nur auf die verfahrensrechtlichen Rechte und Pflichten nach dem VwVfG, sondern auch auf die nach dem materiellen Recht bestehenden Rechte und Pflichten (vgl. Knack/Clausen, § 25 VwVfG Rn. 4.2; a.A. Kopp/Ramsauer, § 25 VwVfG Rn. 13). Die Auskunftspflicht ist im Lichte des Art. 8 Abs. 1 GG, d.h. hier insbesondere nach dem Zweck der Kooperation auszulegen. Die Versammlungsbehörde hat daher über die Rechtslage, wie sie sie aufgrund der Gefahreneinschätzung sieht, aufzuklären. Hält sie Auflagen oder ein Verbot für möglich oder geboten, weist sie darauf im Kooperationsgespräch hin. 84

Der Veranstalter nimmt sein Auskunftsrecht dadurch wahr, dass er Fragen an die Behörde stellt. Die Fragen können sich – über § 25 Satz 2 VwVfG hinausgehend – auch auf tatsächliche Umstände, insbesondere die von der Versammlungsbehörde geplanten Schutz- und Sicherungsmaßnahmen beziehen (vgl. Dietel/Gintzel/Kniesel, § 14 VersG Rn. 44). Die Behörde hat die Fragen zu beantworten, soweit dadurch ihre polizeiliche Aufgabe nicht beeinträchtigt wird. Die Kooperationspflicht der Behörde geht nicht so weit, dass dadurch der Charakter der polizeilichen Aufgabe als Gefahrenabwehr oder die Anwendung der polizeilichen Einsatzkonzepte gefährdet werden dürfen (vgl. BVerfGE 69, 315, 356 f.).

85 Die Pflicht der Behörde zu rascher Bearbeitung und zügiger Entscheidung über Auflagen und Verbot ist ein Gebot rechtsstaatlichen Handelns und der Ermöglichung effektiven Rechtsschutzes nach Art. 19 Abs. 4 GG. Sie ist daher nicht als Ausfluss der Kooperationspflicht der Versammlungsbehörde anzusehen (so aber Zeitler, Rn. 136).

2.6.3.3 Kooperationsobliegenheit des Veranstalters

86 Veranstalter und Teilnehmer haben unfriedliches Verhalten zu unterlassen und die Beeinträchtigung von Drittinteressen zu minimieren. Dies folgt aus der Begrenzung der Grundrechtsgewährleistung auf friedliche Versammlungen und durch die Grundrechte anderer. Darüber hinausgehende Kooperationspflichten im Rechtssinne treffen den Veranstalter nicht. Sie zu normieren, ist Aufgabe des Gesetzgebers (vgl. BVerfGE 69, 315, 356 f.; NJW 2001, 2078; NVwZ 2002, 982).

Der Veranstalter hat also, da der Gesetzgeber keine Kooperationspflicht geregelt hat, eine bloße Kooperationsobliegenheit. Seine Teilnahme und Mitwirkung am Kooperationsgespräch kann die Behörde daher nicht erzwingen.

Eben so wenig ist der Veranstalter verpflichtet, im Kooperationsgespräch ein Sicherheitskonzept vorzulegen und Anstrengungen zur Gefahrenabwehr zu belegen. Denn die Beweislast für Verbotsgründe liegt bei der Behörde, für die auch insoweit der Untersuchungsgrundsatz gilt (BVerfG NJW 2001, 2078; s. hierzu auch Rn. 168).

87 Die Verweigerung der Kooperation kann jedoch zu Lasten des Veranstalters gehen. Die Versammlungsbehörde darf dann nämlich zunächst von der Richtigkeit ihrer pflichtgemäß erstellten Gefahrenprognose ausgehen (s. Rn. 89). Sie ist aufgrund der vom Veranstalter verweigerten Kooperation jedoch nicht frei im Erlass belastender Maßnahmen. So ist sie bei einem zu erwartenden räumlichen Zusammentreffen von Demonstration und Gegendemonstration weiterhin verpflichtet, auch für den die Kooperation verweigernden Veranstalter nach Möglichkeiten zu suchen, seine Versammlung vor

Gefahren zu schützen, die nicht von ihr selbst ausgehen (VG Karlsruhe, Beschl. v. 25. 10. 2001, 3 K 2707/01).

Gegenstand der Kooperationsobliegenheit des Veranstalters ist insbesondere, mit der Versammlungsbehörde in einen Informationsaustausch über die Modalitäten der Versammlung einzutreten. Des weiteren ist der Veranstalter gehalten, Vereinbarungen aus dem Kooperationsgespräch einzuhalten.

2.6.3.4 Verfahren

Die Kooperation vollzieht sich, wie dargelegt, in einem – oder bei Bedarf mehreren – Kooperationsgespräch, zu dem die Behörde einlädt. Ist die Versammlungsbehörde nicht die Polizeibehörde, empfiehlt es sich, diese zum Gespräch dazuzuladen. Das Gleiche gilt für sonstige Dritte, deren Interessen erkennbar durch die Versammlung beeinträchtigt werden können; zu denken ist etwa an die Veranstalter einer Gegendemonstration oder die Inhaber von durch die Versammlung besonders betroffenen Gewerbebetrieben (vgl. Dietel/Gintzel/Kniesel, § 14 VersG Rn. 48). 88

Beabsichtigt die Behörde den Erlass von Auflagen oder eines Verbots, hat sie darauf, wie dargelegt, im Kooperationsgespräch hinzuweisen. Sie kann in diesem Zusammenhang die nach § 28 Abs. 1 VwVfG erforderliche Anhörung durchführen. Diese setzt jedoch voraus, dass sie zu den beabsichtigten Maßnahmen Gelegenheit zur Stellungnahme gibt. Denn das Kooperationsgespräch ersetzt nicht per se die gesetzlich vorgeschriebene Anhörung (vgl. OVG Weimar DVBl. 1996, 1446, 1447).

Für die Versammlungsbehörde ist es ratsam, über das Kooperationsgespräch ein Protokoll anzufertigen, das nach Möglichkeit Vertreter der Behörde und des Veranstalters unterzeichnen und von dem der Veranstalter ein Exemplar erhält. Mit einem solchen Protokoll kann die Behörde in einem etwaigen Verwaltungsrechtsstreit den Nachweis über Durchführung und Inhalt des Kooperationsgesprächs führen. Das Fehlen eines Protokolls kann den Rechtsstreit zum Nachteil der Behörde beeinflussen.

2.6.4 Folgen durchgeführter und unterlassener Kooperation

Verweigert der Veranstalter die Kooperation, hat dies Auswirkungen auf die Eingriffsmöglichkeiten der Versammlungsbehörde bei Gefahren oder Störungen der öffentlichen Sicherheit und Ordnung. Die Eingriffsschwelle für ein Tätigwerden nach § 15 VersG sinkt. Je ernsthafter sich die Behörde um eine friedliche Durchführung der Versammlung bemüht hat, um so eher werden nach dem Scheitern ihrer Bemühungen spätere Auflagen, Verbote oder Auflösungen einer verwaltungsgerichtlichen Überprüfung standhalten (vgl. BVerfGE 69, 315, 356; NJW 2001, 1407). Dies gilt auch, wenn der Veran- 89 stalter im Kooperationsgespräch getroffene Vereinbarungen nicht einhält. Auch darf die Versammlungsbehörde – bei pflichtgemäßer Ermittlung des Sachverhalts von Amts wegen (§ 24 VwVfG) – von der Richtigkeit ihrer Gefahrenprognose sowie der Erforderlichkeit und Verhältnismäßigkeit ihrer Maßnahmen ausgehen, da sie entgegenstehende Erkenntnisse im Wege der Kooperation nicht gewinnen konnte (vgl. Dietel/Gintzel/Kniesel, § 14 VersG Rn. 54). Die Verweigerung der Kooperation kann – zusammen mit anderen Umständen – im Einzelfall auch zulässige Schlüsse auf die Intentionen des Anmelders, z.B. zur Durchführung einer unfriedlichen Versammlung, erlauben (vgl. OVG Lüneburg NuR 1997, 202, 203; auch OVG Weimar NVwZ-RR 1998, 497, 500; VGH Mannheim VBlBW 1993, 343, 345). Da den Veranstalter jedoch keine Rechtspflicht zur Kooperation trifft, ist dessen Weigerung, an einem Kooperationsgespräch teilzunehmen, *für sich allein* keine ausreichende Grundlage, die Unzuverlässigkeit des Veranstalters anzunehmen und deswegen die angemeldete Versammlung zu verbieten (BVerfG NVwZ 2002, 982).

Eine Verweigerung der Kooperation liegt sicherlich vor, wenn der Veranstalter zum Kooperationsgespräch gar nicht erscheint. Nimmt der Veranstalter am Kooperationsgespräch teil, lehnt aber von der Behörde erörterte Modifikationen der Versammlung ab, stellt dies nicht stets eine Verweigerung der Kooperation dar. Dem Veranstalter steht das Selbstbestimmungsrecht über die Versammlung zu; er kann – vorbehaltlich Rechte Dritter - Zeitpunkt, Ort, Art und Inhalt der Versammlung festlegen. Folglich ist er nicht verpflichtet, von der Behörde vorgeschlagenen Modifikationen der Versammlung zu folgen. Anlass hierzu hat der Veranstalter nur, wenn die Modifikationen dazu dienen sollen, eine Gefährdung der öffentlichen Sicherheit und Ordnung abzuwenden oder zu vermindern. Nimmt der Veranstalter eine Anregung der Versammlungsbehörde im Kooperationsgespräch nicht auf, kann dies daher allenfalls zu seinen Lasten wirken, wenn ein Kooperationsanlass bestand (BVerfG NJW 2001, 1407). Aber auch dann ist es zunächst Aufgabe der Versammlungsbehörde, Kollisionen zwischen den Rechten Dritter und den Rechten des Veranstalters aufzulösen.

Sind sich Veranstalter und Versammlungsbehörde über die Zulässigkeit versammlungsrechtlicher Auflagen uneins, ist es keine mangelnde Kooperation des Veranstalters, wenn er sich an erlassene Auflagen hält, jedoch seinen abweichenden Rechtsstandpunkt aufrechterhält, z.B. indem er eine Fortsetzungsfeststellungsklage gegen die Auflagen ankündigt (BVerfG NJW 2001, 2072). Denn insoweit handelt es sich um ein von der Rechtsordnung geschütztes Verhalten des Veranstalters. Jedoch kann es zulässig sein, aus dem Verhalten des Veranstalters im Kooperationsgespräch Schlüsse auf die Gefahrenlage zu ziehen und die Gefahrenprognose auch darauf zu stützen, z.B.

wenn der Veranstalter im Kooperationsgespräch erkennen lässt, dass er gewalttätige Gruppen als Sympathisanten und Teil der Demonstration sieht und insoweit einen gewalttätigen Verlauf der Versammlung billigend in Kauf nimmt (OVG Weimar ThürVBl. 2000, 253, 254; s. auch Rn. 167).

Versäumt es die Versammlungsbehörde, die Kooperation mit dem Veranstalter zu suchen, muss dies negative Auswirkungen auf ihre Eingriffsmöglichkeiten haben. Worin diese im einzelnen bestehen, wird in Rechtsprechung und Literatur kaum erörtert. Es dürfte Folgendes gelten: 90

– Präventive Maßnahmen werden in der Regel wegen Unverhältnismäßigkeit nicht mehr zulässig sein. Denn gegenüber Auflagen und Verbot wäre die Kooperation das mildere, gleich geeignete Mittel gewesen.

– In absoluten Ausnahmefällen mag dies einmal anders zu beurteilen sein, nämlich in folgender Fallkonstellation: Die Behörde durfte zunächst von der Entbehrlichkeit von Kooperationsgesprächen ausgehen, da Gefahren für die öffentliche Sicherheit und Ordnung nicht erkennbar waren; dann änderte sich die Gefahreneinschätzung, jedoch konnte ein Kooperationsgespräch wegen der nunmehr kurzfristig bevorstehenden Versammlung nicht mehr durchgeführt werden. Hier können präventive Maßnahmen trotz von der Behörde versäumter Kooperation ausnahmsweise zulässig sein; jedoch wird besonders genau zu prüfen sein, wie schwerwiegend die drohenden Gefahren sind, ob sie ein präventives Tätigwerden rechtfertigen oder ob es ausreichend erscheint, von einem Verbot abzusehen und später gegebenenfalls nur vom Mittel der Auflösung Gebrauch zu machen. Auch dürfen in einem etwaigen Rechtsstreit über präventive Maßnahmen in solchen Fällen an den Nachweis, dass zunächst ein Kooperationsgespräch entbehrlich schien, keine zu geringen Anforderungen gestellt werden.

– Die Auflösung einer Versammlung nach § 15 Abs. 2 VersG wird durch die von der Behörde versäumte Kooperation grundsätzlich nicht ausgeschlossen. Zwar hat auch hier die Versammlungsbehörde ihrer Pflicht zur Deeskalation im Vorfeld der Versammlung zuwider gehandelt. Für die Verhältnismäßigkeit der Auflösung ist die Kooperation in der Regel jedoch nur ein begrenzt tauglicher Bezugspunkt: Da eine Auflösung eine bereits eingetretene oder eine mit hoher Wahrscheinlichkeit in Kürze zu erwartende Störung der öffentlichen Sicherheit und Ordnung voraussetzt, kann insoweit die Kooperation kein Mittel sein, das gleich geeignet wie die Auflösung ist, eine Störung der öffentlichen Sicherheit und Ordnung zu verhindern. Auch ex post betrachtet, wird sich kaum feststellen lassen, dass die Kooperation die Störung der öffentlichen Sicherheit und Ordnung mit der gleichen Effektivität abgewendet hätte. Zumindest bei schweren Gefahren für Rechtsgüter Dritter ist die Polizei daher nicht gehindert, zum Schutz dieser Rechtsgüter eine Versammlung aufzulösen, auch wenn ein Kooperationsgespräch unterblieben ist.

91 Die durchgeführte Kooperation kann – so das Bundesverfassungsgericht – dazu führen, dass die Schwelle für behördliches Einschreiten wegen einer Gefahr für die öffentliche Sicherheit oder Ordnung höher rückt (BVerfGE 69, 315, 355 ff.; NJW 2001, 1407). Was dies bedeutet, kann stets nur im Einzelfall entschieden werden. Denn die Frage, welche Gefährdung der öffentlichen Sicherheit oder Ordnung zum Einschreiten berechtigt, hängt stets auch davon ab, welche Schutzgüter gefährdet sind. Je gewichtiger diese sind und je größer die drohenden Gefahren sind, um so weniger fällt bei der vorzunehmenden Abwägung eine erfolgte Kooperation im Vorfeld der Versammlung ins Gewicht.

3 Die innere Ordnung der Versammlung
3.1 Das Ordnungsmodell des Versammlungsgesetzes

Das Versammlungsgesetz geht von einer geordneten Versammlung aus, die 92
ihre innere Ordnung selbst regelt. Es hat diese Ordnung für Versammlungen in geschlossenen Räumen in den §§ 7 bis 12 geregelt. Für stationäre Versammlungen unter freiem Himmel erklärt § 18 Abs. 1 VersG einen Großteil der Vorschriften für entsprechend anwendbar. Für sich fortbewegende Versammlungen unter freiem Himmel (Aufzüge) enthält § 19 VersG Sonderregelungen.

Eine Versammlung muss nach §§ 7 Abs. 1, 18 Abs. 1 VersG einen Leiter haben; auch § 19 Abs. 1 Satz 1 VersG setzt für Aufzüge unausgesprochen einen Leiter voraus. Der Leiter bestimmt den Ablauf der Versammlung und hat während der Versammlung für Ordnung zu sorgen (§§ 8 Sätze 2 und 3, 18 Abs. 1 VersG; für Aufzüge etwas abweichend § 19 Abs. 1 Satz 1 VersG). Er kann sich bei der Durchführung der Versammlung der Hilfe einer angemessenen Anzahl von Ordnern bedienen (§§ 9 Abs. 1, 18 Abs. 1, 19 Abs. 1 VersG). Die Versammlungsteilnehmer sind verpflichtet, die zur Aufrechterhaltung der Ordnung getroffenen Anweisungen des Leiters oder der von ihm bestellten Ordner zu befolgen (§§ 10, 18 Abs. 1, 19 Abs. 2 VersG).

Bei Versammlungen in geschlossenen Räumen kommen weitere Befugnisse hinzu. Hier übt der Versammlungsleiter das Hausrecht aus (§ 7 Abs. 4 VersG) und kann Teilnehmer, die die Ordnung gröblich stören, von der Versammlung ausschließen (§ 11 Abs. 1 VersG). Bei Versammlungen unter freiem Himmel hat das Ausschlussrecht hingegen die Polizei (§§ 18 Abs. 3, 19 Abs. 4 VersG). Zudem bestimmt § 19 Abs. 3 VersG für Aufzüge, dass der Leiter verpflichtet ist, den Aufzug für beendet zu erklären, wenn er sich nicht durchzusetzen vermag.

Mit dieser inneren Selbstorganisation soll ein friedlicher und geordneter 93
Ablauf der Versammlung gewährleistet sein. Es war das Bestreben des Gesetzgebers, die Rechte und Pflichten der Versammlungsteilnehmer und des Versammlungsleiters ausführlicher zu regeln als zuvor, um die Einhaltung der „demokratischen Spielregeln" auch ohne die Polizei zu ermöglichen (BT-Drs. 1/1102, S. 8 f.). Es handelt sich daher im Grundsatz um Regelungen zur Ausgestaltung der Versammlungsfreiheit, die ohne besonderen Regelungsvorbehalt im Grundgesetz zulässig sind (AK-GG-Hoffmann-Riem, Art. 8 GG Rn. 49). Für die Versammlungsbehörde und die Polizei folgt daraus zugleich die Pflicht, bei Störungen und Gefahren zunächst eine Lösung von Konflikten

Die innere Ordnung der Versammlung

durch den Versammlungsleiter und die Ordner abzuwarten oder anzuregen, soweit dies erfolgversprechend erscheint und nicht ein sofortiges Einschreiten geboten ist (ähnlich Lisken/Denninger-Kniesel, H Rn. 246 f.).

Auch Versammlungen, die nicht diese innere Ordnung haben, wie sie das Versammlungsgesetz vorsieht, genießen den Schutz der Versammlungsfreiheit. Es ist kein Wesensmerkmal einer Versammlung i.S.d. Art. 8 Abs. 1 GG, einen Leiter und Ordner zu haben. Insbesondere Spontandemonstrationen ohne Leiter und Ordner fallen auch in den Schutzbereich der Versammlungsfreiheit (Zeitler, Rn. 321; Krüger, S. 60 f.).

3.2 Die Leitung der Versammlung

3.2.1 Die Person des Versammlungsleiters

94 Für Versammlungen in geschlossenen Räumen ist der Veranstalter kraft Gesetzes der Versammlungsleiter. Ist Veranstalter eine Vereinigung, so ist ihr Vorsitzender der Leiter (§ 7 Abs. 2 VersG). Der Veranstalter kann die Leitung jedoch einer anderen Person übertragen (§ 7 Abs. 3 VersG).

Das Gesetz enthält dagegen keine Regelung, wer Leiter einer Versammlung unter freiem Himmel ist. Die Pflicht, einen Leiter zu bestellen, besteht jedoch ebenso (§§ 18 Abs. 1, 7 Abs. 1 VersG; § 19 Abs. 1 Satz 1 VersG). Sein Name ist in der Anmeldung anzugeben (§ 14 Abs. 2 VersG).

Handelt es sich um eine Spontandemonstration ohne einen Veranstalter und ohne Anmeldung nach § 14 VersG, ist Leiter der Versammlung derjenige, der objektiv, d.h. nach außen erkennbar die Funktion eines Versammlungsleiters ausübt und von der Versammlung als solcher anerkannt wird. Dieser kann treffend als „faktischer Leiter" bezeichnet werden (Zeitler, Rn. 328; BayObLG JZ 1978, 536). Er hat dieselben Rechte und Pflichten wie ein gesetzlicher Versammlungsleiter.

3.2.2 Fehlen eines Versammlungsleiters

95 Versammlungen können auch ohne Leiter stattfinden. Bei Versammlungen unter freiem Himmel ist dies nicht nur denkbar, sondern kommt auch tatsächlich vor: Eine Versammlung findet statt, ohne dass ein Leiter in der Anmeldung angegeben wird und ohne dass ein faktischer Leiter auftritt. Auch Spontandemonstrationen haben häufiger keinen Leiter.

Auch Versammlungen in geschlossenen Räumen sind ohne Leiter denkbar. Dies gilt jedenfalls für Spontandemonstrationen. Ob auch eine bereits länger geplante Versammlung mit Veranstalter mit rechtlichen Folgen beschließen kann, entgegen § 7 Abs. 1, 2 VersG keinen Leiter zu haben, ist umstritten. Während in der Literatur zum Teil ein solcher Beschluss als Wahrnehmung

Die Leitung der Versammlung

der Versammlungsfreiheit und § 7 Abs. 1 VersG daher als bloße Ordnungsvorschrift angesehen wird (so Ridder-Breitbach, § 7 VersG Rn. 14 m.w.N.), halten andere die Vorschriften über die innere Ordnung der Versammlung für organisatorische, verfassungsgemäße Ausgestaltungen der Versammlungsfreiheit, die zu respektieren seien (so Zeitler, Rn. 326).

Die Streitfrage hat keine praktische Bedeutung für versammlungsrechtliche Maßnahmen der Versammlungsbehörde oder der Polizei. Unstreitig ist eine Verfügung, einen Versammlungsleiter zu benennen, zumindest nicht durchsetzbar. Die Nichtbeachtung des § 7 Abs. 1 VersG hat daher keine unmittelbaren rechtlichen Folgen (Zeitler, Rn. 329; Ridder-Breitbach, § 7 VersG Rn. 15 m.w.N.). Will eine Versammlung keinen Leiter haben, haben Versammlungsbehörde und Polizei keine Möglichkeit und daher auch keine Pflicht, vor Eingriffen dem Versammlungsleiter die Möglichkeit zu geben, einen internen Konflikt selbst zu regeln. Die Eingriffsschwelle sinkt daher, wenn es an einem Leiter fehlt (so zutreffend Zeitler, Rn. 330). Dies gilt auch, wenn man der Auffassung folgt, eine Versammlung in einem geschlossenen Raum könne nicht wirksam beschließen, entgegen § 7 Abs. 1, 2 VersG keinen Leiter zu haben. Auch wenn der Veranstalter trotz eines solchen Beschlusses weiterhin gesetzlicher Versammlungsleiter bleibt, sind Versammlungsbehörde und Polizei nicht verpflichtet, vor eigenen Maßnahmen einer Person, die ihre Leitungsbefugnisse erkennbar nicht wahrnehmen will, Gelegenheit zur eigenen Konfliktlösung zu geben. Relevanz hat der Streitpunkt daher nur für die Frage, ob der Veranstalter gemäß § 7 Abs. 2 VersG Leiter bleibt und sich als solcher strafbar oder ordnungswidrig verhält (bejahend OLG Köln NJW 1981, 1680 – nur Leitsatz: Wer mit seiner Zustimmung zum Leiter einer Versammlung benannt worden ist, kann sich seinen Aufgaben nicht dadurch entziehen, dass er die Aufgaben nicht mehr wahrnimmt).

96

Für die Versammlungsbehörde und die Polizei ist es daher wesentlich, bei Anzeichen für eine Versammlung ohne Leiter zunächst zu prüfen, ob es einen faktischen Leiter gibt. Fehlt es auch an ihm, ergeben sich daraus keine unmittelbaren Konsequenzen. Treten Störungen und Gefahren auf, besteht mangels Leiters keine Pflicht, zunächst diesem die Konfliktlösung zu ermöglichen.

3.2.3 Zuverlässigkeit des Versammlungsleiters

Das Versammlungsgesetz stellt keine ausdrücklichen Anforderungen an die Zuverlässigkeit des Versammlungsleiters. Liegen jedoch konkrete Erkenntnisse über die Unzuverlässigkeit des Versammlungsleiters vor, können deswegen versammlungsrechtliche Maßnahmen ergehen (OVG Magdeburg NVwZ-RR 1999, 169 – nur Leitsatz). Rechtsgrundlage hierfür können nur die

97

Die innere Ordnung der Versammlung

§§ 5, 13, 15 VersG sein, deren Voraussetzungen also erfüllt sein müssen. Möglich ist insbesondere die Untersagung der Leitung durch eine bestimmte Person. Bedenken gegen eine solche Auflage hat das OVG Bautzen (Sächs-VBl. 2002, 218, die Frage im Ergebnis aber offen lassend) erwogen: die Pflicht nach § 7 Abs. 1 VersG, einen Leiter zu haben, habe lediglich grundrechtssichernde Funktion und sei daher möglicherweise nicht zwangsweise durchsetzbar. Den Bedenken ist nicht zu folgen. Denn die Frage einer Gefahr für die öffentliche Sicherheit, die sich aus der Person des Leiters ergibt, steht zum Normzweck des § 7 Abs. 1 VersG in keinem unmittelbaren Zusammenhang.

Ergeben sich die Bedenken aus strafbarem Verhalten des Versammlungsleiters in der Vergangenheit, sind Auflagen, Verbot und Auflösung nur rechtmäßig, wenn dieses Verhalten einen Bezug zur aktuellen Versammlung hat und daher die Voraussetzungen der §§ 5, 13, 15 VersG erfüllt sind. Die Unzuverlässigkeit des Versammlungsleiters muss sich zudem auf die Versammlung insgesamt auswirken (vgl. BVerfG NVwZ 1999, 60). Dies kann der Fall sein, wenn der Versammlungsleiter von der Gefahr des Verstoßes gegen Strafgesetze weiß und keine Vorkehrungen zur Eindämmung der Gefahr trifft; dann kann auch ein Versammlungsverbot rechtmäßig sein (VGH Mannheim VBlBW 1999, 462, zu einer Kurdistan-Demonstration).

3.3 Verwendung von Ordnern

98 Der Versammlungsleiter kann eine angemessene Anzahl von Ordnern bestellen, die keine Waffen tragen dürfen, volljährig sein müssen und ausschließlich durch weiße Armbinden mit dem Aufdruck „Ordner" kenntlich gemacht werden dürfen (§§ 9 Abs. 1, 18 Abs. 1, 19 Abs. 1 VersG). Die Ordner haben die Aufgabe, den Versammlungsleiter bei der Leitung der Versammlung zu unterstützen. Ihren Anweisungen haben die Versammlungsteilnehmer ebenso Folge zu leisten wie denen des Versammlungsleiters selbst (§§ 10, 18 Abs. 1, 19 Abs. 2 VersG).

Die Verwendung von Ordnern bei Versammlungen unter freiem Himmel bedarf der polizeilichen Genehmigung, die mit der Anmeldung zu beantragen ist (§§ 18 Abs. 2, 19 Abs. 1 VersG); obwohl das Gesetz von polizeilicher Genehmigung spricht und es insoweit naheliegt, die Vollzugspolizei für zuständig zu halten, besteht Einigkeit, dass für die Genehmigung die Behörde zuständig ist, die auch die Anmeldung entgegennimmt, also in der Regel die Kreispolizeibehörde (Zeitler, Rn. 106; Dietel/Gintzel/Kniesel, § 18 VersG Rn. 31). Für Versammlungen in geschlossenen Räumen besteht eine solche Genehmigungspflicht nicht. Der Leiter ist lediglich verpflichtet, die Zahl der

Verwendung von Ordnern

Ordner der Polizei auf Anforderung mitzuteilen; die Polizei kann die Zahl der Ordner angemessen begrenzen (§ 9 Abs. 2 VersG).

Die Vorschriften bezwecken, die Ordner auf die Aufgabe zu beschränken, einen geordneten Ablauf der Versammlung zu ermöglichen. Es soll vermieden werden, dass durch den Einsatz professioneller Ordner, wie z.B. von privaten Sicherheitsdiensten, bewaffneter oder uniformierter Ordner oder einer zu großen Anzahl von Ordnern ein Klima erzeugt wird, das einer freien Meinungsäußerung entgegensteht (Krüger, S. 65; Zeitler, Rn. 111).

Werden die Vorgaben des Versammlungsgesetzes zur Verwendung von Ordnern nicht eingehalten, stellt sich für die Versammlungsbehörde und die Polizei die Frage, wie sie darauf reagieren. Dabei ist zu differenzieren:

– Die Polizei darf bei Versammlungen in geschlossenen Räumen die Anzahl der Ordner angemessen begrenzen (§ 9 Abs. 2 Satz 2 VersG). Eine solche Begrenzung ist ein Verwaltungsakt. Die Befugnis, die Anzahl zu begrenzen, besteht auch bei Versammlungen unter freiem Himmel; die Versammlungsbehörde kann im Rahmen des Genehmigungsverfahrens nach § 18 Abs. 2 VersG eine solche Begrenzung vornehmen (unstr., vgl. nur Ridder-Breitbach, § 18 VersG Rn. 12, 14; Krüger, S. 116). Denn auch Versammlungen unter freiem Himmel dürfen nach §§ 18 Abs. 1, 9 Abs. 1 Satz 1 VersG nur eine angemessene Anzahl von Ordnern einsetzen. Die Prüfung der angemessenen Anzahl kann daher auch Gegenstand des Genehmigungsverfahrens sein.

– Die Kompetenz, die Einhaltung der weiteren Anforderungen der Volljährigkeit, der Waffenlosigkeit, der Ehrenamtlichkeit, der Kenntlichmachung nur durch weiße Armbinden per Verwaltungsakt aufzugeben, besteht für Versammlungen in geschlossenen Räumen nicht. Das Recht, Anordnungen zur Verwendung von Ordnern zu treffen, hat der Gesetzgeber insoweit nur für die Anzahl der Ordner eingeräumt; sonstige Verstöße gegen § 9 VersG sind als Ordnungswidrigkeiten oder Straftaten sanktioniert (§§ 24, 29 Abs. 1 Nr. 6, 7 VersG; bei uniformierten Ordnern: § 28 VersG). Da ein Genehmigungsverfahren nicht stattfindet, hat der Gesetzgeber auf eine präventive Kontrolle, ob die Versammlung in geschlossenen Räumen die Voraussetzungen des § 9 Abs. 1 VersG einhält, verzichtet. Folglich kann die Polizei bei Durchführung der Versammlung nur prüfen, ob die Verstöße gegen § 9 Abs. 1 VersG einen Auflösungsgrund nach § 13 VersG darstellen. Zu bejahen ist dies insbesondere für die Verwendung bewaffneter Ordner, die zur Auflösung nach § 13 Abs. 1 Nr. 3 VersG berechtigt.

– Für Versammlungen unter freiem Himmel stellt sich die Frage, welche Aspekte die Versammlungsbehörde im Rahmen des Genehmigungsverfahrens nach § 18 Abs. 2 VersG prüfen darf. Es ist nicht erkennbar, dass das Gesetz

Die innere Ordnung der Versammlung

die Prüfungsbefugnis auf die Frage der angemessenen Anzahl begrenzt hätte (so aber Ridder-Breitbach, § 18 VersG Rn. 12, 14). Gegenstand des Genehmigungsverfahrens können alle in § 9 Abs. 1 VersG genannten Anforderungen sein (h.M., vgl. Krüger, S. 116 m.w.N.). Die Versammlungsbehörde darf daher die Volljährigkeit, die Ehrenamtlichkeit, die Waffenlosigkeit und die zulässige Kenntlichmachung prüfen. In diesem Zusammenhang darf sie – ohne dass die Voraussetzungen des § 15 Abs. 1 VersG vorliegen müssen – auch Auflagen erlassen, um die Einhaltung der Anforderungen des § 9 Abs. 1 VersG zu kontrollieren. Sie kann zu diesem Zweck dem Veranstalter z.B. aufgeben, dass die Ordner sich zu einem bestimmten Zeitpunkt vor Versammlungsbeginn an einem bestimmten Ort einzufinden und der Polizei vorzustellen haben (OVG Münster NVwZ 2001, 706). Jedoch hat die Versammlungsbehörde im Rahmen des § 18 Abs. 2 VersG keine Handhabe, dem Veranstalter aufzugeben, die Namen der Ordner mitzuteilen. Der Gesetzgeber hat auf eine solche Befugnis bewusst verzichtet (so zutreffend Ridder-Breitbach, § 18 VersG Rn. 13, § 9 VersG Rn. 4 ff. mit ausführlicher Darstellung der Gesetzgebungsgeschichte; a.A. Krüger, S. 117; Meyer/Köhler, § 18 VersG Anm. 2). Sie muss sich daher anderer Mittel bedienen, um die Einhaltung der Voraussetzungen des § 9 Abs. 1 VersG zu überprüfen.

Der Versammlungsbehörde ist es auch verwehrt, die Genehmigung aus Gründen zu versagen, die in § 9 Abs. 1 VersG nicht normiert sind. Dabei geht es insbesondere um die Frage der Zuverlässigkeit der Ordner. Ergibt sich die Unzuverlässigkeit nicht aus der mangelnden Einhaltung des § 9 Abs. 1 VersG, kann die Versammlungsbehörde nur nach § 15 Abs. 1 VersG vorgehen. Liegen der Versammlungsbehörde konkrete Erkenntnisse darüber vor, dass die eingesetzten Ordner z.B. aufgrund von einschlägigen Vorstrafen unzuverlässig sind, kann sie eine Auflage erlassen, diese Ordner nicht einzusetzen; dies setzt jedoch voraus, dass durch den Einsatz eine unmittelbare Gefahr für die öffentliche Sicherheit oder Ordnung entstünde (so übereinstimmend Krüger, S. 117; Ridder-Breitbach, § 18 VersG Rn. 12 ff.; vgl. auch BVerfG NJW 2001, 2078).

Die Auffassung, die Behörde könne die Erlaubnis nach § 18 VersG verweigern, wenn die Ordner als ungeeignet oder unzuverlässig bekannt sind (OVG Bautzen SächsVBl. 2002, 216; NVwZ-RR 2002, 435; Dietel/Gintzel/Kniesel, § 18 VersG Rn. 24), ist mit dem Gesetz nicht vereinbar. Das Versammlungsgesetz stellt nur die in § 9 Abs. 1 geregelten Anforderungen; mehr kann im Rahmen des Genehmigungsverfahrens nach § 18 Abs. 2 VersG nicht geprüft werden. Dieses ist jedoch Teil des Verfahrens nach §§ 14, 15 VersG, in dem bei Gefahren für die öffentliche Sicherheit oder Ordnung, wie ausgeführt, entsprechende Auflagen ergehen können. Diese Unterscheidung des Vorgehens nach § 18 Abs. 2 VersG einerseits und § 15

Abs. 1 VersG andererseits ist kein bloßer Formalismus. Eine Auflage nach § 15 Abs. 1 VersG setzt voraus, dass – nach der pflichtgemäßen Gefahrenprognose – die Unzuverlässigkeit der Ordner sich auf die Versammlung auswirken kann, so dass für die Versammlung insgesamt eine Gefahrenlage besteht.

3.4 Anwesenheit von Polizeibeamten

Werden Polizeibeamte in eine öffentliche Versammlung entsandt, haben sie sich dem Leiter zu erkennen zu geben (§ 12 Satz 1 VersG). Für stationäre Versammlungen unter freiem Himmel gilt die Vorschrift entsprechend (§ 18 Abs. 1 VersG). Für Aufzüge fehlt eine vergleichbare Regelung in § 19 VersG; ein Recht zur Entsendung von Polizeibeamten in Aufzüge besteht daher nicht, sondern nur das Recht zur Begleitung des Aufzugs (Ridder-Breitbach, § 19 VersG Rn. 6; a.A. Dietel/Gintzel/Kniesel, § 12 VersG Rn. 19: der fehlende Verweis auf § 12 VersG sei wahrscheinlich ein Redaktionsversehen).

100

Mit der Formulierung „werden Polizeibeamte in eine öffentliche Versammlung entsandt" scheint § 12 VersG das Recht der Polizeibeamten zur Anwesenheit nicht selbst zu regeln, sondern dessen anderweitige Regelung vorauszusetzen. Aus der Regelungstradition ergibt sich jedoch, dass die Vorschrift ein eigenes polizeiliches Zutrittsrecht enthält (so zutreffend Ridder-Pawlita/Steinmeier, § 12 VersG Rn. 1 ff., auch Zeitler, Rn. 368; a.A. Krüger, S. 85, allein auf den Wortlaut abstellend). So ist die Regelung auch bei Schaffung des Versammlungsgesetzes verstanden worden (vgl. Trubel/Hainka, § 12 VersG Anm. 1). Das Gesetz normiert also ein Anwesenheitsrecht der Polizei.

101

Streitig ist, ob das Anwesenheitsrecht voraussetzungslos ist. Für Versammlungen in geschlossenen Räumen wird in der Literatur vielfach vertreten, ein Anwesenheitsrecht bestehe nur, wenn Anhaltspunkte dafür bestünden, dass es zur Auflösung der Versammlung kommen könne. Der in der Anwesenheit und der damit verbundenen Überwachung liegende Grundrechtseingriff sei nur dann verfassungsgemäß, da das Recht zu Versammlungen in geschlossenen Räumen vorbehaltlos eingeräumt sei (Krüger, S. 85; Zeitler, Rn. 368; Ridder-Pawlita/Steinmeier, § 12 VersG Rn. 7). Dem wird entgegengehalten, das Anwesenheitsrecht diene dem Schutz der Versammlung. Die Polizei habe bei Versammlungen dafür zu sorgen, dass die Versammlungsbeteiligten ihre Rechte wahrnehmen und bei Kollisionen zwischen Veranstaltungs-, Leitungs- und Teilnahmerecht grundrechtsfreundliche Lösungen gefunden werden können. Das verdeutliche die verfahrensrechtliche Dimension der Schutzfunktion der Polizei. Das Anwesenheitsrecht der Polizei nach § 12 VersG sei daher in neuem Licht als Basis der Kooperation zwischen Veranstalter und Polizei zu begreifen. Es bestehe daher ein auf die Schutzfunktion und das Kooperations-

Die innere Ordnung der Versammlung

gebot gestütztes Anwesenheitsrecht der Polizei (Lisken/Denninger-Kniesel, H Rn. 467; für ein voraussetzungsloses Anwesenheitsrecht auch Meyer/Köhler, § 12 VersG Anm. 1; wohl auch Ott/Wächtler, § 12 VersG Rn. 8; unklar Maunz/Dürig-Herzog, Art. 8 GG Rn. 87, 138).

102   Den unterschiedlichen Auffassungen liegt die Frage zugrunde, ob die Anwesenheit der Polizei ein Grundrechtseingriff ist. Ist dem so, kann verfassungsrechtlich bei Versammlungen in geschlossenen Räumen nur dann ein Anwesenheitsrecht bestehen, wenn die Gefahr einer unfriedlichen oder bewaffneten Versammlung besteht. Liegt jedoch kein Grundrechtseingriff vor, bestehen verfassungsrechtlich keine Bedenken gegen ein voraussetzungsloses Anwesenheitsrecht. Ob ein Grundrechtseingriff gegeben ist, spielt also die entscheidende Rolle. Zur Klärung dieser Frage ist Folgendes zu beachten:

– Es ist unbestritten, dass bei § 12 VersG nur ein Recht zur Anwesenheit, nicht jedoch zur Observation oder Datenerhebung in Frage steht. Die Vorschrift gibt insoweit eindeutig keine Befugnisse (ebenso Henninger DÖV 1998, 716 f., zur Observation). Daher kann auch aus der Befürchtung, solche Maßnahmen erfolgten durch die anwesenden Polizeibeamten, nicht folgen, die Anwesenheit habe Eingriffscharakter.

– Auch bei einem modernen Verständnis der Kooperation zwischen Veranstalter und Polizei kann deren Anwesenheit Teilnehmer davon abhalten, von ihrer Versammlungsfreiheit Gebrauch zu machen. Für die vorliegende Frage kann dabei nur das Verhalten eines durchschnittlichen Teilnehmers eine Rolle spielen. Aber auch dann können Beeinträchtigungen der Versammlungsfreiheit eintreten.

– Das Ordnungsmodell des Versammlungsgesetzes geht nicht so weit, dass dem Versammlungsleiter die Befugnis gegeben ist, den Ausschluss von Störern auch zu vollziehen. Hierzu ist er auf die Hilfe der Polizei angewiesen (s. Rn. 104 ff.). Der Gedanke, die Anwesenheit der Polizei diene dem Schutz der Versammlung, hat insofern seine Berechtigung; auch das Gesetz geht davon aus.

– Es kann allenfalls ein mittelbarer Grundrechtseingriff vorliegen. Mit der Anwesenheit von Polizeibeamten wird nicht direkt und unmittelbar in die Versammlungsfreiheit eingegriffen. Ob mittelbare Auswirkungen staatlichen Handelns bloße Beeinträchtigungen oder Eingriffe sind, ist schwierig zu bestimmen. Das Bundesverfassungsgericht hat hierzu bei einzelnen Grundrechten unterschiedliche Maßstäbe angelegt. Für die Versammlungsfreiheit dürfte es auf die Schwere der Beeinträchtigung ankommen (s. Rn. 30).

– Die Diskussion über das Anwesenheitsrecht der Polizei wird vor allem für Versammlungen in geschlossenen Räumen geführt. Dies hat seinen Grund nicht nur darin, dass auf öffentlichen Straßen und Plätzen die Polizei ohne-

Ordnungsbefugnisse des Versammlungsleiters und der Polizei

hin präsent sein darf (vgl. Ridder-Pawlita/Steinmeier, § 12 VersG Rn. 21) und die Versammlungsfreiheit für Versammlungen unter freiem Himmel nicht vorbehaltlos gewährleistet ist. In geschlossenen Räumen finden auch häufiger Veranstaltungen statt, bei denen es ein legitimes Interesse des Veranstalters und der Teilnehmer sein kann, unbeeinflusst von Staatsorganen zusammenzukommen.

Der letzte Gesichtspunkt sollte Ausgangspunkt der Überlegungen zur Lösung der Streitfrage sein. Die Polizei hat zunächst, wenn sie Beamte in eine Versammlung entsenden will, sorgfältig zu prüfen, ob es sich überhaupt um eine öffentliche Versammlung handelt. Ist das nicht der Fall, kommt ein Anwesenheitsrecht nach § 12 VersG nicht in Betracht. Handelt es sich hingegen um eine öffentliche Versammlung, entspricht es dem Willen des Veranstalters, dass ein nicht abgegrenzter Personenkreis an der Versammlung teilnehmen kann. Zwar folgt aus der Öffentlichkeit der Versammlung nicht automatisch ein Teilnahmerecht von Polizeibeamten, da sich der Veranstalter mit der öffentlichen Versammlung an jeden *Bürger* wenden möchte. Jedoch ist die Öffentlichkeit der Versammlung von Bedeutung für die Frage des Anwesenheitsrechts. Jeder, der der Einladung folgt, unterstellt sich mit der Teilnahme an der Versammlung dem Leitungsrecht des Veranstalters, das das Versammlungsgesetz ausgestaltet. Dieses Leitungsrecht bedarf, wie dargelegt, ggf. der Ergänzung durch polizeiliche Befugnisse. Diese Befugnisse können – gerade im Interesse der Teilnehmer, die nicht zum Anhang des Veranstalters zählen – nur wahrgenommen werden, wenn Polizeibeamte anwesend sind. Eine Schutzfunktion kommt der Anwesenheit der Polizei somit sehr wohl zu. Der Beeinträchtigung der Versammlungsfreiheit durch die Anwesenheit der Polizei ist dadurch Rechnung zu tragen, dass das Anwesenheitsrecht nicht voraussetzungslos ist. Es sollte aber nicht erst bestehen, wenn die Voraussetzungen des § 13 VersG vorliegen. Denn dann könnte die Schutzfunktion nicht wahrgenommen werden, da die Polizei in der Regel zu spät eintreffen würde. Zudem ist die Frage, ob einer der Auflösungsgründe des § 13 VersG vorliegen wird, im Vorfeld der Versammlung häufig schwer einzuschätzen. Ausreichend ist daher bereits der begründete Verdacht, dass es zu einer solchen Situation kommen kann.

3.5 Ordnungsbefugnisse des Versammlungsleiters und der Polizei
3.5.1 Zugang zur Versammlung

Wer Zugang zu einer Versammlung begehrt, um sie zu sprengen oder zu verhindern, kann sich nicht auf das Grundrecht der Versammlungsfreiheit berufen. Er verstößt vielmehr gegen das Störungsverbot des § 2 Abs. 2 VersG (s. Rn. 71). Der Versammlungsleiter kann ihm, gestützt auf das Hausrecht

103

(§ 7 Abs. 4 VersG), den Zutritt zur Versammlung verweigern. Ebenso kann ihm die Polizei auf der Grundlage der polizeilichen Generalklausel am Zutritt zur Versammlung hindern (s. Rn. 44).

Wer in kritischer Absicht an einer Versammlung teilnehmen will, diese aber nicht zu verhindern beabsichtigt, sondern in ihrem Bestand hinnimmt, verstößt nicht gegen das Störungsverbot. Auch die kritische Teilnahme an einer Versammlung ist von der Versammlungsfreiheit gedeckt. Einem solchen Teilnehmer darf der Zugang zur Versammlung weder vom Versammlungsleiter unter Berufung auf das Hausrecht noch von der Polizei verweigert werden. Nur gegenüber Personen, die wirksam in der Einladung nach § 6 Abs. 1 VersG oder während der Versammlung wegen gröblicher Störung nach § 11 Abs. 1 VersG ausgeschlossen worden sind, kann sich der Versammlungsleiter auf das Hausrecht stützen und hierfür polizeiliche Hilfe in Anspruch nehmen (VG Karlsruhe NVwZ-RR 1990, 192, 193; Zeitler, Rn. 435 ff.).

3.5.2 Störungen innerhalb der Versammlung

3.5.2.1 Versammlungen in geschlossenen Räumen

104 Der Leiter der Versammlung bestimmt deren Ablauf. Er hat während der Versammlung für Ordnung zu sorgen (§ 8 Sätze 2 und 3 VersG). Diese Befugnis bewegt sich in dem vom Veranstalter gesteckten Rahmen. Was zu einem ordnungsgemäßen Ablauf gehört, bestimmt sich nach der Art der Versammlung, wie sie der Veranstalter festgelegt hat. Über diese Festlegungen kann sich der Leiter mit seinen Ordnungsbefugnissen nicht hinwegsetzen. Ihm ist es z.B. verwehrt, eine vom Veranstalter geplante Diskussionsveranstaltung durch Ordnungsmaßnahmen zu einer reinen Vortragsveranstaltung zu machen. Des weiteren hat der Leiter die Grundrechte der Versammlungsteilnehmer und die Wertentscheidungen des Grundgesetzes zu beachten. So ist es ihm z.B. nicht gestattet, bei einer Diskussionsveranstaltung in Abweichung von demokratischen Gepflogenheiten willkürlich die Reihenfolge von Wortmeldungen zu regeln (Zeitler, Rn. 338).

Auch die Befugnisse, die Versammlung zu unterbrechen und fortzusetzen, (§ 8 Sätze 3 und 4 VersG) bestehen in diesem Rahmen, da sie der Sicherstellung eines ordnungsgemäßen Ablaufs dienen. Das Gesetz räumt mit dem Recht zu *jederzeitiger* Unterbrechung jedoch ein weites Ermessen ein. Während der Unterbrechung bestehen die Befugnisse des Leiters fort; er kann sie einsetzen, um eine baldige Fortsetzung der Versammlung zu ermöglichen. Anderes gilt bei einer polizeilichen Unterbrechung der Versammlung; während dieser ruhen die Befugnisse von Leiter und Ordnern (Dietel/Gintzel/Kniesel, § 8 VersG Rn. 6).

Bei der Ausübung seiner Befugnis kann sich der Leiter der Hilfe von Ordnern bedienen. Die Versammlungsteilnehmer sind verpflichtet, den zur Aufrechterhaltung der Ordnung getroffenen Anweisungen des Leiters und der Ordner Folge zu leisten (§ 10 VersG).

Das stärkste Recht des Leiters ist das zum Ausschluss von Teilnehmern, die die Ordnung gröblich stören (§ 11 Abs. 1 VersG). Ob ein Verhalten eines Teilnehmers eine Störung ist, hängt von der Art und dem Zweck der Versammlung ab. So sind z.B. Zwischenrufe und Missfallensäußerungen bei Diskussionsveranstaltungen keine Störungen (s. Rn. 71). Nicht jede, sondern erst die gröbliche Störung kann zum Ausschluss führen. Sie muss also eine gewisse Schwere haben. Denkbar sind gröbliche Störungen akustischer Art (z.B. anhaltender Lärm, Sprechchöre, Pfeifkonzerte), durch Zeichen (Plakate, mit denen der Holocaust geleugnet wird) oder durch sonstiges Verhalten (z.B. Werfen von Rauch- oder Stinkbomben). Auch Straftaten werden in der Regel gröbliche Störungen darstellen (Dietel/Gintzel/Kniesel, § 11 VersG Rn. 5).

105

Wer aus der Versammlung ausgeschlossen ist, hat sie sofort zu verlassen (§ 11 Abs. 2 VersG). Kommt der ausgeschlossene Teilnehmer dieser Pflicht nicht nach, so enden die Befugnisse des Leiters. Zur Durchsetzung des Ausschlusses ist polizeiliches Handeln erforderlich. Da der Ausschluss durch den Versammlungsleiter kein Verwaltungsakt ist, hat die Polizei zunächst einen Platzverweis zu erlassen, den sie im Wege des unmittelbaren Zwangs vollstrecken kann (Zeitler, Rn. 423).

Ein Ausschluss eines Teilnehmers durch die Polizei kommt nur nach § 13 VersG in Betracht, also wenn ein Auflösungsgrund vorliegt; eine anderweitige Ermächtigungsgrundlage besteht nicht. Zuvor hat die Polizei, sofern nicht sofortiges Einschreiten geboten ist, dem Leiter Gelegenheit zu geben, selbst nach § 11 Abs. 1 VersG vorzugehen (Ott/Wächtler, § 11 VersG Rn. 7 ff.; Dietel/Gintzel/Kniesel, § 11 VersG Rn. 6).

3.5.2.2 Versammlungen unter freiem Himmel

Für die innere Ordnung der Versammlung trifft das Versammlungsgesetz unterschiedliche Regelungen für stationäre Versammlungen unter freiem Himmel (§ 18 VersG) und Aufzüge (§ 19 VersG).

106

Für stationäre Versammlungen unter freiem Himmel erklärt § 18 Abs. 1 VersG die wesentlichen Bestimmungen über die innere Ordnung von Versammlungen in geschlossenen Räumen für entsprechend anwendbar. Unterschiede ergeben sich, wie dargestellt, für die Bestellung des Leiters (s. Rn. 94 ff.) und die Verwendung von Ordnern (s. Rn. 98 f.) sowie für den Ausschluss von Teilnehmern, die die Ordnung gröblich stören. Da die Ver-

Die innere Ordnung der Versammlung

sammlung unter freiem Himmel stattfindet, kann je nach den örtlichen Gegebenheiten eine Störung sich weniger auf die Versammlung auswirken als in einem geschlossenen Raum; ein Ausschluss kommt dann erst später in Betracht. Ein Ausschlussrecht des Leiters besteht insoweit nicht, den Ausschluss kann nur die Polizei vornehmen (§ 18 Abs. 3 VersG). Bei der Ermessensausübung hat sie das Ausmaß der Störung, die Versammlungsfreiheit des Störers und der anderen Versammlungsteilnehmer zu berücksichtigen. Im übrigen gelten die obigen Ausführungen zum Ausschluss entsprechend.

Für die Ordnungsbefugnisse des Leiters eines Aufzugs nimmt § 19 VersG eine eigenständige Regelung vor. Er hat nach § 19 Abs. 1 Satz 1 VersG für den ordnungsgemäßen Ablauf zu sorgen. Dies entspricht sachlich den Befugnissen nach §§ 8 Sätze 1 und 2 VersG. Insbesondere besteht auch ein Recht zu Anordnungen zum Ablauf, wie sich aus § 19 Abs. 2 VersG ergibt. Ein Recht zur Unterbrechung und Fortsetzung der Versammlung, wie in § 8 Sätze 3 und 4 VersG vorgesehen, besteht hingegen nicht (a. A. Ridder-Breitbach, § 19 VersG Rn. 11: dieses Recht sei als Konkretisierung der Ordnungsgewalt von § 19 Abs. 1 Satz 1 VersG mit umfasst). Nur für den Leiter eines Aufzugs besteht die ausdrückliche Pflicht, den Aufzug für beendet zu erklären, wenn er sich nicht mehr durchzusetzen vermag (§ 19 Abs. 3 VersG).

107 Das Recht zum Ausschluss von Teilnehmern, die gröblich stören, steht bei Aufzügen – wie bei stationären Versammlungen unter freiem Himmel – nur der Polizei zu (§ 19 Abs. 4 VersG). Die Pflicht des ausgeschlossenen Teilnehmers aus § 11 Abs. 2 VersG, sich zu entfernen, ist in § 19 VersG jedoch nicht in Bezug genommen. Die Polizei sollte daher diese Pflicht durch eigenständige Verfügung selbständig aussprechen.

4 Öffentliche Versammlungen unter freiem Himmel
4.1 Die Anmeldepflicht

Wer die Absicht hat, eine öffentliche Versammlung unter freiem Himmel oder einen Aufzug zu veranstalten, hat dies nach § 14 Abs. 1 VersG spätestens 48 Stunden vor der Bekanntgabe der zuständigen Behörde unter Angabe des Gegenstandes der Versammlung anzumelden. Mit der Anmeldepflicht beschränkt der Gesetzgeber das Grundrecht der Versammlungsfreiheit. Art. 8 Abs. 2 GG ermöglicht dies.

108

Die Beschränkung ist verfassungsgemäß, wenn berücksichtigt wird, dass die Anmeldepflicht nicht ausnahmslos eingreift und ihre Verletzung nicht schon schematisch zum Verbot oder zur Auflösung der Versammlung berechtigt (vgl. BVerfGE 69, 315, 349 ff.). Der Kernbereich der Versammlungsfreiheit bleibt unberührt. Zwar gewährleistet Art. 8 Abs. 1 GG ausdrücklich das Recht, sich ohne Anmeldung zu versammeln. Jedoch dient die Anmeldepflicht Gemeinwohlbelangen und wirkt nicht unverhältnismäßig. Nicht ernstlich streitig ist dies für Versammlungen, die so langfristig geplant sind, dass die Einhaltung der 48-Stunden-Frist möglich ist. Die Pflicht zur Anmeldung stellt keine schwerwiegenden Anforderungen und ihre Verletzung allein berechtigt die Behörde nicht zur Auflösung der Versammlung (s. Rn. 217).

Die Regelung ist jedoch auch für Spontan- und Eilversammlungen verfassungsgemäß. In diesen Fällen muss und kann § 14 Abs. 1 VersG verfassungskonform ausgelegt werden (s. Rn. 111). Die Wortlautgrenze wird hierbei nicht überschritten (vgl. BVerfGE 85, 69, 72 ff.; zur Gegenmeinung a.a.O., S. 77 ff.).

Einer Erlaubnis bedürfen Versammlungen nicht. Mit der Anmeldung hat der Veranstalter seiner wichtigsten Pflicht genügt. Er darf sodann – vorbehaltlich eines Verbotes oder etwaiger Auflagen – die Versammlung durchführen.

4.1.1 Normzweck
4.1.1.1 Überkommene Sichtweise

Nach Erlass des Versammlungsgesetzes im Jahr 1953 stand der Zweck, mit der Anmeldepflicht öffentliche Sicherheitsinteressen zu schützen, lange Zeit im Vordergrund. So hob das Bundesverwaltungsgericht 1967 die „massensuggestive Wirkung" einer öffentlichen Versammlung unter freiem Himmel und die von dieser ausgehende Gefahr für die öffentliche Sicherheit und Ordnung hervor. Das öffentliche Interesse erfordere deshalb die rechtzeitige Benachrichtigung der Polizei von dem Vorhaben einer solchen Versammlung,

109

damit sie ausreichende Maßnahmen zum Schutz der Sicherheit und Ordnung treffen könne. Dieser Notwendigkeit trage das Anmeldeerfordernis und die der Polizei erteilte Ermächtigung, nicht angemeldete Versammlungen unter freiem Himmel aufzulösen, in sachgemäßer Weise Rechnung (BVerwGE 26, 135, 137). Die Eingriffsmöglichkeit der Ordnungsbehörde stand im Vordergrund, nicht die Ermöglichung von Versammlungen.

4.1.1.2 Heutiges Verständnis

110   Mit den Entscheidungen des Bundesverfassungsgerichts zur Versammlungsfreiheit hat sich das Verständnis vom Zweck der Anmeldepflicht gewandelt. Das Gericht unterstreicht die Intention des Gesetzes, Versammlungen zu ermöglichen: Mit der Anmeldepflicht sollen die Behörden die Informationen erhalten, die sie benötigen, um Vorkehrungen zum störungsfreien Verlauf der Versammlung und zum Schutz von Interessen Dritter oder der Gesamtheit treffen zu können. Die Anmeldepflicht solle zudem auf eine Verständigung zwischen Veranstaltern und Ordnungsbehörden hinwirken. Dies begünstige eine kooperative Festlegung von Veranstaltungsplan und Ordnungsvorkehrungen und diene damit dem störungsfreien Verlauf der Versammlung (BVerfGE 85, 69, 74; 69, 315, 358 f.)

Diese Auffassung ist heute absolut gefestigte Rechtsprechung auch der Verwaltungsgerichte. Unbeschadet dessen hatte auch die überkommene Sichtweise ihre Berechtigung: Die Versammlungsfreiheit ist bereits in Art. 8 Abs. 1 GG verbürgt, die Anmeldepflicht als Beschränkung der Freiheit hatte im Grunde keine freiheitssichernde Funktion und brauchte sie auch nicht zu haben. Sie diente daher hauptsächlich der Ermöglichung von Eingriffen.

Für die heutige Rechtspraxis muss jedoch von der beschriebenen weitergehenden Funktion der Anmeldepflicht ausgegangen werden. Darin kommt auch ein geändertes Grundrechtsverständnis zum Ausdruck: Aufgrund der Wechselwirkungslehre des Bundesverfassungsgerichts muss das grundrechtsbeschränkende Gesetz selbst im Lichte des Grundrechts ausgelegt werden. Dazu gehört auch die Grundrechtssicherung durch Verfahren. Verfahrensvorschriften wie § 14 VersG müssen neben der Eröffnung einer Eingriffsmöglichkeit für die Ordnungsbehörden ebenso dem Zweck dienen, Versammlungen zu ermöglichen.

4.1.2 Inhalt der Anmeldepflicht

4.1.2.1 Sachlicher Anwendungsbereich

111   Die Anmeldepflicht gilt für öffentliche Versammlungen unter freiem Himmel und Aufzüge (§ 14 Abs. 1 VersG). Versammlungen in geschlossenen Räu-

Die Anmeldepflicht

men bedürfen hingegen keiner Anmeldung. Besonderheiten ergeben sich für Spontan- und Eilversammlungen:

Die h.M. geht dabei von Folgendem aus: Spontanversammlungen sind Versammlungen, die sich aus aktuellem Anlass augenblicklich bilden. Sie sind nicht anmeldepflichtig, die Anmeldepflicht des § 14 Abs. 1 VersG entfällt. Die Einhaltung der Anmeldepflicht wäre tatsächlich unmöglich (vgl. BVerfGE 69, 315, 350). Eilversammlungen sind Versammlungen, die nicht augenblicklich entstehen, sondern geplant sind – jedoch so kurzfristig, dass die Einhaltung der Anmeldefrist nicht möglich ist. Die Anmeldepflicht entfällt nicht. Die Anmeldung muss im Wege verfassungskonformer Auslegung des § 14 VersG nicht 48 Stunden vor Bekanntgabe, sondern kann innerhalb einer kürzeren Frist erfolgen. Sie ist vorzunehmen, sobald die Möglichkeit dazu besteht (grundlegend BVerfG NJW 1992, 890, 891; kritisch von Mangoldt/Klein/Starck-Gusy, Art. 8 GG Rn. 68 m.w.N.).

Der h.M. ist zu folgen. Spontan- und Eilversammlungen unterfallen unstreitig dem Schutzbereich des Art. 8 Abs. 1 GG. Daher bedarf es einer Einschränkung der Anmeldepflicht. Ihre uneingeschränkte Geltung würde diese Erscheinungsformen von Versammlungen behindern, möglicherweise sogar verhindern. Dies wäre mit der Gewährleistung des Grundrechts der Versammlungsfreiheit unvereinbar.

Dieser Ausgangspunkt – die Anmeldepflicht ist so weit zu modifizieren, wie es eine effektive Grundrechtsgewährleistung erfordert – führt auch zur Klärung von Zweifelsfragen. Unklar ist insbesondere, ob eine Spontanversammlung nur vorliegt, wenn es an einem Veranstalter fehlt. Der überwiegende Teil der Literatur (Nachweise bei Dietel/Gintzel/Kniesel, § 14 VersG Rn. 21) und wohl auch das Bundesverfassungsgericht (NJW 1992, 890) bejahen dies – m.E. zu Unrecht. Faktisch werden Spontanversammlungen häufig keinen Veranstalter haben. Denkbar ist jedoch, dass eine Person aus aktuellem Anlass heraus Dritte zu einer Versammlung auffordert, die Verantwortung für die Versammlung übernimmt und somit Veranstalter ist. Auch dann handelt es sich um eine Versammlung, bei der die Einhaltung nicht nur der Anmeldefrist, sondern der Anmeldepflicht überhaupt die Versammlung unmöglich machen würde. Das Grundrecht aus Art. 8 Abs. 1 GG gebietet daher das Entfallen der Anmeldepflicht. Die Lösung folgt – unabhängig von der begrifflichen Einordnung der Versammlung – also den Regeln für eine Spontandemonstration (ebenso Zeitler, Rn. 82 ff.).

Uneinheitlich ist zum Teil auch die Terminologie. Mitunter werden die Begriffe Eil- und Spontanversammlung anders verwandt als hier und in der verwaltungsgerichtlichen Rechtsprechung (vgl. z.B. HStR-Kloepfer Rn. 28 f.; Dietel/Gintzel/Kniesel, § 14 VersG Rn. 18 f.). Auch insofern sollte nicht die

Begriffsbildung im Vordergrund stehen. Die angemessene Lösung der Sachfragen, die in diesem Bereich im wesentlichen unstreitig ist, ergibt sich stets aus dem Grundsatz, dass die Anmeldepflicht (nur) in dem Maße anzupassen ist, wie es die grundgesetzlich geschützte Ausübung der Versammlungsfreiheit notwendig macht.

112 Für Großdemonstrationen gilt die Anmeldepflicht dem Grunde nach uneingeschränkt. Der Auffassung, bei Großdemonstrationen müsse die Anmeldepflicht entfallen, da die Anmeldung praktisch unmöglich sei, ist das Bundesverfassungsgericht entgegengetreten: Die Anmeldepflicht gilt auch für Großdemonstrationen, solange der Gesetzgeber keine abweichenden Regelungen trifft. Allerdings bedarf es einer verfassungskonformen Auslegung der §§ 14, 15 Abs. 2 VersG, wenn sich einzelne Gruppen außerstande sehen, eine Gesamtanmeldung oder -leitung vorzunehmen. Dies ist bei der Prüfung von Sanktionen wegen der unterbliebenen Anmeldung zu berücksichtigen. Das Fehlen eines gesamtverantwortlichen Anmelders berechtigt für sich noch nicht zum Erlaß eines Versammlungsverbots, sondern hat nur zur Folge, dass die Eingriffsschwelle für die Polizei sinkt, wenn die Behörde ihrerseits alle Kooperationsmöglichkeiten ausgeschöpft hat (BVerfGE 69, 315, 358 f.).

4.1.2.2 Verpflichteter: Der Veranstalter

113 Die Anmeldepflicht trifft nach § 14 Abs. 1 VersG denjenigen, der die Absicht hat, eine Versammlung zu veranstalten. Veranstalter ist vor allem, wer öffentlich zur Teilnahme aufruft, im übrigen auch, wer die Veranstaltung organisatorisch vorbereitet oder in sonstiger Art die Verantwortung für die Versammlung übernimmt.

Es kann daher für eine Versammlung mehrere Veranstalter geben. Insbesondere bei Großdemonstrationen tritt häufig eine Vielzahl von Veranstaltern auf. Auch für sie gilt das Anmeldeerfordernis. Streitig ist, wer in einem solchen Fall wofür anmeldepflichtig ist. Nach dem Gesetzeswortlaut ist jeder der Veranstalter zur Anmeldung verpflichtet. Zunächst ist daher jeder Veranstalter verpflichtet, die Gesamtanmeldung der Versammlung vorzunehmen (so auch Dietel/Gintzel/Kniesel, § 14 VersG Rn. 10 m.w.N.; a.A. Zeitler, Rn. 103: jeder Veranstalter nur für den von ihm überschaubaren Teil). Erst wenn die Gesamtanmeldung ihm tatsächlich unmöglich oder unzumutbar ist, beschränkt sich die Anmeldepflicht für den einzelnen Veranstalter. Ein verfassungsrechtlicher Grund, die Anmeldepflicht des einzelnen Veranstalters unabhängig von der Möglichkeit und Zumutbarkeit einer Gesamtanmeldung stets auf einen Demonstrationsteil zu beschränken, besteht nicht. Zulässig ist es, dass die Veranstalter einen oder mehrere mit der Anmeldung für die Gesamtdemonstration beauftragen. Beschränkt sich die Anmeldung der Veranstalter jeweils auf einen Teil der Versammlung, ist der Anmeldepflicht insgesamt nicht genügt, wenn es nur zur Anmeldung von einzelnen Demonstrationsteilen kommt, andere hingegen nicht angemeldet werden.

4.1.2.3 Inhalt der Anmeldung

Unmittelbar aus dem Wortlaut des § 14 Abs. 1 und 2 VersG ergibt sich, dass die Anmeldung den Gegenstand, d.h. das Thema der Versammlung sowie den Versammlungsleiter bezeichnen muss. Ebenso hat der anmeldende Veranstalter seine Person einschließlich Anschrift zu benennen. Letzteres ist unverzichtbar, damit die Behörde ihre Kooperationspflicht erfüllen sowie etwaige Verfügungen dem Veranstalter wirksam bekanntgeben kann. *114*

Aus dem Zweck der Vorschrift, der Ordnungsbehörde die notwendigen Informationen zu verschaffen, um die Versammlung zu ermöglichen und Gefahren für die öffentliche Sicherheit und Ordnung abzuwenden, folgen weitere zwingende Inhalte der Anmeldung: Zeit und Ort, bei Aufzügen auch der Marschweg sind ebenfalls anzugeben. Dies ist unstreitig. Umstritten ist hingegen, ob auch die Anschrift des Versammlungsleiters notwendiger Inhalt der Anmeldung ist. § 14 Abs. 2 VersG sieht dies nicht ausdrücklich vor, der Normzweck macht jedoch auch diese Angabe erforderlich (Einzelheiten bei Krüger, S. 146).

Für den Veranstalter empfiehlt es sich, mehr als die vom Gesetz zwingend geforderten Angaben in der Anmeldung zu machen. Nach §§ 19 Abs. 1, 18 Abs. 2 VersG bedarf die Verwendung von Ordnern bei Versammlungen und Aufzügen unter freiem Himmel der polizeilichen Erlaubnis, die mit der Anmeldung zu beantragen ist (s. Rn. 98 f.). Sinnvoll ist auch die Angabe weiterer Umstände wie z.B. erwartete Teilnehmerzahl, beabsichtigte Mitnahme von Gegenständen (Fahnen, Transparente etc.), geplanter Einsatz von Lautsprechern, Megaphonen, Lautsprecherwagen.

4.1.2.4 Anmeldefrist

Die Anmeldung muss – außer bei Eilversammlungen – 48 Stunden vor der Bekanntgabe der Versammlung erfolgen, § 14 Abs. 1 VersG. Das Gesetz stellt also nicht auf den Veranstaltungsbeginn ab. Die Bekanntgabe wird häufig mit der Einladung (§ 2 Abs. 1 VersG) geschehen. Möglich ist auch eine Bekanntgabe durch sonstige Mitteilung an die Öffentlichkeit. *115*

Ist bereits bekannt, dass die Versammlung geplant ist, entfällt die Anmeldepflicht nicht. Anderenfalls könnte sich der Veranstalter durch frühzeitige Bekanntgabe der Anmeldepflicht entziehen. Auch wegen des Zwecks der Anmeldung, die Behörde von den wesentlichen Umständen der Versammlung in Kenntnis zu setzen, ist an der Anmeldepflicht in solchen Fällen festzuhalten.

Für die Behörde kann es sich anbieten, in diesen 48 Stunden bereits Kooperationsgespräche zu führen. Hält die Behörde z.B. eine andere Marschroute für geboten, kann sie darauf in Kooperationsgesprächen mit dem Veranstalter hinwirken und somit erreichen, dass Änderungen bereits in der Bekanntgabe durch den Veranstalter berücksichtigt werden. Konfliktpotenzial, das sich aus der Änderung bereits bekanntgegebener Umstände der Versammlung ergeben kann, entsteht auf diese Weise erst gar nicht.

Nicht gesetzlich vorgesehen, aber sinnvoll ist auch eine formlose Anmeldebestätigung durch die Behörde. Sie enthält keine Regelung, sondern bestätigt nur, dass und welche Anmeldung eingegangen ist. Häufig erlassen Versammlungsbehörden Auflagen zu einzelnen Versammlungsmodalitäten und eine Bestätigung der übrigen Modalitäten der Versammlung in einem Bescheid. Auch dann ist die Anmeldebestätigung nicht selbst eine Regelung, weckt beim Veranstalter aber das Vertrauen, dass zu den übrigen Versammlungsmodalitäten keine Auflagen nachfolgen werden.

Schickt die Versammlungsbehörde eine bloße Anmeldebestätigung heraus, erwägt sie aber noch den Erlass versammlungsrechtlicher Maßnahmen, sollte sie dies vorsorglich in der Anmeldebestätigung kurz erwähnen. Für den Veranstalter ist dann erkennbar, dass er noch mit einem Bescheid nach § 15 Abs. 1 VersG rechnen muss.

4.1.3 *Durchsetzung der Anmeldepflicht und Sanktionen*

4.1.3.1 Gesetzliche Ausgangslage

116 Für die Verletzung der Anmeldepflicht sieht das Gesetz zwei Sanktionen vor: Die Auflösung der Versammlung nach § 15 Abs. 2 VersG und die Strafbarkeit nach § 26 Nr. 2 VersG. Letzteres wird für die kommunale Praxis kaum eine Rolle spielen. Daher sei nur darauf hingewiesen, dass das Bundesverfassungsgericht § 26 Nr. 2 VersG bei verfassungskonformer Auslegung auch für Eilversammlungen für verfassungsgemäß hält (NJW 1992, 890), große Teile der Literatur hingegen im Hinblick auf den Bestimmtheitsgrundsatz nicht (vgl. Dietel/Gintzel/Kniesel, § 26 VersG Rn. 11 ff.).

4.1.3.2 Auflösung der Versammlung nach § 15 Abs. 2 VersG

117 Der Gesetzgeber ging 1953 beim Erlass des Versammlungsgesetzes noch davon aus, dass der Verstoß gegen die Anmeldepflicht unproblematisch die Sanktion der Auflösung nach sich ziehen kann. Auch das Bundesverwaltungsgericht hielt 1967 eine solche Auflösung für rechtmäßig, sofern ihr eine rechtmäßige Ermessensausübung zugrunde lag (vgl. BVerwGE 26, 135, 140;

Die Anmeldepflicht

ebenso Frowein NJW 1969, 1086). Diese Auffassung ist mittlerweile durch die Rechtsprechung des Bundesverfassungsgerichts, der sich die Literatur einmütig angeschlossen hat, überholt:

Allein die Verletzung der Anmeldepflicht kann – entgegen dem Wortlaut des § 15 Abs. 2 VersG – die Auflösung einer Versammlung nicht rechtfertigen. Die hohe Bedeutung der Versammlungsfreiheit verbietet eine schematische Auflösung der nicht angemeldeten Versammlung. Die Auflösung kommt nur in Betracht, wenn weitere Voraussetzungen für ein Eingreifen hinzukommen (so BVerfGE 69, 315, 350 f.; heute ganz h. M.). Notwendig ist insoweit eine unmittelbare Gefährdung der öffentlichen Sicherheit und Ordnung.

Die unterbliebene Anmeldung führt jedoch zu einem Absinken der Eingriffsschwelle der Polizei. Denn der Veranstalter hat es erschwert oder verhindert, dass die Behörde vor der Versammlung durch Kooperation mit dem Veranstalter oder durch Auflagen – als milderes Mittel im Vergleich zur Auflösung – Gefahren für die öffentliche Sicherheit und Ordnung minimieren kann.

4.1.3.3 Durchsetzung der Anmeldepflicht

Streitig ist hingegen, ob die Behörde, wenn sie von einer geplanten, noch nicht angemeldeten Versammlung Kenntnis erlangt, die Anmeldepflicht durchsetzen, also dem Veranstalter aufgeben kann, die Anmeldung vorzunehmen oder zu ergänzen (so Dietel/Gintzel/Kniesel, § 14 VersG Rn. 14: bei unvollständigen Angaben könne die Versammlungsbehörde nach § 15 Abs. 1 VersG die Ergänzung der Angaben verlangen). Die Frage ist zu verneinen. Die Versammlungsbehörde hat aus den folgenden Gründen keine Befugnis, dem Veranstalter durch Verwaltungsakt aufzugeben, die Anmeldung vorzunehmen oder zu ergänzen (ebenso im Ergebnis Zeitler, Rn. 114 ff.):

§ 14 VersG enthält nur die Verpflichtung, eine Versammlung anzumelden. Die Befugnis, dem Veranstalter die Anmeldung aufzugeben, verleiht die Vorschrift nicht ausdrücklich. Sie folgt auch nicht automatisch aus der Anmeldepflicht. Die Auffassung, ein gesetzliches Gebot oder Verbot sei implizit stets mit einer Eingriffsermächtigung für die Verwaltung zur Durchsetzung des Gebots oder Verbots verbunden, entspricht heute nicht mehr der h. M.; die Zulässigkeit einer solchen „konkretisierenden Verfügung" wird überwiegend nicht mehr anerkannt. Der Vorbehalt des Gesetzes verlangt, dass die Ermächtigung zum Grundrechtseingriff im Gesetz nicht nur unausgesprochen vorausgesetzt, sondern ausdrücklich offengelegt wird (so BVerfGE 85, 386, 403 f. zu dem etwas anders gelagerten Fall, ob eine Verordnungsermächtigung einen Grundrechtseingriff ermöglichte). Es bedarf also einer gesonder-

118

ten Ermächtigungsgrundlage, die zur Anmeldepflicht hinzutritt. Dieses Erfordernis entfällt auch nicht, weil die Anmeldepflicht auch dem – dem Veranstalter günstigen – Zweck dient, die Durchführung der Veranstaltung zu ermöglichen. Denn eine Verfügung, eine Veranstaltung anzumelden, ist ein belastender Verwaltungsakt. Zudem dient § 14 VersG auch dazu, der Versammlungsbehörde die notwendigen Informationen zu beschaffen, um ein Versammlungsverbot oder den Erlass von Auflagen zu prüfen.

119 Das Versammlungsgesetz enthält keine ausreichende Ermächtigungsgrundlage zur Durchsetzung der Anmeldepflicht:

§ 15 Abs. 2 VersG ist insoweit keine ausreichende Ermächtigungsgrundlage. Die dort geregelte Auflösung der Versammlung sah der historische Gesetzgeber, wie dargelegt, als mögliche Sanktion der unterbliebenen Anmeldung vor. Das bloße Unterlassen der Anmeldung kann heute aus verfassungsrechtlichen Gründen die Auflösung nicht mehr rechtfertigen. Es dürfte auch nicht möglich sein, statt dessen die Anordnung, die Anmeldung vorzunehmen, als weniger einschneidende Maßnahme auf der Grundlage des § 15 Abs. 2 VersG in verfassungskonformer Auslegung zu erlassen.

Das Bundesverfassungsgericht hat für die verfassungskonforme Auslegung allgemein folgende Maßstäbe aufgestellt: Durch eine verfassungskonforme Auslegung darf das Gesetz nicht einen entgegengesetzten Sinn erhalten. Dass die Norm in ihrer verfassungskonformen Auslegung hinter dem Willen des Gesetzgebers zurückbleibt, steht dabei nicht entgegen, wenn von der Absicht des Gesetzgebers das Maximum dessen aufrechterhalten wird, was nach der Verfassung aufrechterhalten werden kann. Die Grenze verfassungskonformer Auslegung ist erreicht, wo sie mit dem Wortlaut der Norm in Widerspruch treten würde (vgl. BVerfGE 86, 288, 320f.; 8, 71, 78f.; 8, 28, 34).

Die Wortlautgrenze dürfte hier überschritten sein. Die Anordnung, die Versammlung anzumelden, ist im Verhältnis zur Auflösung ein echtes aliud. Auch ist die Auflösung eine Maßnahme, die stets erst nach Beginn einer Versammlung ergehen kann. Demgegenüber betrifft die Anordnung, die Anmeldung vorzunehmen, das Vorfeld einer Versammlung.

Auch folgende Überlegung spricht für das gefundene Ergebnis: Selbstverständlich ist es der Behörde bei einer unterlassenen oder unvollständigen Anmeldung nicht verwehrt, den Veranstalter auf seine Pflichten hinzuweisen. Ein solcher Hinweis hat keine Regelungswirkung, kann in der Praxis jedoch sinnvoll sein, um eine vollständige Anmeldung zu bewirken. Die Anordnung, die Anmeldung vorzunehmen, wäre hingegen ein Verwaltungsakt, der auch vollstreckt werden könnte. Eine Vollstreckung durch Ersatzvornahme und unmittelbaren Zwang schieden aus; ernstlich in Betracht käme nur eine Vollstreckung durch Zwangsgeld und Zwangshaft. Für diese weit reichenden Folgen kann die Befugnis zur Auflösung keine ausreichende Ermächtigungsgrundlage sein.

Auch § 15 Abs. 1 VersG ist keine ausreichende Ermächtigungsgrundlage. Die Norm gibt die Befugnis, die Versammlung „von bestimmten Auflagen abhängig zu machen". Die Auflagen müssen also die Durchführung der Versammlung betreffen. Dies wäre bei einer Anordnung, die Anmeldung vorzunehmen, nicht der Fall. Eine andere Auslegung ginge über den Wortlaut der Vorschrift deutlich hinaus; die Vorschrift könnte ebenfalls nicht Grundlage der Vollstreckung einer Verfügung sein, die Versammlung anzumelden oder die Anmeldung zu ergänzen. Für den Betroffenen sind diese rechtlichen Folgen nicht hinreichend erkennbar. *120*

4.2 Auflagen und Verbot

4.2.1 Bedeutung des § 15 Abs. 1 VersG

§ 15 VersG ist die zentrale Ermächtigungsgrundlage im Versammlungsgesetz. Sie ermöglicht bei einer unmittelbaren Gefahr für die öffentliche Sicherheit oder Ordnung – präventiv – den Erlass von Auflagen und Verboten bevorstehender Versammlungen (Absatz 1) sowie – nachträglich – die Auflösung stattfindender Versammlungen (Absatz 2; zur Auflösung s. Rn. 216 ff.). *121*

§ 15 Abs. 1 VersG ist eine spezielle Ausprägung der allgemeinen polizeilichen Generalklausel. Zweck der Vorschrift ist die Gefahrenabwehr. Versammlungen unter freiem Himmel, so der Regierungsentwurf von 1950, unterlägen eher als Versammlungen in geschlossenen Räumen der Gefahr eines Missbrauchs und müssten daher in erhöhtem Maße unter sicherheitspolizeilichen Gesichtspunkten geprüft werden (vgl. BT-Drs. 1/1102, S. 10).

Ein Rückgriff auf allgemeines Polizeirecht ist insoweit ausgeschlossen, da § 15 Abs. 1 VersG in seinem Anwendungsbereich lex specialis ist (s. Rn. 40).

4.2.2 Verfassungsmäßigkeit des § 15 Abs. 1 VersG

4.2.2.1 Bestimmtheit der Eingriffsvoraussetzungen

Das Tatbestandsmerkmal der Gefährdung der öffentlichen Sicherheit oder Ordnung ist hinreichend bestimmt, da die Begriffe im Polizeirecht einen ausreichend klaren Inhalt erlangt haben. Daran bestehen seit der Brokdorf-Entscheidung des Bundesverfassungsgerichts (vgl. BVerfGE 69, 315, 352 ff.) keine ernstlichen Zweifel mehr. *122*

4.2.2.2 Schutz der öffentlichen Ordnung verfassungsgemäß?

123 Seit geraumer Zeit wird in großen Teilen der polizeirechtlichen Literatur die polizeiliche Generalklausel, soweit sie Eingriffe bei Gefährdungen oder Verletzungen der öffentlichen Ordnung (zum Begriff s. Rn. 145) erlaubt, für verfassungswidrig gehalten. Das Demokratieprinzip verlange, dass der Gesetzgeber selbst die Entscheidung über die Befugnisse der Polizeibehörden treffe. Damit sei die Eingriffsmöglichkeit wegen Verletzung ungeschriebener Regeln der Mehrheit der Gesellschaft unvereinbar. In einer pluralistischen demokratischen Gesellschaft könne die Mehrheit ihre Vorstellungen von den guten Sitten nur durch ein verfassungsgemäß beschlossenes Gesetz gegenüber der Minderheit durchsetzen (vgl. statt aller Lisken/Denninger-Denninger, E Rn. 25 ff., sowie jüngst Gusy JZ 2002, 107, der versammlungsrechtliche Maßnahmen wegen Gefahren für die öffentliche Ordnung nur bei einem neuen Regelungsbedürfnis und gesetzlicher Regelungslücke für zulässig hält). Diese Bedenken müssen – wenn sie tragen – für § 15 Abs. 1 VersG ebenso gelten wie für die polizeiliche Generalklausel.

Das Bundesverfassungsgericht hat in der Brokdorf-Entscheidung (BVerfGE 69, 315, 353) § 15 Abs. 1 VersG – wegen der Bedeutung der Versammlungsfreiheit, nicht hingegen im Hinblick auf das Demokratieprinzip – dahingehend einschränkend ausgelegt, dass eine bloße Gefährdung der öffentlichen Ordnung im allgemeinen für Verbote und Auflösungen nicht genügen wird. Es hat sich jedoch den grundsätzlichen Bedenken gegen den Begriff der öffentlichen Ordnung – ohne diese zu erörtern – nicht angeschlossen. Die Einschränkungen der Brokdorf-Entscheidung schließen Auflagen bei Gefährdungen der öffentlichen Ordnung nicht aus (so jetzt auch Lisken/Denninger-Kniesel, H Rn. 514; anders noch in der 2. Aufl. bei Rn. 430 b). In seiner Entscheidung zu einem rechtsextremistischen Aufzug am Tag des Gedenkens an die Opfer des Nationalsozialismus hat das Gericht ausdrücklich dargelegt, die öffentliche Ordnung scheide für Maßnahmen unterhalb des Versammlungsverbots als Schutzgut nicht grundsätzlich aus. Auflagen wegen Gefährdungen der öffentlichen Ordnung können daher ergehen; sie sind im Grundsatz verfassungsgemäß (NJW 2001, 1409). Ein Widerspruch zur Brokdorf-Entscheidung ergibt sich daraus nicht (so aber Musil LKV 2002, 118). Diese schloss nur Versammlungsverbote bei Gefährdungen der öffentlichen Ordnung aus, Auflagen jedoch nicht.

124 Am Schutzgut der öffentlichen Ordnung ist – in Übereinstimmung mit der Rechtsprechung – festzuhalten. Ein Verstoß gegen das Demokratieprinzip liegt m. E. nicht vor. Der Gesetzgeber selbst hat die grundsätzliche Entscheidung getroffen, indem er die öffentliche Ordnung als Schutzgut in den Tatbestand des § 15 Abs. 1 VersG aufgenommen und hieran bei den Änderungen des Versammlungsgesetzes festgehalten hat. Die Rechtsordnung rezipiert die

Auflagen und Verbot

Maßstäbe einer anderen Sollensordnung und macht sich diese damit zu eigen. *Insoweit* scheidet eine Verletzung des Demokratieprinzips von vornherein aus.

Die verfassungsrechtliche Frage kann daher nur lauten, inwieweit der Gesetzgeber auf außerrechtliche, in der Gesellschaft vorhandene Normen verweisen darf. Solche Verweisungen finden sich – in anderer Form – in einer Vielzahl von Gesetzen, z.B. in zahlreichen Normen des besonderen Verwaltungsrechts auf technische Regeln wie den Stand der Technik (§ 7a Abs. 1 Satz 3 WHG, § 5 Abs. 1 Nr. 2 BImSchG) oder den Stand von Wissenschaft und Technik (§ 7 Abs. 2 Nr. 3 AtomG). Damit wird nicht auf konkrete Regelwerke bestimmter privatrechtlicher Verbände verwiesen (vgl. dazu BVerfGE 88, 366, 369). Vielmehr handelt es sich um „dynamische" Begriffe, die gerade die Weiterentwicklung von Technik und Wissenschaft mitberücksichtigen (vgl. BVerfGE 49, 89, 134 ff. zur ausreichenden Bestimmtheit des § 7 Abs. 2 AtomG). Der Vorwurf der verfassungsrechtlich unzulässigen Delegation von Regelungskompetenz auf Private ist dort daher unberechtigt (vgl. Breuer AöR Bd. 101 [1976], 68 f., allgemein zur Rezeption technischer Regeln durch die Rechtsordnung).

Der Vergleich mit diesen anderen Vorschriften verdeutlicht, dass sich der Gesetzgeber mit dem Anknüpfen an die öffentliche Ordnung ebenfalls nicht unzulässig seiner Regelungsmacht begeben hat. Er verweist auf sich im Laufe der Zeit ändernde Wertvorstellungen, deren Entwicklung in die geltende Rechtsordnung eingebettet ist. Letzteres ist entscheidend: In einer Gesellschaftsordnung, die fast jeden Lebensbereich „durchnormiert", ist die öffentliche Ordnung kein von der Rechtsordnung losgelöster Begriff. Da die öffentliche Ordnung vom Recht anerkannt und geschützt ist, kann eine Wertung, die der Verfassung widerstreitet, nicht Bestandteil der öffentlichen Ordnung sein (so die wohl h.M., vgl. Schmidt-Aßmann-Friauf, 2. Abschnitt, Rn. 42; kritisch mit beachtlichen Gründen Laubinger/Repkewitz VerwArch 2002, 166 und Dörr VerwArch 2002, 500). Zur Bestimmung der öffentlichen Ordnung kann daher nicht schlicht auf die Mehrheitsanschauungen abgestellt werden (BVerfG NJW 2001, 2069). Insoweit gilt Vergleichbares wie bei den Verweisungen in § 138 und § 826 BGB sowie in § 1 UWG auf die guten Sitten. Das „Anstandsgefühl aller billig und gerecht Denkenden" ist zwar ein außerrechtlicher Maßstab. Jedoch kann die Bezugnahme auf die guten Sitten nicht mehr als bloße Verweisung auf eine bestehende außerrechtliche Ordnung verstanden werden. Gerade in einer Gesellschaft, in der die Bewertung von Vorgängen mehr denn je der Rechtsordnung überantwortet wird, prägen die wesentlichen Grundsätze dieser Rechtsordnung die guten Sitten in einem ganz erheblichen Maße (vgl. nur Larenz/Wolf, § 41 Rn. 8 ff.; MK-BGB-Mayer-Maly, § 138 BGB Rn. 11 ff.). Der Verweis auf in diesem Sinne zu verstehende gesellschaftliche Wertvorstellungen ist daher verfassungsrechtlich zulässig.

4.2.2.3 Versammlungsverbot wegen Gefährdung der öffentlichen Ordnung?

125 Wie dargestellt, hat das Bundesverfassungsgericht in der Brokdorf-Entscheidung ausgeführt, dass eine bloße Gefährdung der öffentlichen Ordnung im allgemeinen kein Versammlungsverbot rechtfertigen kann. Dies ist auch – ganz überwiegend – die Rechtsprechung der Verwaltungsgerichte. Insbesondere kann kein Versammlungsverbot in Betracht kommen, wenn gerade die herrschenden ethischen oder sozialen Anschauungen mit der Versammlung – ohne Gefährdung der Rechtsordnung oder geschützter Rechtsgüter – thematisiert und damit zum Gegenstand der geistigen Auseinandersetzung gemacht werden sollen. Denn der freie politische Meinungskampf ist für eine freiheitliche demokratische Staatsordnung konstituierend (statt vieler: OVG Bautzen SächsVBl. 1998, 6, 8 mit ausführlicher Begründung; ferner Zeitler, Rn. 150; vgl. auch OVG Weimar ThürVBl. 2000, 12 zur Wettbewerbsgleichheit der politischen Parteien).

In Einzelfällen haben jedoch die Gerichte auch Versammlungsverbote wegen Verstößen gegen die öffentliche Ordnung für gerechtfertigt gehalten, z.B. bei aggressiver ausländerfeindlicher Wahlwerbung, die geeignet ist, Teile der Bevölkerung einzuschüchtern (VGH Kassel NJW 1989, 1448), bei Kundgebungen, die durch Schlagworte, Symbole und Gesten bewusst eine besondere Nähe zum Nationalsozialismus herstellen und den inneren sozialen Frieden gefährden (VGH Kassel NVwZ-RR 1994, 86, 87; zustimmend Krüger, S. 119; weitere Fälle aus dem Jahr 2000 in Berlin schildert Wiefelspütz DÖV 2001, 25 ff.). In anderen Fällen von Versammlungsverboten traten zu Gefahren für die öffentliche Sicherheit solche für die öffentliche Ordnung hinzu, denen die Gerichte Gewicht beimaßen, ohne dass sie allein für ein Verbot ausgereicht hätten (vgl. VGH München BayVBl. 1993, 648; NVwZ 1992, 76 zu Verletzungen der öffentlichen Ordnung durch Rudolf-Heß-Kundgebungen; etwas anders VGH Mannheim MDR 1995, 107, ebenfalls zu einer Rudolf-Heß-Veranstaltung: es lägen Gefährdungen der öffentlichen Sicherheit und der öffentlichen Ordnung vor, diese könnten jedoch für sich bereits ein Verbot rechtfertigen).

126 Gerichtsentscheidungen, dass allein eine Gefährdung der öffentlichen Ordnung ein Versammlungsverbot rechtfertigen kann, sind jedoch bis in die jüngste Zeit vereinzelt geblieben. Erst durch die Rechtsprechung des OVG Münster aus dem Jahr 2001 hat die Frage, ob aufgrund von Gefährdungen der öffentlichen Ordnung auch Versammlungsverbote zulässig sind, neue Aktualität erlangt. In einer Vielzahl von Entscheidungen zu rechtsextremistischen

Auflagen und Verbot

Versammlungen hat das OVG Münster die Auffassung vertreten, dass Versammlungen, die durch ein Bekenntnis zum Nationalsozialismus geprägt sind, wegen Verstoßes gegen die öffentliche Ordnung verboten werden können. Das Bundesverfassungsgericht ist dem auf Anträge der Veranstalter hin im Verfahren der einstweiligen Anordnung entgegengetreten (NJW 2001, 2113 – Demonstration von Neonazis am Ostermontag, hierzu BVerfG NJW 2001, 2075; NJW 2001, 2114 – Demonstration von Neonazis am 1. Mai 2001 in Essen, hierzu BVerfG NJW 2001, 2076; NJW 2001, 2111 – Marsch von Neonazis über die deutsch-niederländische Grenze, hierzu BVerfG NJW 2001, 2069; vgl. auch folgende Entscheidungen des OVG, die nicht vor dem BVerfG angegriffen wurden: NJW 2001, 2986 – rechtsextremistische Versammlung am 30. 6. 2001; DVBl. 2001, 584 – Fackelaufzug der NPD mit schwarz-weiss-roten Fahnen). Die Auseinandersetzung zwischen dem OVG Münster und dem Bundesverfassungsgericht ist mit einer seltenen Schärfe geführt worden (die Entwicklung plastisch darstellend Battis/Grigoleit NJW 2001, 2052 ff.). Die Entscheidungen stehen auch in einem Zusammenhang zur Entscheidung des Bundesverfassungsgerichts zur Verschiebung einer Demonstration am Holocaust-Gedenktag, der eine Entscheidung des OVG Hamburg vorausgegangen war (vgl. BVerfG NJW 2001, 1409; s. hierzu auch Rn. 195).

Ob hier das letzte Wort schon gesprochen ist, wird bezweifelt, da die verfassungsgerichtlichen Entscheidungen allesamt nicht vom zuständigen Ersten Senat, sondern der 1. Kammer dieses Senats stammen (vgl. hierzu Benda NJW 2001, 2947) und auch im Schrifttum auf Kritik gestoßen sind (Battis/Grigoleit, a.a.O.; Enders, Anm. zu BVerfG NJW 2001, 1409, in JZ 2001, 652). Die Versammlungsbehörden sollten jedoch weiterhin von der Rechtsprechung des Bundesverfassungsgerichts ausgehen, dass Verstöße gegen die öffentliche Ordnung ein Versammlungsverbot im allgemeinen nicht rechtfertigen. M.E. hält die Rechtsprechung der geäußerten Kritik Stand und wird daher Bestand haben. Auch tun die Versammlungsbehörden gut daran, die vom Bundesverfassungsgericht vorgenommene Weiterentwicklung seiner bisherigen Rechtsprechung zu beachten – nämlich dass „kommunikative Angriffe" auf Schutzgüter der Verfassung versammlungsrechtliche Maßnahmen nach § 15 Abs. 1 VersG nur rechtfertigen, wenn diese Angriffe einen Straftatbestand erfüllen. Im einzelnen:

Das OVG Münster hat seine Auffassung, dass Versammlungen, die durch ein Bekenntnis zum Nationalsozialismus geprägt sind, wegen Verstoßes gegen die öffentliche Ordnung verboten werden können, im wesentlichen mit den Wertmaßstäben des Grundgesetzes begründet, die die öffentliche Ordnung prägten. Zu diesen gehörten neben dem der Völkerverständigung dienenden Friedensgebot der Artt. 1 Abs. 2, 24 Abs. 2, 26 Abs. 1 GG vor allem

127

die Menschenwürde (Art. 1 Abs. 1 GG) sowie die in Art. 20 Abs. 1 GG niedergelegten Strukturprinzipien der Demokratie, des Föderalismus und der Rechtsstaatlichkeit. Sie gehörten zum nach Art. 79 Abs. 3 GG unabänderlichen Kernbestand der freiheitlich demokratischen Grundordnung und seien eine nachdrückliche Absage an jegliche Form des Totalitarismus. Sie stellten zugleich verfassungsimmanente Schranken der Demonstrationsfreiheit dar. Versammlungen, die den genannten Strukturprinzipien zuwiderliefen, seien daher bereits vom Schutzbereich der Demonstrationsfreiheit nach Artt. 5 Abs. 1, 8 Abs. 1 GG ausgenommen (vgl. insbesondere NJW 2001, 2111; ähnlich mit ausführlicher Begründung Battis/Grigoleit NVwZ 2001, 122 ff.; kritisch dazu Arndt BayVBl. 2002, 653 ff.; Rühl NVwZ 2003, 531 ff.).

128 Das Bundesverfassungsgericht hat hierzu ausgeführt, Maßstab für die Beurteilung der Rechtmäßigkeit von Maßnahmen, die den Inhalt von Meinungsäußerungen beschränkten, sei die Meinungsfreiheit, nicht die Versammlungsfreiheit. Eine Äußerung, die nach Art. 5 Abs. 2 GG nicht unterbunden werden dürfe, könne auch nicht Anlass für eine versammlungsbeschränkende Maßnahme nach Art. 8 Abs. 2 GG sein. Eine Grenze der Meinungsäußerung bildeten gemäß Art. 5 Abs. 2 GG Strafgesetze, die zum Rechtsgüterschutz ausnahmsweise bestimmte geäußerte Inhalte verbieten (§§ 185 ff., 130, 86 a, 90 a, b StGB); zusätzliche verfassungsimmanente Grenzen der Inhalte von Meinungsäußerungen kämen nicht zum Tragen. § 15 VersG sei hinsichtlich des Schutzes der öffentlichen Ordnung insoweit einengend auszulegen, als zur Abwehr von kommunikativen Angriffen auf Schutzgüter der Verfassung besondere Strafrechtsnormen geschaffen worden seien. Die darin vorgesehenen Beschränkungen von Meinungsäußerungen seien jedenfalls im Hinblick auf die seit langem bekannten Gefahrensituationen abschließend; sie verwehrten deshalb einen Rückgriff auf die in § 15 Abs. 1 VersG enthaltene Ermächtigung zum Schutz der öffentlichen Ordnung, soweit kein Straftatbestand erfüllt sei (NJW 2001, 2069; zustimmend VGH Mannheim VBlBW 2002, 383; VGH München BayVBl. 2003, 52; OVG Weimar ThürVBl. 2002, 213; OVG Frankfurt/Oder, Beschl. v. 15. 9. 2001, 4 B 310/01.Z).

129 Hierfür ist das Bundesverfassungsgericht in mehrfacher Hinsicht kritisiert worden:

– Art. 26 Abs. 1 GG, wonach Handlungen verfassungswidrig sind, die geeignet sind und in der Absicht vorgenommen werden, das friedliche Zusammenleben der Völker zu stören, sei eine verfassungsimmanente Schranke der Meinungsfreiheit. Gerade der Fall des neonazistischen Marsches über die deutsch-niederländische Grenze hätte dem Gericht allen Anlass geben müssen, diese verfassungsimmanente Grenze nationalistischer Meinungsäußerung zur Kenntnis zu nehmen (Battis/Grigoleit NJW 2001, 2054; ähnlich Seidel DÖV 2002, 289 ff.).

Auflagen und Verbot

– Das Gericht stelle das Verhältnis von Strafrecht und Verfassungsrecht auf den Kopf. Nicht das Strafrecht bestimme „autonom" über die Grenzen der Meinungsfreiheit, vielmehr bestimme die Abwägung der widerstreitenden Verfassungsgüter über die Grenzen des Strafrechts (Battis/Grigoleit NJW 2001, 2054).

– Eine verfassungsrechtlich tragfähige Begründung dafür, warum eine Demonstration am Holocaust-Gedenktag die öffentliche Ordnung verletze, fehle. Warum etwas anderes gelten solle, wenn „Ostalgiker" am 3. Oktober in der Berliner Mitte gegen den „Anschluss" demonstrieren wollten, sei nicht ersichtlich. Die provozierende Wirkung der Freiheitsausübung sei – wie auch die Entscheidung zur Äußerung „Soldaten sind Mörder" zeige – als Schranke der Grundrechtsausübung untauglich (OVG Münster NJW 2001, 2986; Battis/Grigoleit NJW 2001, 2054).

– Die Rechtsprechung des Bundesverfassungsgerichts sei in sich widersprüchlich. Einerseits halte das Gericht in der Entscheidung zum Holocaust-Gedenktag wegen eines Verstoßes gegen die öffentliche Ordnung eine Auflage, die Versammlung zu verschieben, für rechtmäßig, ohne eine konkrete Gefahrenprognose anzustellen. Andererseits sollten nur die Strafgesetze als Kommunikationsgrenzen in Betracht kommen. Da es um das Vorliegen der Eingriffsvoraussetzungen gehe, könnte insoweit der Unterschied zwischen Auflage und Verbot nicht relevant sein, da beide Maßnahmen dieselben Eingriffsvoraussetzungen hätten (Battis/Grigoleit NJW 2001, 2054; auch OVG Münster NJW 2001, 2114).

– Zur Entscheidung zum Holocaust-Gedenktag sei zu beachten, dass die Auflage, die Versammlung zu verschieben, an die hinter der Veranstaltung stehende politisch-geistige Haltung anknüpfe; denn es solle nicht jede Versammlung an diesem Tag unzulässig sein. Die politisch-geistige Haltung des Veranstalters sei jedoch durch Art. 5 Abs. 1 GG geschützt und die öffentliche Ordnung i.S.d. § 15 Abs. 1 VersG kein allgemeines Gesetz i.S.d. Art. 5 Abs. 2 GG (Enders JZ 2001, 652, 654 f.)

Die Kritik ist m.E. – zumindest im Kern – nicht berechtigt. Zu den einzelnen Einwänden in der obigen Reihenfolge: *130*

– Dass es verfassungsimmanente Grenzen der Meinungsäußerungsfreiheit geben mag, ist nicht entscheidend. Das Problematische an den Entscheidungen des OVG Münster ist vielmehr, dass aus solchen Grenzen der Schluss gezogen wird, bereits die Schutzbereiche der Meinungsfreiheit und der Versammlungsfreiheit seien nicht eröffnet. Es entspricht der verfassungsgerichtlichen Rechtsprechung und der h.M. im Schrifttum, dass verfassungsimmanente Schranken der Grundrechte gerade nicht deren Schutzbereiche begrenzen, sondern nur den Gesetzesvorbehalt ersetzen; eine verfassungsimmanente Schranke macht die für einen Eingriff in das Grundrecht notwendige gesetzliche Ermächtigungsgrundlage nicht obsolet (vgl. nur Jarass/Pieroth-Jarass, vor Art. 1 GG Rn. 48; von Münch/Kunig-von Münch, vor Art. 1–19 GG Rn. 57). Nach dem Ansatz des OVG Münster ist in den entschiedenen Fällen das Versammlungsverbot gar kein Eingriff in die Versammlungsfreiheit; insoweit bedürfte es auch gar keiner gesetzlichen Ermächtigungsgrundlage. Es ist zu begrüßen, dass das Bundesverfassungsgericht dem nicht gefolgt ist und die freiheitssichernde Funktion der Grundrechte nicht durch eine verfehlte, enge Auslegung des Schutzbereichs in Frage gestellt hat.

– Indem das Gericht den Schutz der öffentlichen Ordnung gegenüber kommunikativen Angriffen auf die bestehenden Strafrechtsnormen begrenzt hat, stellt es nicht das Verhältnis von Strafrecht und Verfassungsrecht auf den Kopf. § 15 Abs. 1 VersG füllt den Gesetzesvorbehalt des Art. 8 Abs. 2 GG aus. Er ist ein das Grundrecht der Versammlungsfreiheit beschränkendes Gesetz. Diese Grundrechtsschranke ist nach den gängigen Auslegungsregeln und nach der sog. Wechselwirkungslehre im Lichte der Verfassung auszulegen. Das Gericht hat hier diese Grundrechtsschranke eng ausgelegt und damit den Grundrechtsschutz gestärkt, nicht – wie ihm indirekt vorgeworfen wird – durch Ausrichtung am einfachen Recht geschwächt (ähnlich Beljin DVBl. 2002, 18).

– Der Vorwurf, nach den Maßstäben des Bundesverfassungsgerichts bestimme das Strafrecht über die Grenzen der Grundrechte, wäre nur berechtigt, wenn man die Auffassung verträte, die in Frage stehenden Strafrechtstatbestände seien – was das Bundesverfassungsgericht verkenne – keine allgemeinen Gesetze i.S.d. Art. 5 Abs. 2 GG und könnten daher zulässigerweise die Meinungsfreiheit nicht begrenzen. Diese Auffassung scheinen Battis und Grigoleit jedoch nicht vertreten zu wollen.

– Zutreffend ist, dass die Subsumtion, welche Demonstration an welchem Tag und welchem Ort gegen die öffentliche Ordnung verstößt, ein Wertungselement enthält. Die von Battis und Grigoleit geforderte verfassungsrechtlich tragfähige Begründung kann es hier denknotwendig nicht geben. Es handelt sich um eine einfachrechtliche, verschiedenen Ergebnissen zugängliche Frage. Dass die mit einer Demonstration verbundene Provokation dabei eine Rolle spielt, liegt auf der Hand; wenn man am Begriff der öffentlichen Ordnung festhält (s. hierzu Rn. 124), kommt es auf einen Verstoß gegen die herrschenden Anschauungen über ein geordnetes Zusammenleben an; mit einem solchen Verstoß wird häufig eine Provokation verbunden sein. Dies ist auch verfassungsrechtlich nicht zu beanstanden. Die Wertmaßstäbe der Rechtsordnung und damit des Grundgesetzes sind bei der Auslegung des Begriffs der öffentlichen Ordnung zu berücksichtigen (s. Rn. 124).

- Fehl geht auch der Einwand, die provozierende Wirkung der Freiheitsausübung sei keine taugliche Schranke eines Grundrechts. Ein Widerspruch zu anderen verfassungsgerichtlichen Entscheidungen ist nicht erkennbar. Das Gericht nimmt – wie dargelegt, anders als das OVG Münster – zunächst eine „nüchterne" Bestimmung des Schutzbereichs vor, ohne bereits auf kollidierende Rechte Dritter zu „schielen". Es prüft, ob es sich bei dem fraglichen Verhalten um eine Meinungsäußerung und eine Versammlung handelt. Erst dann werden die Schranken des Grundrechts geprüft. Diese sind bei der Meinungs- und der Versammlungsfreiheit unterschiedlich. Hält man am Schutzgut der öffentlichen Ordnung fest, kann im Hinblick auf die Versammlungsfreiheit auch die provozierende Wirkung der Freiheitsausübung eine Rolle spielen.

- Der Vorwurf der Widersprüchlichkeit dürfte übersehen, dass das Bundesverfassungsgericht je nach der Art des staatlichen Eingriffs ein anderes Freiheitsrecht als Prüfungsmaßstab anlegt. Das Gericht hat in der Entscheidung zur Versammlung im deutsch-niederländischen Grenzgebiet knapp, aber deutlich ausgeführt: Die Rechtmäßigkeit von Maßnahmen, die den Inhalt von Meinungsäußerungen beschränken, sind an Art. 5 GG zu messen, nicht an Art. 8 GG. Die Beurteilung rechtlicher Grenzen im Hinblick auf Besonderheiten der gemeinschaftlichen Kundgabe von Meinungen erfolgt am Maßstab des Art. 8 GG (NJW 2001, 2069). Mit dieser Unterscheidung hat es nicht nur an die eigene Rechtsprechung (BVerfGE 90, 241, 246), sondern auch an die h.M. im Schrifttum angeknüpft (vgl. Jarass/Pieroth-Jarass, Art. 8 GG Rn. 5; von Mangoldt/Klein/Starck-Gusy, Art. 8 GG Rn. 87).

- Dies bedeutet – und das ist für die Praxis der Versammlungsbehörden wesentlich: Auf die Unvereinbarkeit des Versammlungsthemas und der Auffassungen, die im Rahmen der Versammlung geäußert werden, mit den grundgesetzlichen Wertvorstellungen können versammlungsrechtliche Maßnahmen nur gestützt werden, wenn ein Straftatbestand erfüllt ist; Prüfungsmaßstab ist Art. 5 GG. Droht aufgrund der Begleitumstände der Versammlung, insbesondere wegen des Zeitpunkts, des Orts oder der Kundgebungsmittel, eine Verletzung der öffentlichen Ordnung – wie im Fall der Versammlung am Holocaust-Gedenktag –, können Auflagen erlassen werden; Prüfungsmaßstab ist Art. 8 GG (so auch VGH Mannheim VBlBW 2002, 383). Für das Bundesverfassungsgericht kommt es daher auch nicht darauf an, ob die öffentliche Ordnung ein allgemeines Gesetz i.S.d. Art. 5 Abs. 2 GG ist.

- Widersprüche ergeben sich also nicht; die Konzeption des Bundesverfassungsgerichts ist in sich stimmig. Es können allenfalls Abgrenzungsprobleme zwischen Meinungsfreiheit und Versammlungsfreiheit auftreten. Denn es ist seit jeher anerkannt, dass die Meinungsfreiheit das Recht einräumt, seine Meinung in jeder Form zu äußern (s. Rn. 8). Wenn sich Veranstalter und Versammlungsteilnehmer darauf beschränken, ein Versammlungsthema anzugeben und ihre Meinung in nonverbaler, aber provozierender und gewaltbereit wirkender Form zu äußern, mögen Meinungsäußerung und Umstände der gemeinschaftlichen Kundgabe der Meinung kaum trennbar sein. Die Abgrenzungsprobleme veranschaulicht eine Entscheidung des Bundesverfassungsgerichts selbst, in der es die Auflage, bei einem Trauermarsch keine schwarzen Fahnen mit zu führen, beanstandete (NVwZ 2002, 983). Die Entscheidung verdient im Ergebnis m.E. Zustimmung. Jedoch hat das Gericht ausgeführt, die Auflage sei an Art. 5 Abs. 1, 2 GG zu messen, da sie sich auf die Gefahrträchtigkeit des Symbolgehalts einer Fahne und damit auf den Inhalt einer Aussage beziehe. Näher hätte es m.E. gelegen, das Mitführen der Fahne als Begleitumstand der Meinungsäußerung anzusehen; Auflagen wären dann an Art. 8 Abs. 1 GG zu messen; sie wären hier mangels provozierender Wirkung und daher fehlender Gefahr für die öffentliche Ordnung rechtswidrig gewesen (zur Abgrenzung der Grundrechte s. auch Gusy JZ 2002, 107f.).

– Die entscheidende Frage ist daher, ob die Abgrenzung zwischen Meinungsfreiheit und Versammlungsfreiheit überzeugt. Es handelt sich um eine Frage der Grundrechtskonkurrenz. Da der Verfassungsgesetzgeber beide Grundrechte nebeneinander normiert hat, ohne einem der beiden einen Vorrang einzuräumen, und sie mit unterschiedlichen Schranken versehen hat, kann es keine „einfache" Auflösung der Konkurrenz geben. Eine schlüssigere und der gesetzlichen Ausgangslage angemessenere Lösung als das Verfassungsgericht hat bisher jedenfalls noch niemand aufgezeigt.

4.2.2.4 Vereinbarkeit mit Art. 8 GG

131 Die Eingriffsmöglichkeiten des § 15 Abs. 1 VersG sind – so das Bundesverfassungsgericht in seiner Brokdorf-Entscheidung (vgl. BVerfGE 69, 315, 352 ff.) – keine unzulässige Beschränkung der Versammlungsfreiheit, wenn bei Anwendung und Auslegung sichergestellt bleibt, dass Verbote nur zum Schutz wichtiger, mindestens gleichwertiger Gemeinschaftsgüter unter Wahrung des Grundsatzes der Verhältnismäßigkeit und nur bei einer unmittelbaren, aus erkennbaren Umständen herleitbaren Gefährdung dieser Rechtsgüter erfolgen.

Die Verwaltungsgerichte haben dies aufgegriffen und lassen in ständiger Rechtsprechung Versammlungsverbote nur zum Schutz von Rechtsgütern zu, die der Versammlungsfreiheit zumindest gleichwertig sind. Verbotsverfügungen, die dieser Anforderung nicht entsprechen, widersprechen dem Grundsatz der Verhältnismäßigkeit und sind daher ermessensfehlerhaft. Denn das durch

Auflagen und Verbot

§ 15 Abs. 1 VersG eingeräumte Ermessen ist grundrechtlich gebunden: Bei der Ermessensausübung ist die hohe Bedeutung der Versammlungsfreiheit zu beachten (vgl. nur OVG Bautzen SächsVBl. 1998, 6, 7 f.; OVG Weimar NVwZ-RR 1997, 287, 288; VGH Mannheim VBlBW 1993, 343, 344 f.; OVG Münster NVwZ 1989, 886; auch BVerfG NVwZ 1998, 834, 835).

4.2.2.5 Generell enge Auslegung des Tatbestandes des § 15 Abs. 1 VersG?

Es besteht hingegen kein Anlass, die Tatbestandsvoraussetzungen des § 15 Abs. 1 VersG, wie es das OVG Greifswald (LKV 1999, 232, 233) gefordert hat, angesichts der Bedeutung der Grundrechte aus Art. 8 und 5 GG generell eng auszulegen. Das OVG hat aus seinem Postulat Folgerungen für die Gefahrenprognose gezogen: § 15 Abs. 1 VersG setze hinreichende Anhaltspunkte dafür voraus, dass eine unmittelbare Gefahr für die öffentliche Sicherheit oder Ordnung bestehen müsse. Auch das Bundesverfassungsgericht hat in einzelnen Entscheidungen Anforderungen an die Gefahrenprognose für Versammlungsverbote aus Art. 8 GG hergeleitet (vgl. BVerfG DVBl. 2000, 1593, 1594; NVwZ 1998, 834, 835; wohl auch VGH Mannheim VBlBW 1993, 343). Die gefundenen Auslegungsergebnisse folgen jedoch bereits aus dem Wortlaut der Norm sowie dem allgemeinen polizeirechtlichen Grundsatz, dass bloße Vermutungen keine Gefahrenprognose stützen können. Einer „engen" Auslegung des Tatbestands des § 15 Abs. 1 VersG bedarf es also nicht. Systemgerechter und dogmatisch sauberer ist es, den Tatbestand des § 15 Abs. 1 VersG nach den klassischen Auslegungsmethoden und unter Berücksichtigung der gefestigten Auslegung der polizeilichen Generalklausel auszulegen und die Bedeutung der Versammlungsfreiheit im Rahmen des Ermessens zu berücksichtigen – wie es die h.M. macht.

132

4.2.2.6 Fazit: Auswirkungen in der Praxis

Für die Anwendung des § 15 Abs. 1 VersG in der Praxis folgt aus Art. 8 GG somit: Auflagen und Verbote sind nur möglich, wenn nach den zur Zeit des Erlasses der Verfügung erkennbaren Umständen die öffentliche Sicherheit und Ordnung bei Durchführung der Versammlung unmittelbar gefährdet ist – wie im Tatbestand des § 15 Abs. 1 VersG vorgesehen; die tatbestandlichen Voraussetzungen für Verbot und Auflagen sind also identisch. Sie werden daher im Folgenden auch zusammen dargestellt.

133

Für die Rechtmäßigkeit eines Versammlungs*verbots* tritt – im Rahmen der Ermessensausübung – als weitere Voraussetzung die Gefährdung eines gleichwertigen Rechtsgutes hinzu. Für die Auflage als weniger einschneidende Maßnahme gelten weniger strenge Anforderungen. Auf der Rechtsfolgenseite ergeben sich daher erhebliche Unterschiede zwischen Verbot und

Auflage. Für Verbot und Auflage gilt jedoch gleichermaßen: Der Ermessensausübung kommt im Rahmen des § 15 Abs. 1 VersG eine wichtige, mitunter gar überragende Bedeutung zu.

134 § 15 Abs. 1 VersG ist hinsichtlich des Schutzes der öffentlichen Ordnung insoweit einengend auszulegen, als zur Abwehr von kommunikativen Angriffen auf Schutzgüter der Verfassung besondere Strafrechtsnormen geschaffen worden sind. Die darin vorgesehenen Beschränkungen von Meinungsäußerungen sind abschließend. Auf die Unvereinbarkeit des Versammlungsthemas und der Auffassungen, die im Rahmen der Versammlung geäußert werden, mit den grundgesetzlichen Wertvorstellungen können versammlungsrechtliche Maßnahmen daher nur gestützt werden, wenn ein Straftatbestand erfüllt ist. Dies gilt nicht, wenn nur aufgrund der Begleitumstände der Versammlung eine Verletzung der öffentlichen Ordnung droht.

4.2.3 Tatbestandliche Voraussetzungen für Verbot und Auflage

4.2.3.1 Öffentliche Sicherheit

135 Verbote und Auflagen kommen hauptsächlich wegen einer unmittelbaren Gefährdung oder Verletzung der öffentlichen Sicherheit in Betracht; Gefährdungen der öffentlichen Ordnung spielen demgegenüber eine untergeordnete, in den letzten Jahren jedoch gewachsene Rolle. Der Begriff der öffentlichen Sicherheit ist wie im allgemeinen Polizeirecht zu verstehen. Er umfasst – unstreitig – den Schutz subjektiver Rechte und Rechtsgüter des Einzelnen wie Leben, Gesundheit, Freiheit, Ehre, Eigentum und Vermögen, die Unverletzlichkeit der objektiven Rechtsordnung sowie der Einrichtungen und Veranstaltungen des Staates und sonstiger Träger der Hoheitsgewalt (vgl. nur BVerfGE 69, 315, 352).

Zur geschützten Rechtsordnung können auch Bestimmungen des Versammlungsgesetzes selbst gehören. Drohende Verstöße gegen das Uniformverbot oder das Waffentragungsverbot sind daher Gefährdungen der öffentlichen Sicherheit, die zu Auflagen oder Verbot berechtigen können (s. Rn. 64, 69 f.).

136 Eine Gefahr für die öffentliche Sicherheit liegt insbesondere bei einem drohenden Verstoß gegen Strafgesetze vor. Praktisch relevant sind vor allem die Delikte

– der Körperverletzung (§ 223 StGB),

– der Sachbeschädigung (§ 303 StGB),

– der Nötigung (§ 240 StGB),

– der Volksverhetzung (§ 130 StGB; vgl. z.B. OVG Bautzen SächsVBl. 1998, 6, 9 zum Auftreten eines Liedermachers mit volksverhetzenden Texten, das die Auflage rechtfertigt, dass der Liedermacher nicht auftreten darf),

Auflagen und Verbot

- des Verwendens von Symbolen und Emblemen eines verbotenen Vereins (§ 20 VereinsG; vgl. VGH Mannheim VBlBW 1999, 462: der Verstoß kann ein Versammlungsverbot rechtfertigen, wenn der Veranstalter keine nachweisbaren Vorkehrungen trifft, um die Gefahr der Verwendung solcher Symbole und Embleme einzudämmen; vgl. auch OVG Weimar LKV 1994, 65: eine Versammlung, deren Zweck darin besteht, sich für einen vollziehbar verbotenen Verein zu betätigen oder für diesen eine Nachfolgeorganisation zu gründen, kann verboten werden),
- der üblen Nachrede und Verleumdung gegen Personen des politischen Lebens (§§ 186, 188 StGB; vgl. VGH München BayVBl. 1983, 54: bei Verletzungen der Ehre im politischen Meinungskampf ist stets zu beachten, dass nach § 193 StGB übertreibende und verallgemeinernde Kennzeichnungen des Gegners ebenso hinzunehmen sind wie einseitig gefärbte Stellungnahmen und beißende Kritik; ihre Grenze findet zulässige politische Kritik, wenn wahrheitswidrig ehrenrührige Tatsachen verbreitet werden) und
- des Verbreitens von Propagandamitteln verfassungswidriger Organisationen und des Verwendens von Kennzeichen verfassungswidriger Organisationen (§§ 86, 86 a StGB).

Eine Störung der öffentlichen Sicherheit ist bereits gegeben, wenn der objektive Tatbestand eines Strafgesetzes erfüllt ist, ohne dass ein Rechtfertigungsgrund vorliegt. Auf den subjektiven Tatbestand sowie objektive Bedingungen der Strafbarkeit sowie Strafverfolgungsvoraussetzungen, wie z.B. einen erforderlichen Strafantrag, kommt es nicht an (BVerwGE 64, 55, 59 ff.).

Besteht die Straftat in einer Meinungsäußerung, wie z.B. bei der Volksverhetzung, müssen die Versammlungsbehörden die Maßgaben beachten, die sich aus dem Grundrecht der Meinungsfreiheit ergeben. Sie haben die Pflicht, den Sinn der Äußerung zutreffend zu erfassen. Bei mehrdeutigen Aussagen darf nicht die Auslegung zugrundegelegt werden, die zur Strafbarkeit führt, wenn andere naheliegende Deutungen der Aussage möglich sind, nach denen die Äußerung straflos ist. Die Behörde muss sich mit allen plausiblen Deutungsmöglichkeiten auseinandersetzen und begründen, warum sie nach den Gesamtumständen von einer bestimmten Auslegung ausgeht (vgl. Hoffmann-Riem NVwZ 2002, 260, m.w.N. sowie jüngst BVerfG NJW 2003, 660).

137

Werden versammlungsrechtliche Maßnahmen mit drohenden Verstößen gegen Strafvorschriften begründet, bedarf es einer sorgfältigen Gefahrenprognose. Der Umstand, dass gegen den Versammlungsleiter, seinen Stellvertreter oder Personen aus dem Kreis der Veranstalter in der Vergangenheit Ermittlungsverfahren durchgeführt worden sind, reicht für sich alleine nicht aus, um eine Gefahr für die öffentliche Sicherheit zu begründen. In die Gefahrenprognose ist einzustellen, zu welchem Ergebnis die Ermittlungen geführt haben und ob Verstöße gegen Strafvorschriften in der Vergangenheit einen konkreten Bezug zur angemeldeten Versammlung haben (BVerfG DVBl. 2000, 1593, 1595; OVG Weimar ThürVBl. 2000, 12; OVG Frankfurt/Oder, Beschl. v. 15.9.2001, 4 B 310/01.Z; vgl. auch OVG Bautzen SächsVBl. 2001, 82, wo unklar bleibt, ob das Gericht im konkreten Fall geringere Anforderungen an die Gefahrenprognose stellte). Auch eine Verurteilung wegen einer Straftat begründet nicht per se eine unmittelbare Gefahr für die öffentliche Sicherheit, die zu Maßnahmen nach § 15 Abs. 1 VersG berechtigt; vielmehr ist die Gefahr mit den Gesamtumständen, d.h. mit dem damals abgeurteilten Verhalten und dessen Bezug zur anstehenden Versammlung zu begründen (VGH Mannheim NVwZ-RR 1995, 273, 274 zu einer Verurteilung wegen Volksverhetzung).

Aus Erkenntnissen über strafbares Verhalten des Versammlungsleiters oder von Ordnern können sich Anhaltspunkte für deren Unzuverlässigkeit ergeben. Hierauf können versammlungsrechtliche Maßnahmen gestützt werden, wenn sich aus der Unzuverlässigkeit eine Gefahr für die Versammlung insgesamt ergibt (s. Rn. 97, 99).

138 Mit einem Verstoß gegen Strafgesetze geht häufig auch eine Gefährdung oder Verletzung von Individualrechtsgütern einher, deren Schutz die verletzten Strafnormen dienen. Die öffentliche Sicherheit ist dann in mehrfacher Hinsicht verletzt. Ist ein gewalttätiger Verlauf der Demonstration zu erwarten, rechtfertigt die unmittelbare Gefährdung von Leib und Leben der Demonstrationsteilnehmer und unbeteiligter Dritter sowie des Eigentums unbeteiligter Dritter ein Versammlungsverbot (VGH Mannheim VBlBW 1993, 343, 344 f.; s. auch Rn. 206).

139 Zu den geschützten Rechtsgütern gehört das allgemeine Persönlichkeitsrecht, das durch Art. 2 Abs. 1 GG gewährleistet ist. Dieses schützt auch herausgehobene Personen des öffentlichen Lebens in ihrem unantastbaren Bereich privater Lebensgestaltung. Dazu gehören Politiker, die sich aufgrund ihrer Funktion dem öffentlichen Meinungskampf stellen müssen, gleichwohl für sich und ihre Familie eine zu schützende Privatsphäre in Anspruch nehmen dürfen (BVerfG NJW 1988, 3245 zu einer Mahnwache vor dem Haus der Schwester des damaligen DDR-Staatsratsvorsitzenden Honecker; OVG Koblenz NJW 1986, 2659 zu einer Demonstration vor der Privatwohnung des Bundeskanzlers; VGH München BayVBl. 1995, 528 zu einer Demonstration gegen den bayerischen Innenminister; anders VG Stuttgart VBlBW 2002, 352, eine ausreichende Wahrscheinlichkeit einer Rechtsgutverletzung verneinend bei einer Demonstration mehrere Kilometer vom Wohnort eines betroffenen Staatsanwalts entfernt; zu entsprechenden räumlichen Auflagen s. Rn. 192;

vgl. auch VG Minden DÖV 1988, 85, 87 zur Blockade eines Grundstücks von Personen, die nicht im öffentlichen Leben stehen).

Zu den Individualrechtsgütern gehört auch das durch Art. 2 Abs. 2 Satz 1 GG verfassungsrechtlich geschützte Ruhebedürfnis der Anwohner einer Demonstrationsroute. Dieses muss hinter dem Selbstbestimmungsrecht des Veranstalters über Ort und Zeit der Versammlung nicht notwendig zurückstehen. Dabei können zur Konkretisierung der hinzunehmenden Belästigung die Bestimmungen der Baunutzungsverordnung und der TA Lärm herangezogen werden (VG Frankfurt/Main NJW 2001, 1741, 1742, im konkreten Fall eine Verletzung des Ruhebedürfnisses der Anwohner gegenüber einer „Nacht-Tanz-Demo" wegen der Entfernung zur Demonstrationsstrecke verneinend; vgl. auch OVG Berlin NVwZ 2002, 1266 zu den lärmschutzrechtlichen Anforderungen an die Love Parade 2002, die das OVG nicht als Versammlung ansah). *140*

Schutzgut ist auch die Sicherheit und Leichtigkeit des Straßenverkehrs. Diese wird in den straßenverkehrsrechtlichen Vorschriften geschützt. Mit deren drohender Verletzung ist eine Gefahr für die öffentliche Sicherheit gegeben. Zudem können die Rechte Dritter, die in ihren Fortbewegungsmöglichkeiten behindert werden, gefährdet sein, so z.B. deren allgemeine Handlungsfreiheit. Ob diese Gefahren für die öffentliche Sicherheit zu versammlungsrechtlichen Maßnahmen berechtigen, bedarf einer sorgfältigen Abwägung der betroffenen Interessen (s. bereits Rn. 24, 51). In Betracht kommen Auflagen (s. Rn. 189 ff., dort ausf. zur Interessenabwägung) und Verbote (s. Rn. 206). *141*

Das Versammlungsgrundrecht verleiht kein Recht zur absichtlichen Lahmlegung des Schienen- und Straßenverkehrs. Blockaden der Verkehrswege, auf denen ein Castor-Behälter transportiert werden soll, sind somit rechtswidrig. Die Verhinderung genehmigter und daher im Einklang mit der Rechtsordnung stehender Transporte von Industrieabfällen verstößt gegen die staatliche Friedensordnung und damit gegen die öffentliche Sicherheit. Dies gilt auch für das Einüben polizeiwidriger Handlungen mittels Rollenspiels (VGH Mannheim NVwZ 2000, 1201; VG Karlsruhe, Urt. v. 9.9.2002, 12 K 2302/01; auch OVG Lüneburg NuR 1997, 202, 203). Auch Blockaden der Zufahrtsstraßen zu privaten Grundstücken sind eine Verletzung der öffentlichen Sicherheit. Auflagen, eine Mindest-Fahrbreite zu gewährleisten, sind daher rechtmäßig. Da sie zur Gefahrenabwehr auch ausreichend sind, hat der Grundstückseigentümer keinen Anspruch auf ein Verbot der Versammlung (VGH Kassel HessVGRspr 1995, 70, zur Blockade der Zufahrt eines Brennelementewerks). Teilnehmer an solchen Blockaden müssen nicht nur mit strafrechtlichen Konsequenzen, sondern wegen der Rechtswidrigkeit der Blockaden auch mit zivilrechtlichen Schadensersatzansprüchen rechnen.

Bei Blockaden von Straßen, insbesondere von Autobahnen und Grenzübergängen haben die Versammlungsbehörden auch die Anforderungen zu beachten, die sich aus dem Europarecht ergeben. Art. 30 EG-Vertrag garantiert den freien Warenverkehr zwischen den Mitgliedstaaten. Wenn dieser durch Straßenblockaden beeinträchtigt wird, liegt (auch) in der Behinderung des freien Warenverkehrs eine Verletzung der öffentlichen Sicherheit. Die Mitgliedstaaten der EG haben nach Art. 30 i.V.m. Art 5 EG-Vertrag die Pflicht, alle geeigneten und erforderlichen Maßnahmen zu ergreifen, um in ihrem Gebiet die Beachtung der Warenverkehrsfreiheit sicherzustellen; dazu kann auch die Untersagung einer Versammlung gehören (EuGHE I 1997, 6959, Kommission/Frankreich, Rn. 30 ff. = DVBl. 1998, 228, eine Verletzung des EG-Vertrags durch Frankreich bejahend, da Frankreich nicht gegen Gewaltaktionen seiner Landwirte gegen Importe von Obst und Gemüse eingeschritten war). Jedoch kann eine Untätigkeit der Versammlungsbehörde nach europäischem Recht objektiv gerechtfertigt sein mit der Folge, dass es im Ergebnis an einer Verletzung der Pflichten aus dem EG-Vertrag fehlt. Die Garantie des freien Warenverkehrs kann durch die Grundrechte der Versammlungsfreiheit und der Meinungsfreiheit, die sowohl die EG als auch die Mitgliedstaaten zu beachten haben, beschränkt werden. Da jedoch auch diese beiden Grundrechte nicht schrankenlos gelten, sind die beteiligten Interessen – freier Warenverkehr einerseits, Demonstrations- und Meinungsfreiheit andererseits – anhand sämtlicher Umstände des Einzelfalls gegeneinander abzuwägen. Das Gemeinschaftsrecht räumt den zuständigen Behörden dabei ein weites Ermessen ein (EuGH, Urt. v. 12.6.2003, Rs. C-112/00, Schmidberger/Österreich, Rn. 71–82). Im Fall einer 30-stündigen Blockade der Brenner-Autobahn hat der EuGH eine Verletzung des EG-Vertrags durch Österreich, dessen Behörden die Blockaden nicht untersagten, verneint. Denn die Versammlung habe stattgefunden, nachdem die nach österreichischem Recht notwendige Genehmigung beantragt worden sei; sie habe den freien Warenverkehr nur in begrenztem Umfang beeinträchtigt und auf eine solche Beeinträchtigung nicht abgezielt. Zudem hätten die österreichischen Behörden durch Begleitmaßnahmen versucht, die Störungen des Straßenverkehrs möglichst gering zu halten (a.a.O., Rn. 84 ff.).

142 Zu den Einrichtungen des Staates, die Schutzgut der öffentlichen Sicherheit sind, gehört auch die Funktionsfähigkeit der Rechtspflege. Anders sehen dies Gerichtsentscheidungen zu Versammlungen vor Gerichtsgebäuden, die die freie und ungestörte Rechtspflege und den Schutz der Unabhängigkeit der Richter (Art. 97 Abs. 1 GG) lediglich als Teil der öffentlichen *Ordnung* sehen (VG Berlin, Urteil vom 12.7.1978, 1 A 464.76; VG München DRiZ 1968, 285, 286). Jedoch zählt seit jeher der Schutz des Staates und seiner Einrichtungen zur öffentlichen Sicherheit. Daher sind auch Bundeswehrgelöbnisse und vergleichbare staatliche Veranstaltungen durch die öffentliche Sicherheit

Auflagen und Verbot

geschützt. Die Einordnung ist von Bedeutung, da nach der Rechtsprechung des Bundesverfassungsgerichts (s. Rn. 123 ff.) im allgemeinen eine Gefährdung der öffentlichen Ordnung ein Versammlungsverbot nicht rechtfertigt. Eine Gefährdung der freien und ungestörten Rechtspflege liegt nicht bereits darin, dass eine Demonstration vor dem Gerichtsgebäude stattfindet, auch wenn sie auf ein bestimmtes Gerichtsverfahren abzielt (so zutreffend VG Berlin, a.a.O.). Denn Bestrebungen, das Ergebnis bestimmter Prozesse zu beeinflussen, finden in vielfältiger Form statt, z.B. auch durch Presse und Rundfunk. Erst wenn diese Bestrebungen sich unzulässiger oder störender Mittel bedienen wie z.B. Drohungen oder Einsatz von Lautsprechern, die den Verhandlungsablauf stören, können versammlungsrechtliche Maßnahmen wie Streckenverlegungen ergehen (VG Berlin, a.a.O.).

Fraglich ist, ob das Ansehen Deutschlands im Ausland und außenpolitische Belange zu den Schutzgütern der öffentlichen Sicherheit gehören (offen gelassen bei BVerfG NJW 2001, 2069; OVG Berlin NVwZ 2000, 1201, 1202; bejahend Dietel/Gintzel/Kniesel, § 15 VersG Rn. 103 m.w.N.; OVG Bautzen NVwZ-RR 1995, 444, für das Ansehen Deutschlands im In- und Ausland; verneinend Ridder-Breitbach/Deiseroth/Rühl, § 15 VersG Rn. 263). Der Wortlaut des § 15 Abs. 1 VersG spricht dagegen. Der Gesetzgeber hat mit dem Begriff der öffentlichen Sicherheit auf ein Tatbestandsmerkmal zurückgegriffen, dessen Auslegung seit langer Zeit geklärt ist. Das Ansehen Deutschlands im Ausland und außenpolitische Belange lassen sich aber unter die Unverletzlichkeit der objektiven Rechtsordnung, die subjektiven Rechte und Rechtsgüter des Einzelnen und die Einrichtungen und Veranstaltungen des Staates und sonstiger Träger öffentlicher Gewalt nicht subsumieren. Dafür spricht auch, dass andere Normen (§ 37 Ausländergesetz, § 14 Abs. 1 Vereinsgesetz, § 7 Abs. 1 Nr. 1 Passgesetz) die außenpolitische Belange ausdrücklich als Schutzgüter aufführen, während dies bei § 15 Abs. 1 VersG gerade nicht der Fall ist. Es kann daher lediglich im Einzelfall z.B. wegen Verstoßes gegen Art. 26 GG oder § 103 StGB die öffentliche Sicherheit gefährdet sein und mit dieser Gefährdung eine Beeinträchtigung außenpolitischer Belange einhergehen; allein auf diese Beeinträchtigung können versammlungsrechtliche Maßnahmen aber nicht gestützt werden. Offenkundig ist auch, dass die außenpolitischen Belange der Bundesrepublik auf dem Boden der freiheitlich-demokratischen Grundordnung ganz unterschiedlich eingeschätzt werden können; auf welche Einschätzung es ankommen soll, kann nicht objektiv bestimmt werden (ähnlich zum ganzen Battis/Grigoleit NVwZ 2001, 121, 126 f.). *143*

Liegen die Verbotsgründe des § 5 VersG vor, ist stets auch eine Verletzung der öffentlichen Sicherheit gegeben (OVG Weimar ThürVBl. 2002, 12; NVwZ-RR 1997, 287, 288). *144*

4.2.3.2 Öffentliche Ordnung

145 Der Begriff der öffentlichen Ordnung ist unstreitig. Er umfasst die ungeschriebenen Regeln, deren Befolgung nach den jeweils herrschenden ethischen und sozialen Anschauungen als unerlässliche Voraussetzung eines geordneten menschlichen Zusammenlebens innerhalb eines bestimmten Gebiets angesehen wird (BVerfGE 69, 315, 352). Die auf Gefährdungen der öffentlichen Ordnung beruhende Eingriffsmöglichkeit der Versammlungsbehörde ist, wie dargelegt, verfassungsgemäß; dabei ist zu beachten, dass es nicht um eine schlichte Feststellung der Mehrheitsanschauungen in der Bevölkerung geht (s. Rn. 124).

Verletzungen der öffentlichen Ordnung haben die Gerichte in den letzten Jahren insbesondere bei rechtsextremistischen Versammlungen angenommen, so bei Rudolf Heß-Kundgebungen, die den Nationalsozialismus verharmlosen und bei aggressiv ausländerfeindlichen Veranstaltungen (Nachweise jeweils bei Rn. 125). Eine besondere Rolle spielen auch Aufzüge, die wegen Verwendens von Fahnen, Fackeln oder sonstiger Kundgebungsmittel an Aufmärsche im sog. Dritten Reich erinnern und einen paramilitärischen, aggressiven oder sonst einschüchternden Charakter aufweisen. Die öffentliche Ordnung ist gefährdet, wenn aufgrund provokativer oder aggressiver Vorgehensweisen ein Einschüchterungseffekt sowie ein Klima der Gewaltdemonstration und potentieller Gewaltbereitschaft erzeugt wird. Aufmärschen mit solchem Charakter kann mit Auflagen begegnet werden, die den Versammlungen diesen Charakter nehmen (BVerfG NJW 2001, 2069; 2001, 2072; VGH Mannheim VBlBW 2002, 383; kritisch Battis/Grigoleit NVwZ 2001, 121, 125 m.w.N. zur Rspr.: die Erzeugung von Druck sei sehr weitgehend von der Versammlungsfreiheit gedeckt). In solchen Fällen ist stets genau zu prüfen, ob nicht bereits die öffentliche Sicherheit gefährdet ist, z.B. wegen nach § 130 StGB strafbarer Volksverhetzung oder Angriffs auf die Menschwürde von Ausländern und Juden (so zu Recht Zeitler, Rn. 151; Dietel/Gintzel/Kniesel, § 15 VersG Rn. 99; zur Verletzung der Menschenwürde vgl. auch VGH Mannheim NVwZ-RR 1994, 393). Verletzungen der öffentlichen Ordnung können sich auch aus der Wahl des Versammlungsortes (OVG Münster NVwZ 2002, 737 – Versammlung unter dem Motto „Ruhm und Ehre der Waffen-SS" in der Nähe eines ehemaligen Konzentrationslagers, hierzu BVerfG NVwZ 2002, 714: es liegt nicht nur die Gefahr von Straftaten nach §§ 86, 130 StGB vor, sondern auch der Verletzung der Menschenwürde der Opfer des Nationalsozialismus; vgl. auch OVG Lüneburg NVwZ 1985, 925 zu einer rechtsextremistischen Versammlung in Bad Harzburg, mit zweifelhafter Begründung zur Inanspruchnahme dieser Versammlung, nicht der Gegendemonstration) oder Versammlungszeitpunkts ergeben (vgl. BVerfG NJW 2001, 1409, zu einer rechtsextremistischen Demonstration am Gedenktag für die Opfer

Auflagen und Verbot

des Nationalsozialismus; BVerfG NJW 2001, 1407, zu einer Versammlung am 26. 1. 2001; s. hierzu ausf. Rn. 195).

Versammlungsverbote kommen bei Gefahren für die öffentliche Ordnung in aller Regel nicht in Betracht, sondern nur Auflagen (s. Rn. 123 ff.). Denkbar sind alle Maßgaben, die geeignet sind, die Verletzung der öffentlichen Ordnung auszuschließen oder zu minimieren (s. im einzelnen Rn. 189 ff.).

4.2.3.3 Unmittelbare Gefahr

Der Begriff der Gefahr in § 15 Abs. 1 VersG entspricht dem im allgemeinen Polizei- und Ordnungsrecht. Gefahr ist eine Sachlage, bei der die hinreichende Wahrscheinlichkeit besteht, dass bei ungehindertem Verlauf in absehbarer Zeit ein Schaden für die öffentliche Sicherheit und Ordnung eintritt. *146*

Nur unmittelbare Gefahren für die öffentlichen Sicherheit und Ordnung berechtigen zu Auflagen und Verboten. Insoweit gelten gegenüber der polizeilichen Generalklausel erhöhte Eingriffsvoraussetzungen. Der Begriff der Unmittelbarkeit stellt besondere Anforderungen an die zeitliche Nähe des Schadenseintritts und damit auch strengere Anforderungen an den erforderlichen Wahrscheinlichkeitsgrad. Ein zum Eingriff berechtigender Sachverhalt liegt erst vor, wenn der Eintritt des Schadens fast mit Gewissheit zu erwarten ist (BVerwG, Buchholz 402.44, VersG Nr. 6; OVG Bautzen SächsVBl. 1998, 6, 8; OVG Münster NVwZ 1989, 886; etwas anders VGH Mannheim NVwZ-RR 1994, 87, 88, wonach der Begriff der Unmittelbarkeit nicht eine besondere zeitliche Nähe, sondern [nur] den Grad der Wahrscheinlichkeit des Schadenseintritts beschreibe). Dabei sind – nach allgemeinen polizeirechtlichen Grundsätzen – die Anforderungen an die Wahrscheinlichkeit um so geringer, je größer und folgenschwerer der mögliche Schaden ist.

Die Gefahrenprognose der Versammlungsbehörde muss sich, so § 15 Abs. 1 VersG, auf erkennbare Umstände stützen. Bloße Verdachtsmomente und Vermutungen reichen nicht aus. Vielmehr bedarf es des Nachweises begründeter Tatsachen, die nicht nur die mehr oder weniger entfernte Möglichkeit einer Gefahr für die öffentliche Sicherheit oder Ordnung eröffnen, sondern eine solche Gefährdung absehbarerweise besorgen lassen (vgl. nur VGH Mannheim DVBl. 1990, 1044, 1045). Diese Umstände müssen sich auf die bevorstehende Versammlung beziehen. Erkenntnisse über frühere Versammlungen des Veranstalters, z.B. über einen gewalttätigen Verlauf oder volksverhetzende Äußerungen bei früheren Versammlungen können in die Gefahrenprognose einfließen, wenn tatsächliche Anhaltspunkte dafür vorliegen, dass die anstehende Versammlung einen vergleichbaren Verlauf nehmen wird. Fehlt es an konkreten Tatsachen, die eine Vergleichbarkeit mit früheren Versammlungen belegen, muss polizeiliches Erfahrungswissen über frühere *147*

Versammlungen unberücksichtigt bleiben (vgl. BVerfG DVBl. 2000, 1593, 1595; OVG Bautzen SächsVBl. 1998, 6, 8; VGH Mannheim VBlBW 1993, 343, 344; s. auch Rn. 137). Dabei sind die Anforderungen, die die Gerichte stellen, hoch. Auch wenn am Vortag an derselben Stelle eine Versammlung mit zum Teil denselben Teilnehmern zu demselben Thema einen gewalttätigen Verlauf genommen hat, fehlt es an der Vergleichbarkeit, wenn an der nachfolgenden Versammlung deutlich weniger Menschen teilnehmen, die den Anordnungen der Polizei nachkommen (OVG Münster NVwZ 1989, 886, 887, zur Auflösung einer Versammlung).

148 Mitunter stützt die Versammlungsbehörde ihre Gefahrenprognose darauf, dass die angemeldete Versammlung eine Tarnveranstaltung, in Wirklichkeit eine andere Versammlung beabsichtigt ist. Dies kommt insbesondere vor, wenn die Behörde eine getarnte rechtsextremistische Versammlung, z.B. eine Rudolf-Heß-Gedenkkundgebung annimmt, von der – anders als für die vorgeschobene, angemeldete Versammlung – Gefahren für die öffentliche Sicherheit oder Ordnung ausgehen können. Die Annahme einer Tarnveranstaltung muss die Behörde durch tatsächliche Anhaltspunkte belegen. Dabei muss sie das Selbstbestimmungsrecht des Veranstalters über Art und Inhalt der Versammlung berücksichtigen und von den Angaben in der Anmeldung ausgehen, wenn sich nicht aufgrund konkreter Umstände der Eindruck aufdrängt, es sei eine andere als die angemeldete Versammlung geplant. Dabei hat die Versammlungsbehörde die Beweislast für das Vorliegen einer Tarnveranstaltung (BVerfG DVBl. 2000, 1605, 1606 für eine angebliche Rudolf-Heß-Gedenkkundgebung).

149 Diese Anforderungen an die Gefahrenprognose zu beachten, ist in der Praxis für die Versammlungsbehörde von besonderer Bedeutung. Zahlreiche Verbotsverfügungen halten einer gerichtlichen Überprüfung nicht stand, weil die Bescheide keine konkreten, nachprüfbaren und auf die jeweilige Versammlung bezogenen Tatsachen anführen, die eine unmittelbare Gefährdung der öffentlichen Sicherheit und Ordnung belegen. Dies gilt in besonderer Weise für Verbote rechtsextremer Versammlungen, die – unzulänglich – mit allgemeinen Ausführungen über den Rechtsextremismus und – unzulässig – mit den verfassungswidrigen Zielen einer nicht verbotenen Partei begründet werden. Dabei übersehen die Versammlungsbehörden mitunter die vielfältigen Möglichkeiten, für solche Versammlungen Auflagen zu erlassen, die das besondere Gepräge von Versammlungen extremistischer Gruppierungen zumindest deutlich abschwächen können.

Maßgeblicher Zeitpunkt für die Gefahrenprognose ist nach dem eindeutigen Wortlaut des § 15 Abs. 1 VersG – allgemeinen polizeirechtlichen Grundsätzen entsprechend – der der Entscheidung der Versammlungsbehörde. Für die Rechtmäßigkeit der Gefahrenprognose kommt es auf die zu diesem Zeit-

Auflagen und Verbot

punkt zur Verfügung stehenden Erkenntnisse an. Dies gilt auch für die Überprüfung der Gefahrenprognose durch die Verwaltungsgerichte. Die Versammlungsbehörde kann im Gerichtsverfahren den Bescheid nicht mit Erfolg auf neue Tatsachen stützen. Daran ändert auch § 114 Satz 2 VwGO nichts. Er erlaubt nur das Nachschieben von Ermessenserwägungen, die bei Erlass des Bescheids bereits vorgelegen haben (BVerwGE 105, 55, 59). Will die Versammlungsbehörde nach Erlass des Bescheids hinzugetretene Gefahrmomente im Verfahren berücksichtigt wissen, muss sie daher einen Zweitbescheid erlassen. Jedoch wird eine rechtmäßig vorgenommene Gefahrenprognose nicht dadurch unzureichend, dass sich die Gefahrenlage nach der behördlichen Entscheidung günstiger entwickelt hat, als die Versammlungsbehörde annehmen konnte (VGH München BayVBl. 1993, 658).

4.2.3.4 Gesetzliche Versammlungsverbote

Auf eine unmittelbare Gefahr für die öffentliche Sicherheit oder Ordnung kommt es für beschränkende Maßnahmen nicht an, wenn Versammlungen kraft Gesetzes verboten sind. Gesetzliche Versammlungsverbote enthalten die Bannkreisgesetze und die Sonn- und Feiertagsgesetze. *150*

4.2.3.4.1 Bannkreisgesetze

Nach § 16 Abs. 1 VersG sind öffentliche Versammlungen unter freiem Himmel und Aufzüge innerhalb der befriedeten Bezirke der Gesetzgebungsorgane des Bundes und der Länder sowie des Bundesverfassungsgerichts verboten. Die befriedeten Bezirke für den Bundestag, den Bundesrat und das Bundesverfassungsgericht hat der Bundesgesetzgeber im Gesetz über befriedete Bezirke für Verfassungsorgane des Bundes (BefBezG) vom 11. 8. 1999 im Zusammenhang mit dem Umzug des Bundestages von Bonn nach Berlin neu geregelt. Nach dem außer Kraft getretenen Bannmeilengesetz des Bundes konnte der Bundesminister des Innern eine Ausnahme vom Versammlungsverbot im Bannkreis zulassen (§ 3). Nunmehr sind nach § 5 Abs. 1 BefBezG öffentliche Versammlungen unter freiem Himmel und Aufzüge innerhalb der befriedeten Bezirke zuzulassen, wenn eine Beeinträchtigung der Tätigkeit der Verfassungsorgane und eine Behinderung des freien Zugangs zu ihren Gebäuden nicht zu besorgen ist. Davon ist nach Satz 2 in der Regel auszugehen, wenn die Versammlung an einem sitzungsfreien Tag stattfinden soll (zur Gesetzgebungsgeschichte Wiefelspütz NVwZ 2000, 1016, 1017). Die Zulassung von Ausnahmen ist also keine Ermessensentscheidung mehr, sondern eine gebundene. Der Bund ist damit der Regelung im Bannkreisgesetz von Hamburg gefolgt. Das Gesetz über befriedete Bezirke für Verfassungsorgane des Bun- *151* des war zunächst bis zum 30. 6. 2003 befristet; es ist im Mai 2003 unbefristet verlängert worden.

Bannmeilen für die Landtage haben die Mehrzahl der Bundesländer geschaffen. Die Regelungen sehen durchweg auch die Möglichkeit vor, Ausnahmen vom Versammlungsverbot zuzulassen, deren Gewährung – außer in Hamburg – eine Ermessensentscheidung ist. Einige Länder, insbesondere in Ostdeutschland haben keine Bannkreisgesetze erlassen. Versammlungen vor den Landtagen können hier nur nach § 15 VersG verboten werden.

Abgedruckt sind die Bannkreisregelungen z.B. im Anhang des Kommentars von Dietel, Gintzel und Kniesel.

152 Zweck der Bannkreisregelungen ist nach h.M. (Dietel/Gintzel/Kniesel, § 16 VersG Rn. 9ff. m.w.N.) der Schutz der Arbeitsfähigkeit der genannten Verfassungsorgane vor physischen Übergriffen beim Zugang zu den Gebäuden der Verfassungsorgane sowie vor unmittelbarer Beeinflussung durch den „Druck der Straße". Nach Breitbach (Ridder-Breitbach, § 16 VersG Rn. 4, 11, 34ff., zum mittlerweile außer Kraft getretenen Bannmeilengesetz; ebenso Werner NVwZ 2000, 370) dienen die Bannkreisregelungen nur dem Schutz vor physischen Übergriffen. Er beruft sich dabei vor allem auf die Entstehungsgeschichte des § 16 VersG, hält jedoch Äußerungen im Gesetzgebungsverfahren, die Parlamente seien vor dem „Druck der Straße" zu schützen, für unbeachtlich, da die aus „der von konkreten historischen Konflikten geprägten Entwicklung ausbrechen" (a.a.O., Rn. 4). Dies überzeugt nicht. Beide Schutzrichtungen haben im Gesetzgebungsverfahren eine Rolle gespielt und sind daher bei der historischen Auslegung zugrunde zu legen (ebenso OVG Münster DVBl. 1994, 541, 543 mit weiterer ausführlicher Begründung zum doppelten Schutzzweck des mittlerweile außer Kraft getretenen Bannmeilengesetzes). Bei der Novellierung der Bannkreisregelungen anlässlich des Umzugs des Bundestags von Bonn nach Berlin hat der Gesetzgeber in der Gesetzesbegründung diesen doppelten Schutzzweck auch ausdrücklich betont (vgl. Wiefelspütz NVwZ 2000, 1017, bei Fn. 14; dies berücksichtigt Werner, a.a.O., nicht). Der doppelte Schutzzweck hat auch in der Befreiungsvorschrift des § 5 BefBezG Niederschlag gefunden, gemäß der sich die Zulassung von Ausnahmen nach dem ungehinderten Zugang und der Beeinträchtigung der Arbeit der Verfassungsorgane richtet.

Umstände, die keinen Bezug zu den von den Bannkreisregelungen geschützten Rechtsgütern haben, können bei einer Gefährdung der öffentlichen Sicherheit oder Ordnung Grund für eine auf § 15 Abs. 1 VersG gestützte versammlungsrechtliche Maßnahme sein. Diese Befugnisse der Versammlungsbehörde bleiben nach § 5 Abs. 3 BefBezG unberührt (Lisken/Denninger-Kniesel, H Rn. 163 f.)

Auflagen und Verbot

Die Bannkreisregelungen des Bundes und der Länder sind verfassungsgemäß. Sie sind vom Gesetzesvorbehalt des Art. 8 Abs. 2 GG gedeckt, der insbesondere auch im Hinblick auf die Möglichkeit, Bannkreisvorschriften zu erlassen, geschaffen wurde (Ridder-Breitbach, § 16 VersG Rn. 10, 4). Die Regelungen sind auch verhältnismäßig. Es liegt im Interesse des Gemeinwohls, die Unabhängigkeit der genannten Verfassungsorgane vor dem Druck durch unmittelbare Beeinflussung zu schützen (OVG Saarlouis DÖV 1974, 277 zum saarländischen Bannkreisgesetz; zweifelnd Dietel/Gintzel/Kniesel, § 16 VersG Rn. 17 f.). Die Legitimität und die Erforderlichkeit eines solchen Schutzes werden jedoch zunehmend in Frage gestellt: Die genannten Verfassungsorgane unterlägen vielfach „ungeschützt" dem Versuch der Beeinflussung, z.B. durch die Presse und Lobbyisten; die Beeinflussung durch Versammlungen sei ebenso legitimer Teil der politischen Willensbildung. Zudem träfen die Abgeordneten ihre Entscheidungen außerhalb der Parlamente, so dass ein besonderer Schutz der Parlamentsgebäude nicht mehr zeitgemäß sei (vgl. Zeitler, Rn. 250; Ridder-Breitbach, § 16 VersG Rn. 35; Werner NVwZ 2000, 374 f.). M.E. sind die Bannkreisregelungen jedoch aus folgenden Gründen auch heute noch verhältnismäßig und daher verfassungsgemäß:

153

– Die politische und gesellschaftliche Ordnung der Bundesrepublik Deutschland ist seit ihrem Bestehen noch nicht in derartige Krisensituationen gekommen, wie sie in der Weimarer Republik auftraten, z.B. als Versammlungen massiven Druck auf den über das Ermächtigungsgesetz beschließenden Reichstag ausübten (vgl. hierzu Dietel/Gintzel/Kniesel, § 16 VersG Rn. 11). Die These mangelnder Erforderlichkeit von Bannkreisbestimmungen kann erst bei echten „Bewährungsproben" wirklich verifiziert worden. Vor einer solchen Verifizierung ist die Annahme des Gesetzgebers, es bedürfe einer Bannkreisregelung, nicht zu beanstanden.
– Die mit den Vorschriften über befriedete Bezirke verbundenen Beschränkungen der Versammlungsfreiheit sind relativ geringfügig. Auch außerhalb der Bannkreise ist eine wirksame, an die Verfassungsorgane gerichtete Meinungskundgabe durch Versammlungen möglich. In dem Maße, wie die Beschlussfassung der Parlamente durch Verlagerung der eigentlichen Entscheidungen aus den Parlamentsgebäuden und Plenarsitzungen hinaus „moderner" geworden ist, sind auch die "Demonstrationstechniken" durch Einsatz von Megaphonen, Unterschriftenaktionen, begleitende Musik- und Theateraufführungen, Mobilisierung über das Internet andere geworden.
– Die in allen Bannkreisgesetzen vorgesehenen Ausnahmeregelungen sind geeignet, dem Grundrecht der Versammlungsfreiheit auch in den befriedeten Bezirken größtmögliche Wirksamkeit zu verleihen.

Die Versammlungsverbote für befriedete Bezirke gelten, wie sich aus dem jeweiligen Gesetzeswortlaut ergibt, nur für Versammlungen unter freiem

154

Himmel, nicht hingegen für Versammlungen in geschlossenen Räumen. Auch nach § 17 VersG privilegierte Versammlungen fallen nicht unter das Versammlungsverbot. Spontanversammlungen unter freiem Himmel werden von dem generellen Versammlungsverbot erfasst; auch insoweit ist der Wortlaut der Vorschriften eindeutig. Jedoch sind die Verfahrensvorschriften der Bannkreisgesetze grundrechtsfreundlich anzuwenden. Die Zulassung einer Spontanversammlung im befriedeten Bezirk, die die Tätigkeit des Verfassungsorgans nicht zu beeinträchtigen geeignet ist, darf nicht daran scheitern, dass es wegen des Charakters als Spontanversammlung an einem rechtzeitigen Befreiungsantrag fehlt (Dietel/Gintzel/Kniesel, § 16 VersG Rn. 6, 31; Zeitler, Rn. 251).

155 In der Praxis wird häufig die wichtigste Frage sein, ob der Veranstalter einen Anspruch auf die Befreiung vom generellen Versammlungsverbot hat. Für den Bund sind die Voraussetzungen für einen solchen Anspruch nunmehr, wie dargelegt, eindeutig geregelt. Die in § 5 BefBezG genannten Tatbestandsmerkmale (Beeinträchtigung der Tätigkeit des Verfassungsorgans, freier Zugang, Sitzungstag) entsprechen den in der Rechtsprechung zuvor entwickelten Kriterien. Das VG Hamburg (NVwZ 1985, 678) hat einen Anspruch auf die Zulassung einer Versammlung bejaht, da am fraglichen Tag weder die Bürgerschaft noch ihre Ausschüsse tagten und sich die Versammlung mit ihrem Begehren an einen Dritten richtete. Ebenso hat das OVG Münster (DVBl. 1994, 541, 543) in einem Fall zum außer Kraft getretenen Bannmeilengesetz des Bundes angenommen, das Ermessen des Bundesinnenministers, eine Ausnahme zuzulassen, sei auf Null reduziert. Zwar handele es sich um ein repressives Verbot mit Befreiungsvorbehalt. Eine Ausnahme könne daher nur zugelassen werden, wenn besondere Umstände dies rechtfertigten, da andernfalls das vom Gesetzgeber vorgesehene Regel-Ausnahme-Verhältnis durch die Ermessensausübung ins Gegenteil verkehrt werde (ebenso hierzu OVG Saarlouis DÖV 1974, 277; ähnlich Dietel/Gintzel/Kniesel, § 16 VersG Rn. 34: die gesetzliche Vermutung der Gefährlichkeit muss mit einem hohen Maß an Wahrscheinlichkeit widerlegt sein; a. A. Zeitler, Rn. 250: die Erteilung der Befreiung muss die Regel sein, es sei denn Tatsachen deuten auf physische Übergriffe hin). Jedoch handele es sich um eine nicht an den Bundestag gerichtete Versammlung von nur 25 Teilnehmern an einem Tag, an dem nur ein Arbeitskreis einer Fraktion tagte. Daher bestehe ein Anspruch auf die Befreiung. Hingegen hat das OVG Saarlouis (a.a.O.) einen Anspruch auf einen Dispens verneint, da es sich im konkreten Fall um eine an den Landtag gerichtete Demonstration an einem Tag handelte, an dem immerhin der Innenausschuss zusammentrat.

156 Versammlungen, die entgegen dem gesetzlichen Verbot im Bannkreis stattfinden, sind nach § 15 Abs. 3 VersG zwingend aufzulösen. Ein Ermessen besteht insoweit nicht.

Die Gerichte sind in Rechtsstreitigkeiten über Versammlungsverbote in 157
Bannmeilen nicht verpflichtet zu prüfen, ob die Versammlung durch Auflagen zum Streckenverlauf am befriedeten Bezirk vorbei geführt werden kann, wenn der Veranstalter ausdrücklich in dem befriedeten Bezirk demonstrieren will; an diesem Willen muss sich der Veranstalter festhalten lassen (VGH Mannheim VBlBW 2001, 57; s. auch Rn. 278).

4.2.3.4.2 Sonn- und Feiertagsgesetze

Die Ländergesetze zum Schutz der Sonn- und Feiertage verbieten Versammlungen während der Hauptgottesdienstzeiten. Die Regelungen unterscheiden sich in den einzelnen Ländern. In Baden-Württemberg sind an den Sonntagen und gesetzlichen Feiertagen mit Ausnahme des 1. Mai und des 3. Oktober öffentliche Versammlungen unter freiem Himmel, Aufzüge und Umzüge verboten, soweit sie geeignet sind, den Gottesdienst unmittelbar zu stören (§ 7 Abs. 2 des Gesetzes über die Sonntage und Feiertage; ebenso § 7 Abs. 1 Hessisches Feiertagsgesetz, § 4 Feiertags-Schutz-Verordnung Berlin). In anderen Ländern sind Versammlungen während der Hauptgottesdienstzeit verboten, ohne dass es darauf ankommt, ob eine Störung der Gottesdienste zu erwarten ist (§ 3 Feiertagsschutzverordnung Hamburg; § 5 Abs. 1 lit. a Feiertagsgesetz Nordrhein-Westfalen). Eine Befreiungsmöglichkeit von den Verbotsregelungen ist selten; sie findet sich im bayerischen Recht (Art. 5 Feiertagsgesetz). 158

Die Anwendung dieser Vorschriften bereitet in der Praxis keine nennenswerten Probleme. Jedoch wird in der Literatur die Verfassungsmäßigkeit dieser Regelungen angezweifelt: 159

– Teilweise werden diese Bestimmungen für verfassungswidrig gehalten, da den Ländern insoweit die Gesetzgebungskompetenz fehle. Das Versammlungsgesetz als Bundesgesetz habe nach Art. 72 Abs. 1 GG Sperrwirkung für die Gesetzgebungskompetenz der Länder auf dem Gebiet des Versammlungsrechts (Ridder-Bertuleit/Steinmeier, § 1 VersG Rn. 44; Ridder-Breitbach/Deiseroth/Rühl, § 15 VersG Rn. 191 ff.: der Sonn- und Feiertagsschutz könne daher nur im Rahmen des § 15 VersG Berücksichtigung finden). Dies trifft – anders als bei der sog. Polizeifestigkeit des Versammlungsrechts (s. Rn. 40) – m.E. nicht zu. Eine bundesrechtliche Regelung hat nicht in jedem Fall Sperrwirkung für landesrechtliche Regelungen, sondern nur nach Maßgabe des Art. 72 Abs. 1 GG. Der Landesgesetzgeber ist mit ergänzenden und abweichenden Regelungen daher nur ausgeschlossen, *solange und soweit* der Bund von seiner Gesetzgebungskompetenz Gebrauch gemacht hat. Die bundesrechtliche Regelung hat daher nur Sperrwirkung, wenn sie den geregelten Sachbereich erschöpfend regelt (vgl. nur BVerfGE 20, 238, 248 f.).

Ob eine erschöpfende Regelung vorliegt, ist eine Frage der Auslegung des jeweiligen Bundesgesetzes. Im Hinblick auf den Sonn- und Feiertagsschutz dürfte eine erschöpfende Regelung durch das Versammlungsgesetz zu verneinen sein:

Zwar hat das Versammlungsgesetz – anders als in § 16 VersG für die Bannkreise – auf einen ausdrücklichen Vorbehalt für den Sonn- und Feiertagsschutz verzichtet. Jedoch ist die verfassungsrechtliche Ausgangslage, wie sie auch im Zeitpunkt des Erlasses des Versammlungsgesetzes bestand, zu beachten. Art. 140 GG bestimmt, dass u.a. Art. 139 der Weimarer Verfassung Bestandteil des Grundgesetzes ist. Dieser regelt: „Der Sonntag und die staatlich anerkannten Feiertage bleiben als Tage der Arbeitsruhe und der seelischen Erhebung gesetzlich geschützt." Dass dieser gesetzliche Schutz nicht durch den Bundesgesetzgeber erfolgt, liegt auf der Hand. Dem Bund fehlt nach Artt. 73 ff. GG – abgesehen von nationalen Gedenktagen wie dem 3. Oktober – offensichtlich die Gesetzgebungskompetenz für den Sonn- und Feiertagsschutz. Die Verfassung geht also von einem Schutz der Sonn- und Feiertage durch die Landesgesetzgeber aus (ebenso BayVerfGH NJW 1982, 2656, 2657; Ridder-Breitbach/Deiseroth/Rühl, § 15 VersG Rn. 192). Dass dieser Schutz auch Versammlungsverbote während der Hauptgottesdienstzeit umfassen würde, war für den Bundesgesetzgeber bei Erlass des Versammlungsgesetzes offenkundig. Solche Regelungen hatten schon zu Zeiten der Weimarer Republik bestanden, z.B. in § 4 der preußischen Polizeiverordnung vom 23.11.1931 (vgl. Hoeren/Mattner, Einführung Rn. 4). Auch hatten zahlreiche Bundesländer wie z.B. Bayern, Bremen, Hessen, Niedersachsen und Nordrhein-Westfalen nach dem Zweiten Weltkrieg und vor Erlass des Versammlungsgesetzes bereits Regelungen zum Sonn- und Feiertagsschutz verabschiedet (vgl. Hoeren/Mattner, Einführung Rn. 6). Das Versammlungsgesetz ist daher insoweit nicht abschließend, so dass eine Gesetzgebungskompetenz der Länder besteht.

– Des weiteren werden die Regelungen der Sonn- und Feiertagsgesetze für verfassungswidrig gehalten, soweit sie Versammlungen generell verbieten und Ausnahmen von den Verbotsregelungen nicht zulassen. Darin liege eine unverhältnismäßige Einschränkung der Versammlungsfreiheit (Krüger, S. 135; Dietel/Gintzel/Kniesel, § 1 VersG Rn. 163; Zeitler, Rn. 252). Insoweit wird verkannt, dass der Gesetzgeber den Ausgleich zwischen zwei Verfassungsgütern – Versammlungsfreiheit und Sonn- und Feiertagsschutz – vorzunehmen hat und ihm hierbei nach allgemeinen Regeln ein Ermessensspielraum zusteht. Der Gesetzgeber darf dabei grundsätzlich eine generelle Abwägung der betroffenen Interessen vornehmen, ohne Regelungen für jeden denkbaren Einzelfall treffen zu müssen. Das Bundesverwaltungsgericht hat daher in der Entscheidung zum Betrieb von Videotheken am Sonntag

Auflagen und Verbot

ausgeführt: Art, Umfang, Intensität und inhaltliche Ausgestaltung des Sonn- und Feiertagsschutzes obliegen dem gesetzgeberischen Ermessen. Dieses findet seine Grenze darin, dass einerseits Sonn- und Feiertage hinreichend zu schützen sind, andererseits diese Regelungen nicht unverhältnismäßig sein dürfen. Der gesetzliche Schutz der Sonn- und Feiertage kann ein gesetzliches Verbot von Tätigkeiten umfassen, die mit der verfassungsrechtlich festgelegten Zweckbestimmung dieser Tage nicht vereinbar sind. Schon diese Unvereinbarkeit rechtfertigt gesetzliche Verbote und die damit verbundenen Grundrechtseinschränkungen, unabhängig davon, ob die verbotene Tätigkeit generell oder im Einzelfall über diese Unvereinbarkeit hinaus zu konkreten Gefährdungen der Sonn- und Feiertagsruhe führt (zu allem BVerwGE 79, 236, 238 ff.; vgl. auch 90, 337, 341).

– Auch wird vorgebracht, die Einschränkungen des Art. 8 GG durch die Regelungen zum Sonn- und Feiertagsschutz verletzten das Zitiergebot des Art. 19 Abs. 1 Satz 2 GG und seien daher verfassungswidrig (Ridder-Breitbach/Deiseroth/Rühl, § 15 VersG Rn. 193, m.w.N.). Zutreffend ist, dass nicht alle landesgesetzlichen Regelungen, sondern nur einige (z.B. in Bremen, Hessen, Nordrhein-Westfalen, Niedersachsen) entsprechende Regelungen enthalten. Jedoch gilt nach ständiger Rechtsprechung das Zitiergebot nicht für nachkonstitutionelle, grundrechtsbeschränkende Gesetze, die lediglich bereits geltende Grundrechtsbeschränkungen unverändert oder mit geringen Abweichungen wiederholen, indem sie an vorkonstitutionelle Regelungen anknüpfen (vgl. BVerfGE 5, 13, 16; 15, 288, 293; 16, 194, 199). Dies ist hier, wie zur Geschichte des Sonn- und Feiertagsschutzes dargelegt, der Fall. Eine Verletzung des Zitiergebots ist nicht gegeben (ebenso Zeitler, Rn. 252).

– Schließlich werden Bedenken gegen Regelungen erhoben, die Versammlungen in geschlossenen Räumen betreffen. Ein ausdrückliches Verbot von Versammlungen in geschlossenen Räumen an Sonn- und Feiertagen, wenn diese störend wirken können, enthält das nordrhein-westfälische Recht (§ 5 Abs. 1 lit. c Feiertagsgesetz). Andere Regelungen, wie z.B. die des Saarlands, sehen Verbote für öffentliche Versammlungen und Aufzüge wie Umzüge vor. Der Wortlauf legt nahe, dass auch öffentliche Versammlungen in geschlossenen Räumen erfasst sein sollen. Solche Regelungen seien vom Gesetzesvorbehalt in Art. 8 Abs. 2 GG, der nur für Versammlungen unter freiem Himmel gilt, nicht gedeckt; daher seien diese Normen verfassungskonform so auszulegen, dass sie nur Versammlungen unter freiem Himmel erfassten (Zeitler, Rn. 252 m.w.N.). Dem ist zuzustimmen. Das vorbehaltlos gewährleistete Recht zu Versammlungen in geschlossenen Räumen kann zwar – nach allgemeinen Regeln – seine Grenze an anderen Verfassungsgütern finden, zu denen nach Art. 140 GG i.V.m. Art. 139 WRV auch der

Schutz von Sonn- und Feiertagen gehört; jedoch sind Einschränkungen von Grundrechten ohne Gesetzesvorbehalt nur unter strenger Beachtung des Verhältnismäßigkeitsprinzips zulässig (vgl. Jarass/Pieroth-Jarass, vor Art. 1 GG Rn. 45 f.; von Mangoldt/Klein/Starck-Gusy, Art. 8 GG Rn. 82). Versammlungen in geschlossenen Räumen sind öffentlich weniger oder gar nicht bemerkbar und stören daher von vornherein die Sonn- und Feiertagsruhe kaum. Eine Unvereinbarkeit solcher Versammlungen mit dem Schutz von Sonn- und Feiertagen dürfte fehlen.

Auch die Gerichte gehen in den wenigen hierzu ergangenen Entscheidungen grundsätzlich von der Verfassungsmäßigkeit der landesrechtlichen Regelungen zum Sonn- und Feiertagsschutz aus, auch soweit sie Versammlungen betreffen. Dies gilt auch für die von Breitbach, Deiseroth und Rühl (a.a.O) für ihre Auffasung in Anspruch genommene Entscheidung des VGH Kassel (DVBl. 1990, 1052, 1053). Zwar führt der VGH aus, die §§ 14, 15 VersG seien ein abschließendes Regelwerk. Er schließt daraus jedoch nur, die Erlaubnispflicht nach § 29 Abs. 2 StVO entfalle. Zuvor prüft er jedoch, ob die angemeldete Versammlung den nach dem hessischen Feiertagsgesetz bei öffentlichen Versammlungen unter freiem Himmel am Volkstrauertag zu wahrenden ernsten Charakter hat. Zweifel an der Anwendbarkeit der einschlägigen Normen hatte das Gericht offenbar nicht. Das OVG Frankfurt/Oder (NVwZ 2003, 623, 624) hat jüngst jedoch das im brandenburgischen Feiertagsgesetz enthaltene Verbot von Versammlungen am Volkstrauertag im Hinblick auf die Versammlungsfreiheit einschränkend ausgelegt. Verboten seien nur Veranstaltungen, die mit dem Charakter des Volkstrauertages als Tag des stillen Gedenkens an die Opfer der beiden Weltkriege und des Nationalsozialismus nicht zu vereinbaren seien. Das Bundesverfassungsgericht sah keinen Anlass, die Verfassungsmäßigkeit des hessischen und des brandenburgischen Feiertagsgesetz in Frage zu stellen (NJW 2001, 2075, zum hessischen Recht; NVwZ 2003, 601, zum brandenburgischen Recht in der dargestellten Auslegung des OVG Frankfurt/Oder).

160 Die Bestimmungen zum Schutz der Sonntage und Feiertage sind Spezialregelungen im Verhältnis zu § 15 VersG. Sie schließen daher einen Rückgriff auf § 15 VersG insoweit aus, als es um den Schutz dieser Tage vor öffentlichen Versammlungen geht. Versammlungsrechtliche Maßnahmen können daher nicht darauf gestützt werden, eine Versammlung an einem Sonn- oder Feiertag außerhalb der Hauptgottesdienstzeiten verstoße gegen die öffentliche Ordnung (BVerfG, a.a.O. zu einer Versammlung an einem Ostermontag).

4.2.3.5 Insbesondere: Gefährdung der öffentlichen Sicherheit oder Ordnung durch extremistische Versammlungen

Versammlungen unter einem politisch extremistischen Motto und von politisch extremistischen Organisationen haben in der Praxis der Versammlungsbehörden eine erhebliche Bedeutung und werfen häufig besondere Probleme auf. Stets ist genau zu prüfen, ob eine unmittelbare Gefährdung der öffentlichen Sicherheit oder Ordnung überhaupt vorliegt. Im Vordergrund stehen Gefährdungen der öffentlichen Ordnung (s. Rn. 145) und Verstöße gegen Strafbestimmungen (s. Rn. 136 f.). Bei der Gefahrenprognose sind besonders die Anforderungen an den Beweis einer Tarnveranstaltung (s. Rn. 148) und die Verwertbarkeit von Erkenntnissen aus früheren Versammlungen (s. Rn. 147, 137) zu beachten.

161

Der zweite große Problemkreis betrifft die Polizeipflichtigkeit extremistischer Versammlungen; ist – wie häufig – die extremistische Versammlung nicht Störer, versuchen die Versammlungsbehörden – nicht selten ohne Erfolg – die Versammlung als Zweckveranlasser oder Notstandspflichtigen in Anspruch zu nehmen (s. Rn. 170 ff., 173 ff.). Schließlich sollte die Behörde stets die vielfältigen Möglichkeiten bedenken, gegebene Gefahren durch geeignete Auflagen abzuwenden, bevor sie eine Versammlung gänzlich verbietet.

Bei der von der Versammlungsbehörde zuerst zu prüfenden Frage, ob eine unmittelbare Gefährdung der öffentlichen Sicherheit oder Ordnung vorliegt, muss bei extremistischen Versammlungen darüber hinaus berücksichtigt werden, ob die Versammlung von einer politischen Partei, einer sonstigen Vereinigung oder von sonstigen Dritten veranstaltet wird:

4.2.3.5.1 Versammlungen von Parteien

Für die Frage, ob eine Gefährdung der öffentlichen Sicherheit oder Ordnung vorliegt, ist das sog. Parteienprivileg von besonderer Bedeutung. Nach Art. 21 Abs. 2 Satz 2 GG entscheidet über die Verfassungswidrigkeit von Parteien das Bundesverfassungsgericht. Dabei handelt es sich nicht nur um eine Zuständigkeitsbestimmung. Die Privilegierung gegenüber sonstigen Vereinen und Verbänden besteht darin, dass die Parteien aufgrund von Art. 21 Abs. 2 Satz 2 GG nicht einem Einschreiten der Exekutive unterliegen. Solange das Bundesverfassungsgericht eine Partei nicht verboten hat, ist es den Versammlungsbehörden und den Verwaltungsgerichten verwehrt, aus der Verfassungsfeindlichkeit einer Partei rechtliche Konsequenzen zu ziehen (st. Rspr., vgl. nur BVerfGE 12, 296, 305). Ein Versammlungsverbot kann daher auch nicht mit Erkenntnissen der Verfassungsschutzämter begründet werden, dass die Partei, die die Versammlung veranstaltet, verfassungsfeindliche Ziele verfolgt und die freiheitlich demokratische Grundordnung ablehnt (st.

162

Rspr., vgl. nur BVerwG NVwZ 1999, 991, 993; VGH Mannheim VBlBW 2002, 383; OVG Bautzen SächsVBl. 1998, 6, 7 f.; VGH Kassel DVBl. 1990, 1052, 1053). Mit dem Parteienprivileg unvereinbar ist es auch, einen Bundesparteitag mit der Begründung zu verbieten, die veranstaltende Partei sei „Quasi-Störerin", da die in ihrem Parteiprogramm zum Ausdruck kommende Haltung zu Ausländerfragen zu unfriedlichen Gegendemonstrationen führe. Andernfalls würde die Partei schon durch die Ankündigung solcher Proteste an der Abhaltung ihres Parteitags gehindert und faktisch wie eine nach Art. 21 Abs. 2 GG verbotene Partei behandelt (BVerwG, a.a.O.). Mit solchen, in Verbotsverfügungen immer wiederkehrenden Begründungselementen werden die Versammlungsbehörden auch zukünftig vor den Verwaltungsgerichten keinerlei Erfolg haben. Die Versammlungsbehörden sollten auf solche Begründungen von vornherein verzichten.

Das Recht, Parteitage zu veranstalten, umfasst auch das mit Parteitagen verbundene Rahmenprogramm; auch insoweit haben die Versammlungsbehörden das Parteienprivileg zu beachten (OVG Weimar NVwZ-RR 1998, 497, 500). Verbote von Versammlungen, die von Parteien in Wahlkampfzeiten veranstaltet werden, unterliegen besonderen Anforderungen. Die Versammlungsbehörde hat zusätzlich zu beachten, dass der Grundsatz der Wettbewerbsgleichheit der Parteien durch versammlungsrechtliche Verfügungen nicht verletzt wird. Die Behinderung einer Partei im Wahlkampf ist stets eine schwere Einbuße, deren Bedeutung besonders zu berücksichtigen ist (BVerfG NJW 1998, 3631; OVG Weimar ThürVBl. 2000, 12).

Das Parteienprivileg hat auch Auswirkungen auf die Beurteilung von Redebeiträgen in Versammlungen. Funktionäre, Mitglieder und Anhänger einer nicht verbotenen Partei dürfen grundsätzlich nicht gehindert werden, die Ziele ihrer Partei einer breiten Öffentlichkeit zu vermitteln und für diese auf Parteiveranstaltungen zu werben. Auflagen, dass bestimmte Personen nicht auftreten dürfen, unterliegen daher besonderen Voraussetzungen (BVerfG DVBl. 2002, 970; 2002, 690; s. Rn. 201).

Ist eine Partei als verfassungswidrig vom Bundesverfassungsgericht verboten, können die Versammlungsbehörden hieran anknüpfen. Eine öffentliche Versammlung kann daher mit der Begründung verboten werden, der Veranstalter wolle mit der Versammlung Ziele einer vom Bundesverfassungsgericht für verfassungswidrig erklärten Partei fördern (BVerwG, Buchholz 402.44, VersG Nr. 1).

4.2.3.5.2 Versammlungen sonstiger Vereinigungen

163 Ist Veranstalter einer extremistischen Versammlung nicht eine Partei, sondern eine sonstige Organisation oder Gruppierung, spielt das Parteienprivileg keine Rolle. Gleichwohl ist es den Versammlungsbehörden ebenfalls verwehrt, die verfassungsfeindliche Zielsetzung dieser Veranstalter im Rahmen des § 15 Abs. 1 VersG zu berücksichtigen, solange sich eine solche Organisation auf die Vereinigungsfreiheit des Art. 9 Abs. 1 GG berufen kann. Im einzelnen:

Versammlungsrechtliche Rechtsprechung zu dieser Frage liegt kaum vor. Das OVG Berlin hält es aufgrund der Verfahrensgarantien zur Vereinigungsfreiheit in Art. 9 GG für ausgeschlossen, aus den verfassungsfeindlichen Ziele von Vereinen Schlüsse für versammlungsrechtliche Maßnahmen zu ziehen, solange das Verbot des Vereins nicht festgestellt ist (NVwZ 2000, 1201, 1202; ähnlich VG Köln NJW 1971, 210). Vereine würden damit in diesem Punkt wie Parteien behandelt. Dem scheint die Rechtsprechung des Bundesverfassungsgerichts entgegenzustehen. Es betont stets die Bedeutung des Parteienprivilegs im Rahmen des § 15 VersG, ohne allerdings klar auszusprechen, wie sich die Rechtslage für sonstige Vereinigungen darstellt (vgl. z.B. jüngst BVerfG NJW 2001, 2076).

Für das Verbot von Vereinigungen unterscheidet sich die Gesetzeslage in einem Punkt von der für Parteien. Während nach Art. 21 Abs. 2 GG Parteien verboten werden können, sind nach Art. 9 Abs. 2 GG Vereinigungen verboten, deren Zwecke oder Tätigkeit den Strafgesetzen zuwiderlaufen oder die sich gegen die verfassungsmäßige Ordnung oder gegen den Gedanken der Völkerverständigung richten. Art. 9 Abs. 2 GG enthält nicht eine bloße Verbotsermächtigung für die Exekutive, sondern das Grundgesetz selbst enthält das Verbot (BVerfGE 2, 1, 13). Jedoch bedarf das Verbot zu seinem Vollzug einer Konkretisierung. § 3 Abs. 1 Satz 1 VereinsG bestimmt daher, dass ein Verein erst dann als verboten (Art. 9 Abs. 2 GG) behandelt werden darf, wenn durch eine Verfügung der Verbotsbehörde festgestellt ist, dass die Voraussetzungen des Art. 9 Abs. 2 GG gegeben sind. Nach der ständigen Rechtsprechung des Bundesverwaltungsgerichts ist die Verbotsverfügung nicht deklaratorisch, sondern konstitutiv, da die Behandlung eines Vereins als verboten einen entsprechenden Verwaltungsakt voraussetzt (vgl. von Mangoldt/Klein/Starck-Kemper, Art. 9 GG Rn. 147 m.w.N.). Die konstitutive Wirkung des Verbots nach § 3 VereinsG hat zur Folge, dass die Verfassungswidrigkeit dem Verein als Rechtfertigung für eine Beschränkung seiner Vereinsbetätigungsfreiheit nicht entgegengehalten werden darf (VGH München BayVBl. 1979, 469; ähnlich NJW 1989, 2491, 2492). Von der Gewährleistung der Vereinigungsfreiheit könnte nicht gesprochen werden, wenn jede beliebige Behörde zu beurteilen hätte, ob ein Verein sich gegen die verfassungsmäßige Ordnung richtet (BVerwGE 6, 333, 334; 4, 188, 189).

Der Begriff des Parteienprivilegs ist daher etwas missverständlich. Die Besserstellung der Parteien gegenüber sonstigen Vereinigungen liegt darin, dass über die Verfassungswidrigkeit der Parteien allein das Bundesverfassungsgericht entscheidet. Für die Frage, ob versammlungsrechtliche Maßnahmen auf die Verfassungswidrigkeit einer Partei oder einer Vereinigung gestützt werden können, kommt es jedoch maßgeblich auf die sog. Sperrwirkung an, also auf das Verbot, eine Partei oder eine Vereinigung als verfassungswidrig zu behandeln, bevor das Verbot ergangen ist. Diese Sperrwirkung haben jedoch sowohl Art. 21 Abs. 2 GG als auch Art. 9 Abs. 2 GG (vgl. Maunz/Dürig-Klein, Stand: März 2001, Art. 21 GG Rn. 571, 541 f.; Sachs-Ipsen, Art. 21 GG Rn. 146). Daher können Versammlungsverbote nicht wirksam damit begründet werden, ein Verein richte sich gegen die verfassungsmäßige Ordnung, solange dieser Verein nicht verboten ist.

4.2.3.5.3 Sonstige extremistische Versammlungen

164 Auch wenn eine extremistische Versammlung weder von einer Partei noch von einem Verein veranstaltet wird, reichen eine links- oder rechtsextremistische Gesinnung oder ein entsprechendes Versammlungsthema je für sich für versammlungsrechtliche Maßnahmen nicht aus. Zwar hat das OVG Münster im Jahr 2001 in einer Reihe von Entscheidungen die Auffassung vertreten, dass Versammlungen, die durch ein Bekenntnis zum Nationalsozialismus geprägt sind, wegen Verstoßes gegen die öffentliche Ordnung verboten werden können, da sie bereits nicht in den Schutzbereich der Artt. 5 Abs. 1, 8 Abs. 1 GG fielen. Das Bundesverfassungsgericht ist dem jedoch mit Recht entgegengetreten. Die Bürger sind nicht verpflichtet, die Wertentscheidungen des Grundgesetzes zu teilen. Allein das Haben und die Kundgabe extremistischer Auffassungen reicht für versammlungsrechtliche Maßnahmen daher nicht aus. Nur wenn damit gegen Strafgesetze verstoßen wird oder wenn die Meinungskundgabe in einer Art und Weise erfolgt, dass durch die Begleitumstände der Meinungsäußerung die öffentliche Sicherheit oder Ordnung gefährdet wird, kann die Versammlungsbehörde eingreifen (s. zu allem Rn. 126 ff.). Daher kann z.B. allein die Tatsache, dass an einer Versammlung ehemalige Mitglieder jetzt verbotener Organisationen teilnehmen, nicht zu einem Versammlungsverbot berechtigen, wenn die verbotenen Organisationen nicht in organisierter Form an der Versammlung teilnehmen und für Verstöße gegen die öffentliche Sicherheit oder Ordnung durch die Teilnehmer nichts ersichtlich ist (VGH München BayVBl. 2003, 52).

4.2.4 *Polizeipflichtigkeit der Versammlung*

165 Gegen den Veranstalter kann nach § 15 Abs. 1 VersG nur vorgegangen werden, wenn er Störer ist oder bei einem polizeilichen Notstand ausnahmsweise als Nichtstörer in Anspruch genommen werden kann. Das Versammlungsgesetz enthält hierzu keine Regelungen. Es ist insoweit nicht abschließend. Daher gelten hier die Regelungen des allgemeinen Polizei- und Ordnungsrechts des jeweiligen Landes. Diese Gesetze sehen übereinstimmend das Vorgehen gegen den Verhaltensstörer und den Zustandsstörer sowie – unter besonderen Voraussetzungen – gegen den Nichtstörer vor.

4.2.4.1 Die Versammlung als Störer

Gehen von der Versammlung Gefahren für die öffentliche Sicherheit oder Ordnung aus, können Veranstalter und Versammlung als Verhaltensstörer in Anspruch genommen werden. Unproblematisch ist dies, wenn von der Versammlung als Ganzes Gefahren ausgehen, z.B. aufgrund eines gewalttätigen Verlaufs. Verhalten sich nur einzelne Demonstranten oder eine Minderheit unfriedlich, können sich die friedlichen Teilnehmer weiterhin auf die Versammlungsfreiheit berufen. Andernfalls könnten – so das Bundesverfassungsgericht in der Brokdorf-Entscheidung – wenige Personen den Grundrechtsschutz für eine überwiegend friedliche Versammlung entfallen lassen (BVerfGE 69, 315, 361). Die Ausführungen des Bundesverfassungsgerichts bezogen sich besonders auf die Problematik von Großdemonstrationen, wie sie in den achtziger Jahren zahlreich stattfanden: mit mehreren zehntausend oder gar hunderttausend Teilnehmern, organisiert von zahlreichen Veranstaltern. Sie gelten jedoch für jede Versammlung, auch für kleine Versammlungen mit nur einem Veranstalter.

166

Anders ist zu entscheiden, wenn die Unfriedlichkeit eines Teils der Versammlung der ganzen Versammlung zugerechnet werden kann. Diese Frage kann sich insbesondere für Versammlungen stellen, die keine Großdemonstrationen im genannten Sinne und nur von einem oder wenigen Veranstaltern organisiert sind. Die Zurechnung ist möglich und die Versammlung daher Störer, wenn sich der Veranstalter nicht von einem zu erwartenden größeren Kreis gewaltentschlossener Teilnehmer abgrenzt und deshalb die unmittelbare Gefahr eines unfriedlichen Verlaufs der Versammlung billigend in Kauf nimmt (vgl. OVG Weimar ThürVBl. 2000, 253, wohl auch OVG Bautzen NJ 1998, 666). Ebenso sind die friedlichen Absichten des Veranstalters unerheblich, wenn er durch die Art seiner Versammlung einen Teilnehmerkreis mobilisiert, von dem den Demonstrationsverlauf bestimmende Gewalttätigkeiten zu erwarten sind, und er keine Vorkehrungen trifft, dies zu verhindern (VGH Mannheim NVwZ-RR 1994, 87, 88; vgl. auch VGH Mannheim VBlBW 1999, 462: ein Veranstalter bietet grundsätzlich keine Gewähr für die ordnungsgemäße Durchführung einer Versammlung, wenn er, obwohl er die konkrete Gefahr eines Verstoßes gegen § 20 VereinsG kennt, keine organi-

167

satorischen Vorkehrungen zur Eindämmung dieser Gefahr trifft; kritisch hierzu Krüger DÖV 1997, 13, 17).

Wenn der Veranstalter damit rechnen muss, dass gewaltfördernde Aufrufe oder Äußerungen Dritter Einfluss auf das Verhalten seines Anhangs, also der Versammlungsteilnehmer haben, kann von ihm erwartet werden, einen gewalttätigen Verlauf der Versammlung nach Möglichkeit zu verhindern. Andernfalls ist ihm die Verursachung der Gefahrenlage zuzurechnen. Denn die Gefahren gehen bei einer solchen Sachlage nicht (nur) von den Dritten, sondern von der Versammlung selbst aus, aus der heraus Gewalttätigkeiten zu befürchten sind (BVerfG DVBl. 2000, 1593, 1595 – Aufrufe Dritter zu einer Gegendemonstration). Bleibt die Versammlung hingegen friedlich und rühren die Gefahren ausschließlich von der gewalttätigen Gegendemonstration her, ist die Versammlung dafür polizei- und versammlungsrechtlich nicht verantwortlich; sie kann daher nur als Nichtstörer in Anspruch genommen werden (s. Rn. 173).

Die Abgrenzung zwischen Gefahren, die lediglich von einer kleinen Minderheit der Versammlungsteilnehmer ausgehen und daher nicht zu Maßnahmen gegen die Versammlung insgesamt berechtigen, und Gefahren, die von einem Teil der Versammlung ausgehen, aber der Versammlung zuzurechnen sind, kann in der Praxis schwer fallen. Werden ein Verbot oder Auflagen mit von einem Teil der Versammlung hervorgerufenen Gefahren begründet, muss die Versammlungsbehörde im Bescheid die Tatsachen anführen, die eine Zurechnung dieser Gefahren an die Versammlung insgesamt rechtfertigen. Zu solchen Tatsachen können insbesondere gehören: zahlenmäßiges Verhältnis gewaltbereiter Demonstranten zur Gesamtzahl der Demonstranten; Werbung des Veranstalters für die Versammlung in der gewaltbereiten Szene; Verbindungen des Veranstalters zu gewaltbereiten Gruppen, deren Teilnahme an der Versammlung zu erwarten ist; Verhalten des Veranstalters in den Kooperationsgesprächen, insbesondere soweit es um die Abwendung von Gefahren durch einzelne Teilnehmer oder Gruppen geht; Verlauf vergleichbarer vorangegangener Versammlungen. Die zitierten Entscheidungen des OVG Weimar und des VGH Mannheim belegen eindrücklich, dass die Gerichte, wenn – wie in den dort entschiedenen Fällen - solche Tatsachen belegt sind, der Versammlung insgesamt das zu erwartende Gefahrenpotenzial, das von einzelnen Gruppen ausgeht, zurechnen und entsprechende Versammlungsverbote für rechtmäßig halten. Nicht ausreichend für ein Verbot sind jedoch formelhafte Wendungen im Bescheid der Versammlungsbehörde, der Veranstalter grenze sich nicht von gewaltbereiten Gruppen ab, verbunden mit allgemeinen Ausführungen zur gewaltbereiten Szene.

168 Die Versammlungsbehörde muss auch beachten, dass durch die genannten Entscheidungen nicht die Möglichkeit eröffnet wird, dem Veranstalter die

Auflagen und Verbot

Beweislast für den friedlichen Verlauf der Versammlung aufzuerlegen. Die Beweislast für eine unmittelbare Gefahr für die öffentliche Sicherheit und Ordnung verbleibt bei der Behörde. Es ist nicht Pflicht des Veranstalters, ein Sicherheitskonzept vorzulegen oder eigene Anstrengungen zur Gefahrenabwehr zu belegen (BVerfG NJW 2001, 2078). Es geht lediglich um die Frage, welche Umstände einem Veranstalter zugerechnet werden können. Die Tatsachen, die die Zurechnung möglich machen sollen, hat auch die Versammlungsbehörde darzulegen.

Polizeirechtlich verantwortlich ist der Veranstalter nur, wenn die Gefahr von der Versammlung ausgeht. Zwischen der Gefahrenlage und der Durchführung der Versammlung muss also ein hinreichend bestimmter Kausalzusammenhang bestehen (vgl. BVerfG NVwZ 1998, 834, 835). Dieses Erfordernis entspricht allgemeinen polizeirechtlichen Grundsätzen und dem Wortlaut des § 15 Abs. 1 VersG, wonach eine Gefahr „bei Durchführung der Versammlung" zum Einschreiten berechtigt. An einem solchen Kausalzusammenhang fehlte es z.B. bei der Mahnwache anlässlich des Besuchs des chinesischen Ministerpräsidenten in Weimar. Die Gefahr einer Ermordung des Ministerpräsidenten durch chinesische oder tibetische Organisationen ging ersichtlich nicht von den Veranstaltern der Mahnwache aus. Sie konnten daher nicht als Störer in Anspruch genommen werden (VG Weimar ThürVBl. 1995, 43, 45).

169

Umstritten ist die Frage, ob der Veranstalter einer rechtmäßigen Versammlung unter bestimmten Voraussetzungen als Zweckveranlasser und damit als Verhaltensstörer in Anspruch genommen werden kann. Im allgemeinen Polizeirecht wird der Zweckveranlasser überwiegend als polizeipflichtig angesehen; er überschreite zwar durch sein Verhalten nicht selbst die Gefahrenschwelle, bezwecke jedoch die durch andere hervorgerufene Störung. In der versammlungsrechtlichen Praxis hat der Begriff des Zweckveranlassers nur Bedeutung erlangt, soweit es um Maßnahmen gegen eine Versammlung geht, die Dritte, insbesondere Gegendemonstrationen zu Reaktionen herausfordert. Eine Verantwortlichkeit als Zweckveranlasser soll in Betracht kommen, wenn dieser es darauf anlegt, mit seiner Veranstaltung rechtswidrige Übergriffe Dritter hervorzurufen, etwa um durch diese, gegen seine Versammlung gerichtete Störaktionen eine besondere Aufmerksamkeit der Medien zu erreichen oder um seinen politischen Gegner zu diskreditieren (so Dietel/Gintzel/Kniesel, § 15 VersG Rn. 31; auch Zeitler Rn. 254 ff.). Andere halten Auflagen und Verbote gegen eine Versammlung als Zweckveranlasser für ausgeschlossen. Einer rechtmäßigen, wenn auch provozierenden Versammlung könne das Verhalten der Teilnehmer einer Gegendemonstration oder dritter Störer nicht zugerechnet werden. Anderes gelte nur, wenn die von der Ausgangsversammlung ausgehende Provokation für sich genommen eine Gefähr-

170

dung der öffentlichen Sicherheit oder Ordnung darstelle; für eine solche Sachlage bedürfe es jedoch der Rechtsfigur des Zweckveranlassers nicht (so Lisken/Denninger-Kniesel, H Rn. 359; grundsätzlich ablehnend Ridder-Breitbach/Deiseroth/Rühl, § 15 VersG Rn. 139; ähnlich VG Hamburg NordÖR 2001, 117).

171 Das Bundesverfassungsgericht hat offen gelassen, ob den Bedenken gegen die Rechtsfigur des Zweckveranlassers für die Fälle der Konfrontation von Versammlungen zu folgen ist. Es hat jedoch zwei Einschränkungen gemacht, die wesentlich sind (NVwZ 2000, 1406, 1407; dem folgend VGH Mannheim VBlBW 2002, 383):

– Auch wenn man die Rechtsfigur des Zweckveranlassers für anwendbar hält, bedarf es für ein Einschreiten gegen die friedliche Versammlung konkreter Anhaltspunkte dafür, dass der vom Veranstalter angegebene Zweck nur Vorwand und die Provokation von Gegengewalt das eigentlich bezweckte Vorhaben ist. Dem ist zuzustimmen. Diese Anforderungen entsprechen allgemeinen polizeirechtlichen Grundsätzen.

– Die Zweckveranlassung kann nicht in den in der Versammlung geäußerten Inhalten bestehen, soweit diese verfassungsrechtlich zu tolerieren sind. Die friedliche Versammlung kann allenfalls dann als Zweckveranlasser in Anspruch genommen werden, wenn über den Inhalt hinausgehende provokative Begleitumstände vorliegen. Auch dies ist zutreffend. Die Verfassung schützt gerade auch die Verbreitung von Meinungen, deren Inhalt von der Mehrheit als Provokation angesehen wird (so auch Zeitler, Rn. 254, der jedoch an der Rechtsfigur des Zweckveranlassers festhält).

Die Verwaltungsgerichte haben – wie im allgemeinen Polizeirecht – in einzelnen Entscheidungen zum Versammlungsrecht an der Rechtsfigur des Zweckveranlassers festgehalten und die rechtmäßige Versammlung als polizeipflichtigen Zweckveranlasser angesehen (OVG Lüneburg NdsVBl. 2000, 299; NVwZ 1988, 638; VG Minden DÖV 1988, 85, 86). In anderen Entscheidungen wird der Begriff des Zweckveranlassers nicht aufgegeben, aber das Vorliegen einer Zweckveranlassung durch die rechtmäßige Versammlung im konkreten Fall verneint (VGH Mannheim DVBl. 1987, 151; VGH München DÖV 1979, 569; VG Köln NJW 1971, 210, 211).

Der VGH Mannheim hat in der genannten Entscheidung darüber hinaus Voraussetzungen aufgestellt, die im Ergebnis dazu führen, dass eine rechtmäßige Versammlung nie als Zweckveranlasser in Anspruch genommen werden kann: Jede Verhaltensverantwortlichkeit erfordere, dass die Gefahr vom Betroffenen im polizeirechtlichen Sinne verursacht worden sei. Der äquivalente Kausalzusammenhang zwischen rechtmäßiger Ausgangsveranstaltung und gewalttätiger Gegendemonstration genüge hierfür nicht, vielmehr bedürfe es eines Rechtswidrigkeitszusammenhangs zwischen beiden. Dafür sei eine wertende Betrachtungsweise anhand der Maßstäbe der Rechtsordnung anzustellen. Diese stelle die rechtmäßige Versammlung unter Schutz, daher könne ihr Veranstalter nicht für die durch die Gegendemonstration verursachten Gefahren verantwortlich gemacht werden (ebenso VGH Mannheim DVBl. 1990, 1044). Dem ist m.E. zuzustimmen: Nur wo ein Kausalzusammenhang im beschriebenen Sinne besteht, ist Raum für eine polizeirechtliche Verhaltenshaftung. Gefahren, die nicht in dieser Weise auf dem Verhalten des Betroffenen beruhen, liegen außerhalb seines Verantwortungsbereichs. Auch wenn die rechtmäßige Versammlung die Störung durch Dritte provozieren will und damit bezweckt, setzen mit dem eigenen Entschluss, auf die Provokation mit rechtswidrigen Maßnahmen zu reagieren, erst die Gegendemonstranten die letzte unmittelbare Ursache für die polizeiliche Gefahr. Nur diese ist polizeirechtlich relevant. Anderes gilt nur, wenn die Provokation selbst bereits die Störung der öffentlichen Sicherheit darstellt (so zutreffend Ridder-Breitbach/Deiseroth/Rühl, § 15 VersG Rn. 139).

Ein so verstandener Begriff des Zweckveranlassers ist in der Tat obsolet. Denn alle Ursachen, die im Sinne eines Rechtswidrigkeitszusammenhangs eine Gefahr verursachen, überschreiten selbst unmittelbar die Gefahrenschwelle und führen nach allgemeinen Regeln zur Verhaltensverantwortlichkeit. Für Gefahren hingegen, die von einer gewalttätigen Gegendemonstration ausgehen, ist die rechtmäßige Versammlung nicht polizeipflichtig, auch nicht als Zweckveranlasser.

Für die Versammlungsbehörde bedeutet dies: Will sie Maßnahmen nach § 15 VersG gegen eine friedliche Ausgangsversammlung erlassen, die Dritte zu Übergriffen provoziert oder zu provozieren droht, kann sie eine Polizeipflichtigkeit aufgrund Zweckveranlassung allenfalls begründen, wenn die vom Bundesverfassungsgericht aufgestellten Voraussetzungen erfüllt sind. Aber auch dann muss die Behörde die Tendenz der Rechtsprechung, die Rechtsfigur des Zweckveranlassers gänzlich aufzugeben, in Rechnung stellen. Die Behörde tut daher gut daran, sorgfältig zu prüfen, ob die Provokation selbst bereits die öffentliche Sicherheit gefährdet, z.B. durch Verwenden von Fahnen, Stangen und Trommeln. Ist dies der Fall, bedarf es eines Rückgriffs auf die Rechtsfigur des Zweckveranlassers nicht. *172*

4.2.4.2 Die Versammlung als Nichtstörer

Eine Versammlung, von der keine Gefahren für die öffentliche Sicherheit oder Ordnung ausgehen, kann nur ganz ausnahmsweise verboten oder von Auflagen abhängig gemacht werden, nämlich unter den Voraussetzungen eines polizeilichen Notstands. Diese Problematik stellt sich häufig bei einem *173*

Zusammentreffen einer friedlichen Demonstration mit einer gewalttätigen Versammlung. Drohen Gewalttaten als Reaktion auf rechtmäßige Versammlungen, müssen sich behördliche Maßnahmen primär gegen die Störer richten (BVerfGE 69, 315, 360 f.). Mit Art. 8 GG wäre es nicht vereinbar, wenn bereits mit der Anmeldung einer Gegendemonstration erreicht werden könnte, dass dem Veranstalter der zuerst angemeldeten Versammlung das Recht genommen wird, sein Demonstrationsanliegen zu verwirklichen. Auch die durch die Gegendemonstration eintretende Bindung von Polizeikräften kann per se nicht dazu führen anzunehmen, die friedliche Ausgangsversammlung könne nicht mehr ausreichend geschützt werden, so dass gegen sie als Nichtstörer vorzugehen sei (BVerfG DVBl. 2000, 1593, 1595). Die Voraussetzungen für einen polizeilichen Notstand werden von den Gerichten daher sehr streng gehandhabt. Nur selten bejahen sie diese (z.B. VGH München DÖV 1979, 569, 570, kritisch dazu Ridder-Breitbach/Deiseroth/Rühl, § 15 VersG Rn. 144; OVG Saarlouis JZ 1970, 283, 285 ff. mit krit. Anm. Pappermann; OVG Bautzen NVwZ-RR 1995, 444, wo unklar bleibt, warum das zu erwartende aktive Auftreten des NPD-Parteivorsitzenden mit volksverhetzenden Parolen nicht dem Veranstalter als Störer zugerechnet wird; weitere Nachweise aus der Rechtsprechung bei Dietel/Gintzel/Kniesel, § 15 VersG Rn. 32).

Es ist Aufgabe der Versammlungsbehörde und der Polizei, in unparteiischer Weise auf die Verwirklichung des Demonstrationsanliegens hinzuwirken. Die Versammlungsbehörde muss daher nach dem Verhältnismäßigkeitsprinzip auch prüfen, ob ein polizeilicher Notstand durch Auflagen zu den Versammlungsmodalitäten entfallen kann, wenn diese den konkreten Zweck der Versammlung nicht vereiteln. Bei der gerichtlichen Nachprüfung, ob die Voraussetzungen des von den Behörden angenommenen polizeilichen Notstands tatsächlich vorlagen, müssen daher Folgen unberücksichtigt bleiben, deren Eintritt durch entsprechende Auflagen der Versammlungsbehörde vermeidbar waren (BVerfG NVwZ 2000, 1406, 1407). Hat die Versammlungsbehörde versäumt, versammlungsrechtliche Maßnahmen gegen die Gegendemonstration zu erlassen, kann sie sich nicht auf einen polizeilichen Notstand berufen (BVerfG NVwZ 2000, 1406; VG Köln NJW 1971, 210, 212).

174 Selbstverständlich kann eine rechtmäßige Versammlung nur dann als Nichtstörer in Anspruch genommen werden, wenn alle weiteren Tatbestandsvoraussetzungen des § 15 Abs. 1 VersG erfüllt sind. Daher gilt hier für die Gefahrenprognose kein geringerer Wahrscheinlichkeitsgrad als bei einem Vorgehen gegen den Störer. Gegen die Versammlung als Nichtstörer kann daher stets nur vorgegangen werden, wenn eine unmittelbare Gefahr für die öffentliche Sicherheit oder Ordnung vorliegt. Da polizeiliche Notstandsmaßnahmen in die Rechte unbeteiligter Dritter eingreifen, sind an die zeitliche

Auflagen und Verbot

Nähe des Schadens ebenso wie an die Wahrscheinlichkeit seines Eintritts strenge Anforderungen zu stellen (BVerwG, Buchholz 402.44, VersG Nr. 6; VGH Mannheim DVBl. 1990, 1044, 1045; 1987, 151, 152).

Unter welchen Voraussetzungen ein polizeilicher Notstand vorliegt, ist in den Vorschriften des jeweiligen Landespolizeirechts geregelt, die auch insoweit anwendbar sind. Die Regelungen unterscheiden sich in den einzelnen Ländern. Ein Teil der Länder (so z.B. Baden-Württemberg in § 9 Abs. 1 PolG, ebenso Sachsen) nimmt einen Notstand an, wenn es der Polizei bei einer gegenwärtigen erheblichen Gefahr nicht möglich ist, diese durch Inanspruchnahme des Störers oder mit eigenen Mitteln abzuwenden (sog. echter oder absoluter polizeilicher Notstand) oder wenn durch Maßnahmen gegen den Störer ein Schaden herbeigeführt würde, der erkennbar außer Verhältnis zu dem beabsichtigten Erfolg steht (sog. unechter oder relativer polizeilicher Notstand). Es reicht also aus, wenn eine der beiden Formen eines Notstands vorliegt. Der echte polizeiliche Notstand ist durch die Unmöglichkeit anderweitiger Gefahrenabwehr, der unechte polizeiliche Notstand durch eine sehr strenge Verhältnismäßigkeitsprüfung gekennzeichnet. *175*

Andere Länder (z.B. Nordrhein-Westfalen in § 6 PolG, Hessen in § 9 HSOG, Bayern in Art. 10 PAG) kennen nur eine Form des polizeilichen Notstands. Ein solcher liegt vor, wenn eine gegenwärtige erhebliche Gefahr abzuwehren ist, Maßnahmen gegen den Störer nicht oder nicht rechtzeitig möglich sind oder keinen Erfolg versprechen, die Polizei die Gefahr nicht selbst abwehren kann und der Nichtstörer ohne erhebliche eigene Gefährdung und ohne Verletzung höherwertiger Pflichten in Anspruch genommen werden kann. Diese vier Voraussetzungen müssen kumulativ vorliegen. Es handelt sich also im Kern um eine Regelung des echten polizeilichen Notstands. Sie ist um eine wenig strenge Verhältnismäßigkeitsprüfung ergänzt: Eine erhebliche eigene Gefährdung des Nichtstörers wird nur bei Gefährdung von Leben oder Gesundheit anzunehmen sein; eine Verletzung höherwertiger Pflichten wird nur selten vorkommen. Dass die Verhältnismäßigkeitsprüfung hier im Vergleich zur Regelung des unechten polizeilichen Notstands in Baden-Württemberg geringere Anforderungen enthält, hat seinen Grund darin, dass mit der Unmöglichkeit anderweitiger Gefahrenabwehr, die hinzukommen muss, bereits eine hohe Eingriffsschwelle geschaffen ist.

4.2.4.2.1 Echter polizeilicher Notstand

Ein echter polizeilicher Notstand liegt vor, wenn es der Polizei bei einer gegenwärtigen erheblichen Gefahr der Verletzung wichtiger Rechtsgüter nicht möglich ist, die Gefahr durch Inanspruchnahme des Störers oder mit eigenen Mitteln der Polizei abzuwehren. An diese Unmöglichkeit anderweitiger Ge- *176* fahrenabwehr werden strenge Anforderungen gestellt. Zunächst ist stets die Möglichkeit des Vorgehens gegen den Störer zu prüfen. Häufig ist Störer eine Gegendemonstration, die gewalttätig zu verlaufen, von der insbesondere Übergriffe gegen die friedliche Ausgangsversammlung auszugehen drohen. Das Vorgehen gegen die gewalttätige Gegendemonstration ist prinzipiell vorrangig gegenüber der Inanspruchnahme der friedlichen Ausgangsversammlung. Es ist primäre Aufgabe der Polizei, diese Versammlung vor rechtswidrigen Übergriffen Dritter zu schützen. Den von einer Gegendemonstration ausgehenden Gefahren ist daher in erster Linie durch gegen diese gerichtete Maßnahmen zu begegnen, durch Auflagen wie räumliche Beschränkungen, Auflösung oder – als ultima ratio – ein Versammlungsverbot nebst Platzverweis. Im konkreten Fall kann es sogar geboten sein, zunächst die Vollstreckung der gegen die gewalttätige Gegendemonstration angeordneten Maßnahmen zu versuchen, bevor von einer Unmöglichkeit der anderweitigen Gefahrenabwehr ausgegangen werden darf (vgl. nur VGH Mannheim DVBl. 1987, 151, 152, zu einem Fall des unechten Notstands; die Ausführungen gelten für den echten Notstand ebenso).

Ist – nach diesen strengen Maßstäben – eine Gefahrenabwehr durch Maßnahmen gegen die gewalttätige Gegendemonstration nicht erfolgversprechend, hat die Polizei eigene Mittel einzusetzen. Hierzu zählen – nach der ständigen Rechtsprechung der Verwaltungsgerichte (OVG Weimar NVwZ-RR 1997, 287, 289; OVG Bautzen, Beschluss vom 30. 4. 1998, 3 S 253/98; vgl. auch Ridder-Breitbach/Deiseroth/Rühl, § 15 VersG Rn. 140 m.w.N.) – die landes- und bundesweit verfügbaren polizeilichen Einsatzkräfte. Erst wenn diese zur Gefahrenabwehr nicht ausreichen, kann gegen die friedliche Versammlung als Nichtstörer vorgegangen werden. Diese hohen Anforderungen an den Einsatz eigener polizeilicher Mittel, die häufig zu erheblichen, vom Staat zu tragenden Kosten eines Polizeieinsatzes führen, sind folgerichtig, solange Bund und Länder gemäß Art. 35 Abs. 1 und 2 GG und §§ 4 ff. VwVfG einander zur Amtshilfe verpflichtet sind (vgl. VG Köln NJW 1971, 210, 212; Krüger, S. 103 f.). Insbesondere kann der Bundesgrenzschutz nach § 11 Abs. 1 Nr. 1 Bundesgrenzschutzgesetz zur Aufrechterhaltung oder Wiederherstellung der öffentlichen Sicherheit oder Ordnung in Fällen von besonderer Bedeutung nach Art. 35 Abs. 2 Satz 1 GG zur Unterstützung eines Landes verwendet werden, soweit das Land ohne diese Unterstützung eine Aufgabe nicht oder nur unter erheblichen Schwierigkeiten erfüllen kann.

177 Wegen dieser strengen Voraussetzungen wird die Inanspruchnahme der Ausgangsversammlung als Nichtstörer wegen eines echten polizeilichen Notstandes praktisch nur in zwei Konstellationen in Betracht kommen können:
– Ein Notstand ist gegeben, wenn wegen einer Vielzahl von Veranstaltungen, die einen Polizeieinsatz erfordern, ein ausreichender polizeilicher Schutz der

Versammlung auch unter Hinzuziehung von Polizeikräften anderer Länder und des Bundes nicht möglich ist. Diese Umstände hat die Versammlungsbehörde detailliert darzulegen. Einen Notstand können dabei nur anderweitige Polizeieinsätze begründen, die in unmittelbarer zeitlicher Nähe zur Kundgebung stattfinden (vgl. OVG Bautzen SächsVBl. 1998, 6, 10, u. a. mit Ausführungen zu dem für die Gefahrenabwehr erforderlichen Zahlenverhältnis von Polizeikräften zu gewaltbereiten Demonstranten; dazu auch Brenneisen DÖV 2000, 280, m.w.N.: zur Beherrschung der Situation sind je gewaltbereiten Störer drei Polizeivollzugsbeamte erforderlich).

— Eine Notstandssituation besteht auch, wenn eine Gefahrenlage sich kurzfristig unvorhersehbar verschärft oder entsteht, z.B. bei einer unerwartet hohen Anzahl gewalttätiger Gegendemonstranten, und die Polizei in der zur Verfügung stehenden Zeit keine ausreichenden Einsatzkräfte mobilisieren kann (VG Köln NJW 1971, 210, 212; Lisken/Denninger-Kniesel, H Rn. 433). Dass eine solche Ausnahmesituation trotz der Möglichkeiten des Verfassungsschutzes und der polizeilichen Aufklärung einzutreten droht, wird im konkreten Fall die Versammlungsbehörde im einzelnen darlegen müssen, um einen polizeilichen Notstand „gerichtsfest" begründen zu können.

4.2.4.2.2 Unechter polizeilicher Notstand

Um den nach den einschlägigen gesetzlichen Regelungen erforderlichen unverhältnismäßigen Schaden beim Störer zu begründen, muss die Versammlungsbehörde konkrete Anhaltspunkte darlegen, warum Maßnahmen gegen den Störer nicht erfolgversprechend sind. Insoweit gilt das zum echten Notstand Ausgeführte: Es ist nachvollziehbar zu belegen, warum der von dem Störer ausgehenden Gefahr weder durch Auflagen noch durch Verbot oder Auflösung wirksam begegnet werden kann. Dabei kann ein unechter Notstand nicht mit der Begründung bejaht werden, der Nichtstörer — also insbesondere die friedliche Versammlung — werde durch die Inanspruchnahme nur geringfügig beeinträchtigt. Eine Abwägung zwischen der Intensität der Beeinträchtigung des Nichtstörers und den Folgen der Inanspruchnahme des Störers erfolgt zur Feststellung, ob eine unechter Notstand vorliegt, nicht. Die Verhältnismäßigkeitsprüfung bezieht sich nach dem Gesetz nur auf das Verhältnis zwischen dem Schaden, der durch Maßnahmen gegen den Störer entstehen würde, und der abzuwehrenden polizeilichen Gefahr. Erst wenn dem gemäß ein unechter Notstand gegeben ist, ist zu prüfen, wie sehr der Nichtstörer durch die Inanspruchnahme betroffen ist, mithin ob das Vorgehen gegen ihn ihm gegenüber verhältnismäßig ist (zu allem VGH Mannheim DVBl. 1987, 151, 152 f.).

178

4.2.5 Rechtsfolge: Ermessen

179 Ist die öffentliche Sicherheit und Ordnung unmittelbar gefährdet und kann der Veranstalter als Störer oder – im Falle des polizeilichen Notstands – als Nichtstörer in Anspruch genommen werden, ist das Ermessen der Versammlungsbehörde eröffnet, der Versammlung Auflagen zu erteilen oder sie zu verbieten. Die Versammlungsbehörde hat nach § 40 VwVfG ihr Ermessen entsprechend dem Zweck der Ermächtigung auszuüben und die gesetzlichen Grenzen des Ermessens einzuhalten; insoweit ist die Ermessensausübung auch durch die Gerichte nach § 114 VwGO überprüfbar. Nach § 114 Satz 2 VwGO kann die Versammlungsbehörde ihre Ermessenserwägungen ergänzen. Die Befugnis besteht jedoch nur, soweit der Bescheid dadurch nicht in seinem gewollten Wesen oder Ausspruch verändert wird, die nachträglichen Ermessenserwägungen bereits bei Bescheiderlass vorlagen und der Veranstalter nicht in seiner Rechtsverteidigung beeinträchtigt wird (BVerwGE 105, 55, 59). Auf neue Tatsachen, d.h. insbesondere auf neue Umstände, aus denen sich eine (weitere) Gefahr für die öffentliche Sicherheit oder Ordnung ergibt, kann der Bescheid daher auch nach dieser Vorschrift nicht nachträglich gestützt werden (s. Rn. 149).

Der Zweck der Ermächtigung zu Auflagen und Verbot ist die Gefahrenabwehr. Maßnahmen der Versammlungsbehörde müssen also diesem Zweck dienen. Grenzen des Ermessens sind insbesondere die Grundrechte und das Verhältnismäßigkeitsprinzip. Verwaltungsakte, die die Grundrechte oder das Verhältnismäßigkeitsprinzip verletzen, sind stets ermessensfehlerhaft und daher rechtswidrig.

4.2.5.1 Entschließungsermessen

180 Zunächst hat die Versammlungsbehörde zu entscheiden, ob sie tätig wird. Dabei ist als erstes – entsprechend dem Zweck der Ermächtigung – zu prüfen, wie schwer die Gefahren für die öffentliche Sicherheit und Ordnung wiegen, insbesondere welche Bedeutung den bedrohten Rechtsgütern im konkreten Fall zukommt und in welchem Umfang ihre Verletzung droht. Sodann bedarf es einer Abwägung mit der Bedeutung der Versammlungsfreiheit. Bei der Ermessensausübung können im Einzelfall auch die Belange des freien Warenverkehrs im europäischen Binnenmarkt zu berücksichtigen sein (s. ausf. Rn. 141).

Nur in Ausnahmefällen kann es ermessensfehlerhaft sein, überhaupt nach § 15 Abs. 1 VersG tätig zu werden. Denn zumindest der Erlass von Auflagen wird in der Regel zulässig sein, um Gefahren für die öffentliche Sicherheit oder Ordnung wenigstens zu minimieren. Dies folgt aus zweierlei:

Auflagen und Verbot

– Nach zutreffender Auffassung sind Auflagen auch dann möglich, wenn nur die öffentliche Ordnung gefährdet ist (s. Rn. 123 ff.).
– Der Versammlungsbehörde steht eine Vielzahl von Auflagen zur Verfügung (s. Rn. 186 ff.). Sie wird daher regelmäßig in der Lage sein, solche Auflagen zu erlassen, die einerseits den Gefahren für die polizeilichen Schutzgüter begegnen, andererseits dem Veranstalter im übrigen die Durchführung seiner Versammlung ermöglichen. Eine unzumutbare Beschränkung der Versammlungsfreiheit scheidet bei Beachtung dieser Grundsätze in der Regel aus.

Dass nur das Absehen von Auflagen und Verbot ermessensgerecht und damit rechtmäßig ist, wird daher nur dann anzunehmen sein, wenn ganz geringfügige Gefahren für die öffentliche Sicherheit und Ordnung drohen und mögliche Auflagen daher unverhältnismäßig wären oder wenn keine zur Abwendung der Gefahr geeignete Auflagen denkbar sind.

4.2.5.2 Auswahlermessen

Hat sich die Behörde entschieden, nach § 15 Abs. 1 VersG vorzugehen, muss sie nach pflichtgemäßem Ermessen zwischen den zur Verfügung stehenden Mitteln auswählen. Nach dem allgemeinen Grundsatz der Erforderlichkeit ist ein Versammlungsverbot nur möglich, wenn in der konkreten Situation kein milderes, die Versammlungsfreiheit weniger einschränkendes Mittel existiert, das zur Erreichung des angestrebten Zwecks der Gefahrenabwehr gleich effektiv ist. Die Rechtsprechung stellt insofern strenge Anforderungen. Ein Verbot der Versammlung kommt nur als ultima ratio und nur zur Abwehr von Gefahren für der Versammlungsfreiheit gleichwertige Rechtsgüter in Betracht (s. Rn. 131). Es ist das letzte, äußerste Mittel zur Abwendung der von einer Versammlung ausgehenden Gefahren.   *181*

Als milderes Mittel kommen nicht nur Auflagen in Betracht. Die Versammlungsbehörde ist auch verpflichtet, als milderes Mittel mit dem Veranstalter Kooperationsgespräche zu führen, um das Gefahrenpotenzial zu minimieren (s. Rn. 77 ff.). Auch ist stets zu prüfen, ob den Gefahren durch eine nachträgliche Auflösung ausreichend begegnet werden kann. Dies gilt insbesondere, wenn Gefahren nur von einem Teil der Versammlung ausgehen; der Verzicht auf ein Verbot der ganzen Versammlung ermöglicht den sich friedlich und rechtmäßig verhaltenden Teilnehmern die Grundrechtsausübung (vgl. BVerfGE 69, 315, 361 f.; BVerwGE 64, 55, 57 f.).

4.2.5.2.1 Auflagen

Die Versammlungsbehörde kann zur Verhinderung von Gefahren für die öffentliche Sicherheit oder Ordnung nach § 15 Abs. 1 VersG Auflagen erlassen.   *182*

Auflagen sind selbständige Verwaltungsakte, keine unselbständigen Nebenbestimmungen i.S.d. § 16 Abs. 1 Nr. 4 VwVfG (allgemeine Meinung, vgl. nur Zeitler, Rn. 194).

183 Stets ist zu prüfen, ob Auflagen in tatsächlicher Hinsicht wie ein Verbot wirken und daher als solches zu beurteilen sind. Denkbar ist dies insbesondere bei – grundsätzlich zulässigen (s. Rn. 189 ff., 195 ff.) – Auflagen zu Zeit und Ort der Versammlung. Z.B. kam die Auflage, eine Mahnwache anlässlich des Besuchs des chinesischen Ministerpräsidenten in Weimar nur auf einem bestimmten Teil des Marktplatzes durchzuführen, nach den Feststellungen des VG Weimar (ThürVBl. 1995, 43, 44) in ihrer Wirkung nahezu einem Verbot gleich; im Zusammenhang mit der Absperrung des Marktplatzes habe die räumliche Beschränkung der Mahnwache dazu geführt, dass der Kundgebungscharakter nicht mehr erkennbar geworden sei. Daher hat das Gericht – m.E. zu Recht – die Rechtmäßigkeit der Auflage an den strengeren Voraussetzungen für ein Versammlungsverbot gemessen (ähnlich VG Sigmaringen VBlBW 1990, 117; weitergehend Ridder-Breitbach/Deiseroth/Rühl, § 15 VersG Rn. 150: jede Verfügung, mit der eine Versammlung zeitlich oder örtlich verlegt werde, sei ein Verbot der geplanten Versammlung, verbunden mit einer Aussage über die Unbedenklichkeit einer anderen Versammlung).

Auch Auflagen zum Zeitpunkt der Versammlung können im Einzelfall wie ein Versammlungsverbot wirken, wenn der Versammlungszweck ausschließlich oder zumindest vorrangig an dem vom Veranstalter gewählten Datum verwirklicht werden kann. Das Bundesverfassungsgericht hat dies für eine rechtsextremistische Demonstration gegen die Versagung einer Sondernutzungserlaubnis für einen Büchertisch verneint. Ein Bezug des Kundgebungsthemas zum beabsichtigten Kundgebungstag 27. Januar, dem Gedenktag für die Opfer des Nationalsozialismus sei nicht erkennbar und daher die Verlegung um einen Tag dem Veranstalter zumutbar (NJW 2001, 1409).

Andererseits ist die Untersagung, in einem bestimmten Bereich Versammlungen abzuhalten (sog. Flächenverbot), nicht notwendig ein Verbot i.S.d. § 15 Abs. 1 VersG. Es kann sich – insbesondere in Abhängigkeit von der von der Verfügung erfassten Fläche – auch lediglich um eine räumliche Beschränkung von Versammlungen handeln (s. Rn. 208).

184 Vorsorgliche Auflagen, die einer möglicherweise auftretenden Gefahr vorbeugen sollen, sind unzulässig. Auflagen setzen eine konkrete, auf Tatsachen beruhende Gefahrenlage voraus. Die Untersagung eines Verhaltens, das ein polizeiliches Schutzgut verletzen würde, ist rechtswidrig, wenn dieses Verhalten nicht mit ausreichender Wahrscheinlichkeit zu erwarten ist (vgl. VGH München NJW 1981, 2428, 2429).

185 Auflagen sind – wie alle Verwaltungsakte – nur rechtmäßig, wenn sie dem Verpflichteten etwas rechtlich und tatsächlich Mögliches aufgeben. Rechts-

widrig ist daher z.B. die Auflage, dass der Versammlungsleiter dafür Sorge zu tragen hat, dass die Teilnehmer nach der Beendigung der Versammlung den Kundgebungsort nicht in geschlossenen Zügen, sondern in gelockerter Formation verlassen. Denn die Befugnis des Versammlungsleiters endet mit der Beendigung der Versammlung. Er kann daher nicht mit einer Auflage zu einem über diesen Zeitpunkt hinausgehenden Tun verpflichtet werden (vgl. OLG Köln NStZ 1981, 227).

Einen Katalog möglicher Auflagen enthält das Versammlungsgesetz nicht. Als Auflagen kommen beschränkende Verfügungen unterschiedlichsten Inhalts in Betracht, die geeignet sind, Gefahren für die öffentliche Sicherheit oder Ordnung zu begegnen. Da aufgrund der Vielzahl der polizeilichen Schutzgüter zahlreiche Gefahrenlagen denkbar sind, ist eine abschließende Aufzählung der Auflagen nicht möglich. Eine Vielzahl zulässiger Auflagen wird unten im einzelnen dargestellt. *186*

M.E. irreführend ist insoweit die Rechtsprechung des Bundesverwaltungsgerichts, § 15 Abs. 1 VersG verweise mit der Wendung, dass die zuständige Behörde die Versammlung von „bestimmten Auflagen" abhängig machen könne, auch auf den Katalog der dieser Behörde nach Landesrecht zustehenden polizeilichen Befugnisse und lasse deren Anwendung als Mittel zur Abwehr von Gefahren nach § 15 Abs. 1 VersG zu. Diese Rechtsprechung geht zurück auf eine Entscheidung des Bundesverwaltungsgerichts zur Sicherstellung von Spruchbändern, die Demonstranten bei einer Versammlung verwendet hatten. Die Sicherstellung konnte als belastender Verwaltungsakt nur mit einer Ermächtigungsgrundlage rechtmäßig sein. Diese erkannte das Bundesverwaltungsgericht in § 15 Abs. 2 VersG in Verbindung mit der Vorschrift des nordrhein-westfälischen Polizeigesetzes über Sicherstellungen. Die Bezugnahme in § 15 Abs. 2 VersG auf die Verbotsvoraussetzungen nach Absatz 1 beziehe die Verweisung auf die Befugnisse nach Landespolizeirecht mit ein. Daher könne die zuständige Behörde sich zur Abwehr der von einer Versammlung ausgehenden unmittelbaren Gefahren aller ihr nach geltendem Recht zur Abwehr unmittelbarer Gefahren zustehenden polizeilichen Befugnisse bedienen (BVerwGE 64, 55, 58). Das Bundesverwaltungsgericht hat an diesem Verständnis des Begriffs „bestimmte Auflagen" in § 15 Abs. 1 VersG in nachfolgenden Entscheidungen festgehalten (BVerwG, Beschl. v. 23.8. 1991, 1 B 77/91; NVwZ 1988, 250; dem folgend OVG Bremen DVBl. 1990, 1048, 1049). *187*

Diese Rechtsprechung überzeugt m.E. in mehrfacher Hinsicht nicht:
– § 15 Abs. 2 VersG ermöglicht die Auflösung einer Versammlung, u.a. „wenn die Voraussetzungen zu einem Verbot nach Absatz 1 gegeben sind". Die Verweisung beschränkt sich also ausdrücklich auf den Tatbestand des

Absatzes 1, bezieht hingegen die Rechtsfolgen – u. a. das Ermessen, die Versammlung von bestimmten Auflagen abhängig zu machen – nicht mit ein. Für die erweiternde Auslegung des Bundesverwaltungsgerichts ist nach Wortlaut und Systematik kein Raum.

– Für den Erlass von Auflagen nach § 15 Abs. 1 VersG bedarf es keines Rückgriffs auf Befugnisse nach dem jeweiligen Landespolizeirecht. § 15 Abs. 1 VersG ist eine ausreichende Ermächtigungsgrundlage für beschränkende Verfügungen. Bei der Kontrolle der Rechtmäßigkeit von Auflagen prüfen die Verwaltungsgerichte auch regelmäßig nicht nach, ob für die konkrete Auflage eine gesetzliche Grundlage im Landespolizeirecht vorhanden ist. Das Versammlungsgesetz enthält mit dem Terminus „Auflage" einen hinreichend klaren Begriff.

– Zudem ist in der Rechtsprechung des Bundesverwaltungsgerichts der Zweck einer Verweisung auf die Befugnisse des Landespolizeirechts ungeklärt. Wenn Auflagen nur zulässig sein sollen, falls hierfür landespolizeirechtliche Eingriffsbefugnisse für *unmittelbare* Gefahren vorhanden sind, wird eine Vielzahl von Auflagen, die die Gerichte als rechtmäßig angesehen haben, nicht möglich sein. Z. B. lassen sich Streckenverlegungen und Auflagen, bestimmte Redner nicht auftreten zu lassen, unter keine polizeiliche Eingriffsnorm zur Abwendung unmittelbarer Gefahren subsumieren. Für eine solch einschränkende Auslegung gibt § 15 Abs. 1 VersG auch unter keinem Aspekt einen Anhaltspunkt.

– Sollen hingegen, wenn landespolizeirechtliche Ermächtigungen nicht einschlägig sind, Auflagen ergänzend nach § 15 Abs. 1 VersG zulässig sein, bleibt eine Verweisung auf Landespolizeirecht folgenlos. Denn stets verbleibt die Eingriffsmöglichkeit nach § 15 Abs. 1 VersG – gewissermaßen als „Auffangtatbestand" im Verhältnis zu landespolizeirechtlichen Befugnissen.

– Zutreffend ist der Ausgangspunkt des Bundesverwaltungsgerichts: der Umstand, dass § 15 Abs. 2 VersG andere Maßnahmen als die Auflösung nicht nennt, bedeutet nicht, dass der durch eine Versammlung begründeten Gefahr nur durch Auflösung begegnet werden könne. Vielmehr ist die Auflösung nur das letzte, äußerste Mittel zur Abwendung einer von der Versammlung ausgehenden Gefahr. Aus der Befugnis zur Auflösung der Demonstration nach § 15 Abs. 2 VersG folgt auch das Recht, nach Beginn der Versammlung entstehenden konkreten Gefährdungslagen durch geeignete Maßnahmen unterhalb der „Auflösungsschwelle" zu begegnen (OVG Bautzen SächsVBl. 2002, 216; ebenso in der Sache VGH Mannheim NVwZ 1989, 162, der zwar die Rechtsprechung des Bundesverwaltungsgerichts zitiert, aber nicht von einem Verweis auf Landespolizeirecht ausgeht; vgl. auch VG Karlsruhe, Urt. v. 9.9.2002, 12 K 2302/01). Eines Rückgriffs auf Befugnisse nach dem Landespolizeirecht bedarf es daher nicht. Zu beachten ist jedoch, dass diese als „Minusmaßnahmen" bezeichneten Eingriffe tatsächlich weniger schwer wiegen als eine Auflösung.

Nach § 15 Abs. 1 VersG kann die Versammlungsbehörde die Versammlung „von bestimmten Auflagen abhängig machen". Damit ist die Befugnis zu belastenden Verwaltungsakten eingeräumt, die dem Veranstalter bestimmte Handlungen oder Unterlassungen aufgeben. Solchen Auflagen kann der Veranstalter Folge leisten oder – wie § 15 Abs. 2 VersG formuliert – zuwiderhandeln. Sie betreffen die Durchführung der Versammlung (s. auch Rn. 46). Einseitige Zwangsmaßnahmen der Polizei sind daher keine Auflagen in diesem Sinne; sie können nicht auf § 15 Abs. 1 VersG gestützt werden. Etwas anderes folgt auch nicht aus der Ermächtigung zum Erlass eines Verbots nach § 15 Abs. 1 VersG in Verbindung mit dem Verhältnismäßigkeitsprinzip. Mildere Maßnahmen als ein Verbot, die zur Gefahrenabwehr ausreichen, können nach der eindeutigen Regelung des § 15 Abs. 1 VersG nur als Auflagen ergehen. *188*

(1) Auflagen zum Versammlungsort

Das Selbstbestimmungsrecht des Veranstalters über die Versammlung umfasst auch die Wahl des Versammlungsortes. Auflagen zum Versammlungsort sind jedoch unproblematisch zulässig, wenn das Selbstbestimmungsrecht gar nicht betroffen ist. Dies ist der Fall bei einer Versammlung, die nicht auf einer öffentlichen Fläche, sondern auf einem fremden, in Privateigentum stehenden Grundstück stattfinden soll. Das Selbstbestimmungsrecht des Veranstalters ist nämlich nicht berührt, wenn die Versammlung für einen Platz angemeldet ist, dessen Benutzung den Versammlungsteilnehmern ansonsten, d.h. außerhalb einer Versammlung nicht gestattet ist. Denn das Grundrecht der Versammlungsfreiheit gibt keinem Versammlungsteilnehmer das Recht, Dinge zu tun, die er als einzelner nicht tun dürfte. Rechtmäßig ist daher die Auflage, die Kundgebung vor einem Kernkraftwerk nur auf dem Teil des Betriebsgrundstücks durchzuführen, in dessen Benutzung der Grundstückseigentümer eingewilligt hat. Denn dieser kann andere nach § 903 BGB von jeder Einwirkung auf das Grundstück ausschließen (BayObLG NJW 1995, 269, 271; ebenso VGH Mannheim NVwZ 2000, 1201 zu „Probeblockaden" auf Grundstücken Privater [Industriegleise], über die Castor-Transporte geführt werden sollen). Gleiches gilt für die Auflage, die verkehrsrechtliche Anordnung zu beachten, eine bestimmte öffentliche Straße an Samstagen, Sonn- und Feiertagen mit Motorrädern nicht zu befahren. Dieses Verbot würde durch eine Demonstrationsfahrt auf dieser Straße an einem Samstag, Sonn- oder Feiertag unterlaufen. Eine Auflage, die dies verhindert, ist daher rechtmäßig (VGH Mannheim NVwZ-RR 1992, 481). Da in beiden Fällen das *189*

Selbstbestimmungsrecht nicht betroffen war, bedurfte es für die Rechtmäßigkeit der behördlichen Maßnahmen keiner Abwägung der durch die Versammlung betroffenen Interessen mit dem Selbstbestimmungsrecht.

190 Im Regelfall jedoch steht es dem Veranstalter zunächst frei, eine öffentliche Verkehrsfläche für seine Versammlung auszuwählen. Dies entspricht seinem Selbstbestimmungsrecht über den Ort der Versammlung. Zwar sind häufig Straßen, die für Demonstrationen in Anspruch genommen werden, dem Verkehr mit Fahrzeugen gewidmet. Jedoch haben die Verkehrsteilnehmer die mit der Durchführung von Demonstrationen verbundenen Behinderungen in der Regel hinzunehmen, wenn sie nur unvermeidliche Nebenfolge der Demonstration sind und sie sich durch der Versammlung zumutbare Auflagen nicht abwenden lassen; andernfalls wäre die Durchführung insbesondere größerer Demonstrationen schwerwiegend behindert (s. Rn. 24). Diese ständige Rechtsprechung ist allerdings bereits das Ergebnis einer Abwägung der Interessen der Versammlungsteilnehmer und Dritter. Denn das Selbstbestimmungsrecht des Veranstalters über den Ort der Versammlung räumt ihm keinen Anspruch auf Überlassung von Flächen ein, über die er keine Verfügungsbefugnis besitzt. Es besteht also kein grundrechtlicher Anspruch auf Durchführung einer Versammlung auf bestimmten öffentlichen Flächen. Art. 8 Abs. 1 GG begründet kein Benutzungsrecht, das nicht schon nach allgemeinen Rechtsgrundsätzen besteht (BVerwGE 91, 135; Buchholz 11, Art. 8 GG Nr. 7). Damit ist zwar ein Eingriff in das Selbstbestimmungsrecht des Veranstalters über den Ort der Versammlung verbunden. Dieses gewährt jedoch dem Veranstalter nur das Recht, sein Demonstrationsinteresse eigenständig zu konkretisieren. Kollidiert sein Grundrecht der Versammlungsfreiheit aber mit anderen Rechtsgütern, obliegt es der Versammlungsbehörde, diese Kollision im Wege der Abwägung der widerstreitenden Interessen aufzulösen (BVerfG NJW 2001, 1409, zum Zeitpunkt einer Versammlung). Diese in einer Kammerentscheidung vorgenommene Begrenzung des Selbstbestimmungsrechts hat sich inzwischen der 1. Senat des Bundesverfassungsgerichts zu eigen gemacht (BVerfGE 104, 92, zur Strafbarkeit von Blockaden).

Auflagen, die Versammlungen nicht auf den in der Anmeldung bezeichneten öffentlichen Straßen und Plätzen, sondern an anderer Stelle durchzuführen, sind also mit dem Selbstbestimmungsrecht des Veranstalters nicht von vornherein unvereinbar. Ob eine räumliche Beschränkung oder Verlegung der Versammlung rechtmäßig ist, hängt vom konkreten Einzelfall ab, in dem die Versammlungsfreiheit gegen die Interessen und Rechtsgüter abzuwägen ist, die die Auflage schützen soll (s. bereits Rn. 51, 141). Die Versammlungsbehörde sollte stets bestrebt sein, zu erwartende größere Verkehrsbeeinträchtigungen durch einen schonenden Ausgleich der entgegenstehenden Interessen dahingehend zu bewältigen, dass eine „attraktive" Demonstrationsroute zur Verfügung steht und zugleich Behinderungen des Verkehrs sich nach Möglichkeit auf ein Mindestmaß reduzieren lassen. Die Interessen der anderen Verkehrsteilnehmer sind um so gewichtiger, je größer die Bedeutung der Straße für den örtlichen Verkehr ist. Zu berücksichtigen sind auch die Zahl der Versammlungsteilnehmer und der betroffenen Verkehrsteilnehmer sowie die Tageszeit und Dauer der Versammlung (Dietel/Gintzel/Kniesel, § 15 VersG Rn. 111).

Bei der Abwägung der widerstreitenden Interessen ist zu berücksichtigen, dass ein bestimmter „Beachtungserfolg" einer Versammlung verfassungsrechtlich nicht gewährleistet ist. Die Auflage einer Streckenverlegung ist also nicht deshalb rechtwidrig, weil die Versammlung dann durch Gebiete führt, in denen sie nicht dieselbe Aufmerksamkeit erfährt wie auf der angemeldeten Strecke. Unverhältnismäßig ist eine solche Auflage jedoch, wenn die Versammlung die beabsichtigte Öffentlichkeitswirkung überhaupt nicht mehr erreichen kann, z.B. bei einer Verlegung in unbewohnte Stadtteile wie Industriegebiete oder landwirtschaftlich genutzte Gebiete (vgl. OVG Weimar DVBl. 1998, 849, 850 f. – der Leitsatz der Entscheidung, dass eine Unverhältnismäßigkeit *erst* unter diesen Voraussetzungen vorliege, ist enger formuliert als die allein maßgeblichen Entscheidungsgründe). Geringfügige Abweichungen von der angemeldeten Demonstrationsroute, die eine Versammlung in großer Nähe zu den geplanten Kundgebungsorten ermöglicht, sind hingegen hinnehmbar und können daher mittels einer Auflage verfügt werden (VG Dresden, Beschl. v. 29.7.1998, 12 K 2004/98, zur Verlegung einer Demonstration vom westlichen zum östlichen Ende eines öffentlichen Platzes). Eine Baustelle auf der Demonstrationsroute kann eine Verlegung rechtfertigen, wenn die angemeldete Route tatsächlich nicht oder nur unter Gefahren für die öffentliche Sicherheit oder Ordnung benutzbar wäre (OVG Bautzen SächsVBl. 2002, 218, im konkreten Fall die Zulässigkeit einer Verlegung verneinend).

Ein Demonstrationsverbot wegen zu erwartender Verkehrsbeeinträchtigungen kann nur in äußerst gravierenden Notfällen zulässig sein, wenn ein völliger Zusammenbruch des Verkehrs droht, der auch durch rechtzeitige Umleitungen nicht verhindert werden kann, und den Demonstranten eine Streckenverlegung zumutbar ist (VGH München NJW 1984, 2116).

Absichtliche Blockaden von Straßen und von Zugfahrtswegen zu privaten Grundstücken gehen über das unvermeidliche Maß der Beeinträchtigung der Sicherheit und Leichtigkeit des Verkehrs hinaus; sie sind eine Verletzung der öffentlichen Sicherheit (s. Rn. 141). Auflagen, die diese Störung abwenden, sind daher grundsätzlich rechtmäßig. Denkbar ist z.B. die Auflage, eine Mindest-Fahrbreite einer Zufahrtsstraße zu gewährleisten (VGH Kassel HessVGRspr 1995, 70, zur Blockade der Zufahrt eines Brennelementewerks). In der

Abwägung wiegen die Belange der Versammlungsteilnehmer dabei weniger schwer, da absichtliche Blockaden rechtswidrig sind. Zugleich sind die Interessen der beeinträchtigten Verkehrsteilnehmer um so gewichtiger, je größer die Bedeutung der blockierten Straße für den allgemeinen Verkehr ist. Auflagen, die eine Blockade einer Autobahn untersagen, sind daher grundsätzlich rechtmäßig. Das Demonstrationsinteresse des Veranstalters wird allenfalls in seltenen Ausnahmefällen nur auf einer Bundesautobahn wirksam verwirklicht werden können. Zugleich werden Demonstrationen auf Bundesautobahnen häufig von der Absicht zu Blockaden getragen sein, so dass eine Untersagung, am angemeldeten Ort sich zu versammeln, zulässig ist (OVG Lüneburg DAR 1994, 507).

192 Je schwerwiegender die berechtigten Interessen Dritter sind, desto eher sind räumliche Beschränkungen der Versammlung zulässig. Daher kann die Auflage, dass eine Versammlung gegen einen Politiker nicht bis vor sein privates Wohnhaus führen dürfe, sondern einen gewissen Abstand hierzu einhalten müsse, rechtmäßig sein. Denn durch eine solche Versammlung würde das allgemeine Persönlichkeitsrecht des Politikers und seiner Angehörigen aus Art. 2 Abs. 1 GG erheblich betroffen, auch wenn sich gerade Politiker öffentlicher Kritik besonders stellen müssen (so VGH München BayVBl. 1995, 528, 529 ff. – Demonstration gegen den bayerischen Innenminister; vgl. auch OVG Koblenz NJW 1986, 2659 zum Verbot einer Versammlung vor der Privatwohnung des Bundeskanzlers; s. auch Rn. 139). Rechtmäßig ist daher auch die Auflage, dass eine unbefristet angemeldete Mahnwache einen Mindestabstand von 15 Metern vom Haupteingang des Rathauses einhalten muss. Zwar kann es gerechtfertigt sein, Beeinträchtigungen der Bewegungsfreiheit anderer und der Nutzung öffentlicher Gebäude von befristeter Dauer hinzunehmen. Beeinträchtigungen durch eine ortsfeste Versammlung längerer Dauer fallen hingegen stärker ins Gewicht und machen Auflagen mit räumlichen Beschränkungen rechtmäßig (VG Berlin, Beschl. v. 29.5.1996, 1 A 171/96 – Mahnwache vor dem Roten Rathaus).

193 Auflagen mit räumlichen Beschränkungen können auch zulässig sein, um konkurrierende Demonstrationen voneinander zu trennen mit dem Ziel, ein Zusammentreffen der Versammlungen und daraus entstehende Konflikte zu verhindern (BVerfG NVwZ-RR 2000, 553 zur Auflage, nicht durch das Brandenburger Tor zu ziehen). In solchen Fällen ist häufig das Schaffen von sog. „Pufferzonen" angebracht und auch zulässig. Bei sich überschneidenden Demonstrationsrouten von Versammlung und Gegenversammlung ist die Versammlungsbehörde verpflichtet, durch ihre Auflagen nach Möglichkeit jeder Versammlung einen „attraktiven Streckenverlauf" zu sichern. Mit einer Verlegung der einen Demonstration in Randbereiche der Stadt, während die andere die Innenstadt alleine nutzen kann, würde die Versammlungsbehörde ge-

Auflagen und Verbot

gen das verfassungsrechtliche Gebot unparteiischer Gewährleistung der Grundrechte aus Art. 8 Abs. 1 GG verstoßen (VG Karlsruhe, Beschl. v. 25. 10. 2001, 3 K 2707/01; ebenso zur inhaltlichen Neutralität BVerfGE 104, 92 – Strafbarkeit von Blockaden).

Die örtlichen Verhältnisse werden es in solchen Fällen häufig erforderlich machen, dass die Versammlungsbehörde bestimmte Plätze und Straßen der einen Versammlung überlässt, der anderen durch Auflagen zur angemeldeten Strecke hingegen verweigert. Auch hier gilt das Gebot unparteiischer Gewährleistung der Grundrechte aus Art. 8 Abs. 1 GG. Melden verschiedene Veranstalter für denselben Zeitpunkt und denselben Ort konkurrierende Versammlungen an, die für sich jeweils friedlich zu verlaufen versprechen, kann aus räumlichen Gründen jedoch an diesem Ort nur eine Demonstration stattfinden, ist es den Versammlungsbehörden und den Verwaltungsgerichten daher verwehrt, anhand einer inhaltlichen Bewertung der Versammlungen eine Auswahlentscheidung zu treffen; eine Entscheidung z.B. nach der – wie auch immer zu beurteilenden – „Ernsthaftigkeit und Gewichtigkeit" des Versammlungsthemas oder der Zahl der erwarteten Teilnehmer wäre willkürlich. Behörden und Gerichte haben vielmehr die Demonstrationsanliegen als gleichwertig zu behandeln, wenn die Versammlungen die öffentliche Sicherheit und Ordnung nicht gefährden. Die Entscheidung kann daher grundsätzlich nur nach dem Prioritätsprinzip getroffen werden, wenn es durch Auflagen nicht möglich ist, die beiden Versammlungen durch „Pufferzonen" zu trennen. Nach dem Prioritätsprinzip gebührt der zuerst angemeldeten Versammlung der Vorrang. 194

Das VG Berlin (Beschl. v. 24. 9. 1996, 1 A 333.96) hält dem entgegen, das Versammlungsgesetz sehe ein Prioritätsprinzip nicht vor; die behördliche Willensbildung könne sinnvollerweise erst zu einem Zeitpunkt erfolgen, zu dem alle Gesamtumstände bekannt seien. Dies trifft nur im Ausgangspunkt zu. Hält man an dem Grundsatz inhaltlich neutraler Entscheidung der Versammlungsbehörde fest, kann nur nach einem formalen Kriterium vorgegangen werden. Dabei ist das Prioritätsprinzip das nächstliegende. Wie problematisch es ist, vom Gebot unparteiischer Grundrechtsgewährleistung abzuweichen, verdeutlicht gerade der Beschluss des VG Berlin, mit dem der von Bund und Ländern unterstützten und unter der Schirmherrschaft des Bundestagspräsidenten stehenden Veranstaltung „Deutschlands Fest" am 3. 10. 1996 der Vorrang vor einer zuerst angemeldeten Demonstration unter dem Titel „Antimilitaristisches Oberjubelkommando" eingeräumt wurde. Zwar führt das VG Berlin aus, der Versammlungsbehörde stehe kein Auswahlermessen dergestalt zu, dass allein die in ihren Augen bedeutsamere Veranstaltung realisiert werden kann. Jedoch ist nur schwer nachvollziehbar, nach welchen anderen Kriterien das VG entschieden hat. Die Möglichkeit, die Demonstration an einem anderen Tag oder Ort durchzuführen, beeinträchtige den Veranstalter nur unerheblich, so das VG. Welche Beeinträchtigungen eine Ortsverlegung für „Deutschlands Fest" bedeuten würde, wird hingegen gar nicht erörtert. Auch für die vom VG als problematisch angesehene Folge des Prioritätsprinzips, dass es ein Veranstalter mit einer frühzeitigen Anmeldung in der Hand hätte, einen bestimmten Ort zu einer bestimmten Zeit zu „reservieren", war im konkreten Fall nichts ersichtlich; die Demonstration unter dem Titel „Antimilitaristisches Oberjubelkommando" war im Januar 1996 angemeldet worden.

Das Prioritätsprinzip erfährt jedoch Ausnahmen. Wird eine Vielzahl von Versammlungen mit dem Ziel angemeldet, durch die faktische Belegung öffentlicher Straßen und Plätze eine andere Demonstration zu verhindern, kann nicht nach dem Prioritätsprinzip entschieden werden. Eine solche flächendeckende Anmeldung von Demonstrationen in der Absicht, eine andere Demonstration zu verhindern, nimmt an der Schutzwirkung des Art. 8 Abs. 1 GG nicht teil, weil die Versammlungsfreiheit eine Bereitschaft zur Zielverfolgung allein mit kommunikativen Mitteln voraussetzt. Die Versammlungsbehörde muss hier versuchen, einen schonenden Ausgleich der widerstreitenden Interessen dadurch zu erreichen, dass durch Auflagen eine Kollision der Veranstaltungen verhindert wird (VGH Mannheim VBlBW 2002, 383, zur Belegung von 70 Örtlichkeiten in Verhinderungsabsicht; vgl. auch VG Hamburg NordÖR 2001, 117, das das Prioritätsprinzip einschränkt, wenn die später angemeldete Demonstration einen besonderen Bezug zum vorgesehenen Ort oder Zeitpunkt hat, was nicht unproblematisch ist).

(2) Auflagen zum Versammlungszeitpunkt

195 Als Auflagen zum Zeitpunkt der Versammlung sind hauptsächlich eine Verlegung und eine Befristung der Versammlung denkbar. Die durch eine Auflage verfügte Verlegung einer Versammlung auf einen anderen Zeitpunkt kann nur rechtmäßig sein, wenn die Durchführung am angemeldeten Tag die öffentliche Sicherheit oder Ordnung verletzte. In Betracht kommt dies insbesondere bei extremistischen Versammlungen an Gedenktagen, z.B. bei einer rechtsextremistischen Demonstration am Gedenktag für die Opfer des Nationalsozialismus. Das Bundesverfassungsgericht hat in diesem Fall einen Verstoß gegen die öffentliche Ordnung bejaht und die Verlegung um einen Tag für zumutbar und daher rechtmäßig erachtet, da ein Bezug der Versammlung zum angemeldeten Zeitpunkt nicht vorlag. Damit ist zwar ein Eingriff in das Selbstbestimmungsrecht des Veranstalters über den Zeitpunkt der Versammlung verbunden. Dieses gewährt jedoch nur das Recht des Veranstalters, sein Demonstrationsinteresse eigenständig zu konkretisieren. Kollidiert sein Grundrecht der Versammlungsfreiheit aber mit anderen Rechtsgütern, obliegt

Auflagen und Verbot

es der Versammlungsbehörde, diese Kollision im Wege der Abwägung der widerstreitenden Interessen aufzulösen (BVerfG NJW 2001, 1409, s. hierzu auch Rn. 125 ff.).

Dem wird entgegengehalten, die Versammlungsbehörde und die Gerichte könnten in solchen Fällen allenfalls die Befugnis haben, die Versammlung ganz zu verbieten. Mit der Auflage, die Veranstaltung zu verlegen, werde unzulässig in das Selbstbestimmungsrecht des Veranstalters über den Zeitpunkt der Veranstaltung eingegriffen (so Schörnig NVwZ 2001, 1247 f.; vgl. dazu auch Hoffmann-Riem NVwZ 2002, 262, mit dem Hinweis, im konkreten, vom Bundesverfassungsgericht entschiedenen Fall habe der Veranstalter die Versammlung in derselben Form zusätzlich für den darauffolgenden Tag angemeldet). Es ist jedoch nur theoretisch denkbar, dass die Verlegung der Versammlung den Veranstalter stärker belastet als ein Verbot. Vor einer Verlegung gebietet Art. 8 Abs. 1 GG, dass die Behörde mögliche Ausweichtermine im Wege der Kooperation mit dem Veranstalter bespricht – soweit dies zeitlich noch machbar ist – und dessen Vorstellungen nach Möglichkeit berücksichtigt. Bei einem solchen, rechtmäßigen Vorgehen der Behörde wird die Verlegung den Veranstalter daher stets weniger belasten als ein Verbot; ein Verbot wäre daher unverhältnismäßig. Verweigert der Veranstalter das Gespräch über Ausweichtermine, wird die Behörde die Verlegung auf den Tag verfügen, der dem Versammlungsinteresse nach ihrer pflichtgemäßen Einschätzung am ehesten entspricht. Dagegen wird der Veranstalter kaum erfolgreich mit der Begründung vorgehen können, die Verlegung sei auf den „falschen" Tag erfolgt.

Denkbar sind Verlegungen z.B. auch bei Versammlungen, die für den Jahrestag der Ernennung Adolf Hitlers zum Reichskanzler (30. 1. 1933), der Reichspogromnacht (9. 11. 1938) oder des Überfalls auf Polen (1. 9. 1939) angemeldet sind, sofern diese die öffentliche Sicherheit und Ordnung unmittelbar gefährden (vgl. Roth VBlBW 2003, 44, auch zu einer NPD-Versammlung am 1. Mai, für die der VGH Mannheim die Zulässigkeit einer Verlegung verneint habe). In der Nähe solcher Tage ist stets zu prüfen, ob Versammlungsanmeldungen mit unverfänglichen Kundgebungsthemen in Wahrheit auf die Durchführung einer extremistischen, z.B. den Nationalsozialismus verherrlichenden Veranstaltung gerichtet sind. Von einer solchen Täuschungsabsicht darf die Versammlungsbehörde jedoch nur ausgehen, wenn hierfür nachvollziehbare Anhaltspunkte bestehen. Andernfalls ist vom Selbstbestimmungsrecht des Veranstalters über den Zeitpunkt der Versammlung auszugehen, so dass eine Verlegung nicht in Betracht kommt (BVerfG NJW 2001, 1407: Zulässigkeit einer Verlegung verneint für einen Fackelaufzug der NPD am 26. 1. 2001; anders zuvor OVG Münster DVBl. 2001, 584, das einen Zusammenhang zur Machtergreifung Hitlers am 30. 1. 1933 bejahte).

196

Schwierig zu entscheiden gewesen wäre der Fall einer Demonstration in Dresden, mit der die Veranstalter die Bombardierung der Stadt am 13. Februar 1945 durch die Alliierten – die einen großen Teil der Stadt zerstörte und viele Opfer in der Zivilbevölkerung forderte – verteidigen wollten. Die Demonstration war am Jahrestag der Bombardierung geplant, wurde jedoch von den Veranstaltern abgesagt. In Dresden nimmt das Gedenken an den 13. Februar 1945 im öffentlichen Bewusstsein eine ganz überragende Bedeutung ein, die sich nicht zuletzt in einer Vielzahl von Gedenkveranstaltungen widerspiegelt (vgl. zu einer Versammlung kurz vor dem 50. Jahrestag OVG Bautzen NVwZ-RR 1995, 444). Eine Versammlung, die die Luftangriffe verteidigt und gerade am 13. Februar 2001 stattfindet, hätte wahrscheinlich das Anstandsgefühl der Mehrheit der Dresdner Einwohner und damit die öffentliche Ordnung verletzt. Daher wäre zwar kein Verbot, jedoch eine Verlegung der Versammlung auf einen anderen Tag in Betracht gekommen. Insoweit hätte es einer sehr sorgfältigen Abwägung der widerstreitenden Interessen bedurft. Dabei hätten die Veranstalter für sich ins Feld führen können, ihre Versammlung habe einen besonderen Bezug zum angemeldeten Kundgebungstag, so dass eine Verlegung ihr Selbstbestimmungsrecht über den Versammlungszeitpunkt beeinträchtige. Auch wäre zu berücksichtigen gewesen, dass jede Auffassung zur historischen Bewertung der Luftangriffe auf Dresden, solange sie sich nicht auf historisch erwiesen unwahre Behauptungen stützt, von der Meinungsfreiheit gedeckt ist (vgl. BVerfGE 90, 241, 247 ff.). Hätte sich die von der Mehrheit der Dresdner Bevölkerung empfundene Provokation auf das Äußern einer Auffassung zu den Luftangriffen beschränkt, ohne dass dadurch eine Straftat begangen worden wäre, hätte auch eine Verlegung nicht erfolgen können. Denn nach der Rechtsprechung des Bundesverfassungsgerichts können Maßnahmen nach § 15 Abs. 1 VersG bei kommunikativen Angriffen auf die öffentliche Sicherheit und Ordnung nur erfolgen, wenn durch diese Strafgesetze verletzt werden (s. Rn. 126 ff.).

197 Auch eine Befristung der Versammlung setzt selbstverständlich voraus, dass eine unbefristete Durchführung die öffentliche Sicherheit oder Ordnung gefährden würde. Rechtswidrig ist daher die Auflage, eine unbefristet angemeldete Versammlung bis zu einem bestimmten Tag zu begrenzen, wenn eine Gefahrenlage nicht ersichtlich ist (VG Berlin, Beschl. v. 29. 5. 1996, 1 A 171/96 zu einer unbefristet angemeldeten Mahnwache vor dem Roten Rathaus). In der Regel werden allein durch die unbefristete Dauer einer Versammlung polizeiliche Schutzgüter selten oder allenfalls geringfügig gefährdet sein. Denkbar sind vor allem Verletzungen der Bewegungsfreiheit Dritter durch dauernde stationäre Versammlungen. In solchen Fällen dürfte jedoch zumeist eine räumliche Beschränkung der Versammlung der geringere Eingriff sein.

Auflagen und Verbot

(3) Auflagen zu Art und Inhalt der Versammlung

Als Auflagen zur Art der Versammlung kommen insbesondere solche in Betracht, die die vom Veranstalter vorgesehenen Kundgebungsmittel betreffen. Die Wahl der Kundgebungsmittel gehört zur Ausübung des Grundrechts der Versammlungsfreiheit. Auflagen in diesem Bereich sind daher nur rechtmäßig, wenn sie die Versammlungsfreiheit nicht unverhältnismäßig beschränken. Maßgebliche Bedeutung hat dabei, wie und zu welchem Zweck die Kundgebungsmittel eingesetzt werden. Die Verwendung von Trommeln bei der Versammlung einer politischen Partei kann durch eine Auflage untersagt werden, wenn sie nicht der Erzielung von Aufmerksamkeit dient, sondern die Einschüchterung anderer Personen zur Folge hat. Eine Einschüchterung kann etwa dann eintreten, wenn mit den Trommeln im Takt geschlagen wird und die Versammlungsteilnehmer im Gleichschritt marschieren und daher die Versammlung ein paramilitärisches Gepräge erhält (OVG Weimar DVBl. 1999, 1754 – Leitsatz; ebenso VGH Mannheim VBlBW 2002, 383, zur Verwendung von Fackeln). Eine Auflage kann ebenfalls gerechtfertigt sein, wenn die Verwendung von Fahnen und deren zahlenmäßig großes Verhältnis zur Zahl der Versammlungsteilnehmer der Versammlung ein Gepräge wie Aufmärsche im sog. Dritten Reich geben (VG Dresden, Beschl. v. 19.3.1998, 12 K 791/98). Aber jegliche Auflage zu den verwendeten Kundgebungsmitteln ist nur rechtmäßig, wenn die vorgesehenen Kundgebungsmittel eine unmittelbare Gefährdung der öffentlichen Sicherheit oder Ordnung mit sich bringen (von OVG Weimar ThürVBl. 2000, 14 im konkreten Fall verneint für eine Auflage, keine Fahnenstangen von einer Länge über 1,50 Meter zu verwenden, insbesondere da keine konkreten Anhaltspunkte für einen Gebrauch als Waffen vorlagen; von OVG Greifswald NordÖR 2001, 115 verneint für das Mitführen von Bundesflaggen, Landesflaggen und Parteifahnen der NPD).

198

Eine zulässige Auflage zur Art der Versammlung kann es auch sein, zu untersagen, in Blöcken zu marschieren, wenn andernfalls ein Aufzug paramilitärischen Gepräges zu erwarten ist (OVG Münster NVwZ 2001, 706).

199

Ein regelmäßig noch stärkerer Eingriff in die Versammlungsfreiheit ist mit Auflagen zum Inhalt der Versammlung verbunden. Auflagen zu Versammlungsthemen sind stets ein Eingriff in das Selbstbestimmungsrecht des Veranstalters. Nach der Entscheidung des Bundesverfassungsgerichts zu einer rechtsextremistischen Demonstration am Holocaust-Gedenktag folgt zwar aus dem Selbstbestimmungsrecht nur, dass der Veranstalter sein Demonstrationsinteresse eigenständig konkretisieren darf; daher besagt der Umstand, dass ein Eingriff in das Selbstbestimmungsrecht vorliegt, noch nichts darüber, wie die Kollision mit anderen Rechtsgütern aufzulösen ist (s. Rn. 190, 195). Die Entscheidung erging jedoch zu einer zeitlichen Verlegung einer Versamm-

200

lung. Demgegenüber wiegen Auflagen zu Versammlungsthemen in der Regel noch schwerer. Die Schwere dieses Eingriffs ist stets besonders zu berücksichtigen. Die folgenden Auflagen zum Inhalt der Versammlung sind daher nur unter strengen Voraussetzungen zulässig.

Die Untersagung, bestimmte Themen zu erörtern, kann eine zulässige Auflage sein. Der VGH München hat dies bejaht bei Versammlungsthemen, zu denen üble Nachrede und Verleumdungen von Personen des politischen Lebens zu erwarten waren, die über eine zulässige Meinungsäußerung hinausgingen, da wahrheitswidrig ehrenrührige Tatsachen verbreitet wurden (BayVBl. 1983, 54, 55). Dem ist grundsätzlich zuzustimmen. Äußerungen, die keinen Schutz der Rechtsordnung genießen, können auch angesichts der Grundrechte aus Artt. 5, 8 GG durch eine Auflage untersagt werden. Ob die streitigen Thesen sich im Rahmen der Rechtsordnung bewegen, bestimmt sich im Bereich des strafrechtlichen Ehrenschutzes entscheidend danach, ob die Verbreitung dieser Thesen nach § 193 StGB in Wahrnehmung berechtigter Interessen erfolgt; dabei ist die Bedeutung der Artt. 5, 8 GG selbstverständlich zu berücksichtigen (s. hierzu auch Rn. 136). Deren Schutzbereich ist jedoch genau zu bestimmen. Die Verbreitung erwiesenermaßen falscher Tatsachen wie z.B. der sog. „Holocaust-Lüge" ist durch das Grundrecht der Meinungsfreiheit nicht gedeckt. Eine entsprechende versammlungsrechtliche Auflage wäre daher zulässig. Hingegen erfasst das allgemein gehaltene Verbot ausländerfeindlicher Äußerungen auch Äußerungen, die noch keine Gefährdung der öffentlichen Sicherheit und Ordnung bedeuten, und geht daher über das Zulässige hinaus (vgl. VGH Mannheim NVwZ-RR 1995, 273, 274; VBlBW 2002, 383). Dagegen ist die Untersagung, die Parole „wir sind wieder da" zu skandieren, für rechtmäßig gehalten worden, da sie im konkreten Fall im Zusammenwirken mit weiteren Umständen als Anknüpfung an das nationalsozialistische Regime erschien (OVG Bautzen SächsVBl. 2002, 216; zweifelhaft, da ein Verstoß gegen Strafgesetze nicht festgestellt war).

201 Ebenso kann das Auftreten bestimmter Redner (OVG Bautzen SächsVBl. 2002, 216, für zu erwartende volksverhetzende Reden; OVG Greifswald LKV 1999, 232, 233; NordÖR 2001, 115; VG Freiburg VBlBW 2002, 497 bezüglich eines Redners, der mehrfach und bis in jüngste Zeit wegen Volksverhetzung zu Freiheitsstrafen ohne Bewährung verurteilt worden ist) oder Liedermacher (OVG Bautzen SächsVBl. 1998, 6, 9) verboten werden, um volksverhetzende Beiträge oder die Verbreitung von Propagandamitteln verfassungswidriger Organisationen zu verhindern. Dabei ist jedoch nach der Rechtsprechung des Bundesverfassungsgerichts Verschiedenes zu beachten:
– Anders als das Verbot, wegen drohender Verletzung der Strafgesetze bestimmte Themen zu erörtern, ist ein Redeverbot für bestimmte Personen geeignet, auch die Äußerung nicht strafbarer, unbedenklicher Meinungen zu

unterbinden. Die Versammlungsbehörde wird daher begründen müssen, warum nicht ein milderes Mittel zur Gefahrenabwehr zur Verfügung stand.
- An die Darlegung der Gründe für ein Redeverbot sind hohe Anforderungen zu stellen, da eine solche Auflage ein empfindlicher Eingriff in die Meinungsäußerungsfreiheit des Redners und der Versammlungsfreiheit der Versammlungsteilnehmer ist.
- Ist die vorgesehene Rede Teil einer Versammlung einer nicht verbotenen Partei, ist die Sperrwirkung des Art. 21 GG (s. Rn. 162) zu berücksichtigen. Funktionäre, Mitglieder und Anhänger einer nicht verbotenen Partei dürfen grundsätzlich nicht gehindert werden, die Ziele ihrer Partei einer breiten Öffentlichkeit zu vermitteln und für diese auf Parteiveranstaltungen zu werben (vgl. zu allem BVerfG DVBl. 2002, 970; 2002, 690)

Die Teilnahme störender Personen des eigenen Anhangs des Veranstalters kann untersagt werden, auch wenn diese Personen lediglich einfache Teilnehmer sind. Zwar hat der Veranstalter einer Versammlung unter freiem Himmel kein Recht zum Ausschluss Dritter, wie es § 6 Abs. 1 VersG für Versammlungen in geschlossenen Räumen vorsieht; § 18 Abs. 1 VersG verweist auf § 6 Abs. 1 VersG gerade nicht. Dies bedeutet jedoch nur, dass der Veranstalter nicht aus eigenem Recht Dritte von Versammlungen unter freiem Himmel von vornherein ausschließen kann; dies beruht darauf, dass jedermann aufgrund des Gemeingebrauchs an öffentlichen Straßen und Plätzen sich einer solchen Demonstration anschließen kann. Daraus folgt freilich nicht, dass dem Veranstalter nicht durch eine Auflage aufgegeben werden kann, Personen aus dem eigenen Anhang von der Teilnahme abzuhalten (so zutreffend VGH München BayVBl. 1995, 403 mit Nachweisen zur überwiegend in der Literatur vertretenen Gegenmeinung).

202

(4) Sonstige Auflagen

Darüber hinaus kommen folgende Auflagen in Betracht, soweit sie zur Gefahrenabwehr geeignet und erforderlich sind und die Versammlungsfreiheit nicht über Gebühr beschränken:

203

- Anwesenheit der Ordner zu einem bestimmten Zeitpunkt an einem bestimmten Ort; Pflicht der Ordner, sich der Polizei vorzustellen (OVG Münster NVwZ 2001, 706);
- Verbot, bestimmte Personen als Ordner einzusetzen (OVG Bautzen NVwZ-RR 2002, 435);
- Polizeiliche Meldeauflagen für den Zeitraum einer Versammlung, wenn Anhaltspunkte dafür vorliegen, dass gerade von den davon Betroffenen bei der Versammlung konkrete Straftaten zu erwarten sind (VGH Mannheim, Urt. v. 16.11.1998, 1 S 1315/98, im konkreten Fall die Zulässigkeit einer sol-

Öffentliche Versammlungen unter freiem Himmel

chen Auflage verneinend; das Gericht nahm an, es handele sich um eine nach der polizeilichen Generalklausel zu beurteilende Maßnahme, da sie im Vorfeld der Versammlung wirke – m.E. zu Unrecht, s. Rn. 48);
- Verbot, Kleidungsstücke mit der deutlich erkennbaren Zahl „14" (rechtsextremistischer Kampfruf) zu tragen (OVG Bautzen SächsVBl. 2002, 216);
- Verbot des Aufstellens vom Imbissständen, Zelten und Sitzgelegenheiten, da diese nicht unmittelbar dem Versammlungszweck dienen (s. Rn. 52);
- Auflagen zur Straßenreinigung im Anschluss an die Versammlung (s. Rn. 54).

204 Vor Einfügung des § 17a VersG haben die Gerichte auch Auflagen, die Vermummung und das Tragen von Schutzwaffen untersagten, für zulässig gehalten (VG Minden NVwZ 1984, 331; VG Berlin NVwZ 1982, 268). Dies ist nun kraft Gesetzes verboten, so dass solche Auflagen entbehrlich sind.

205 Unzulässig sind dagegen folgende Auflagen:
- Sicherung ausreichender medizinischer Versorgung durch Stellen von Rettungswagen und Arzt seitens des Veranstalters, wenn die medizinische Versorgung durch vorhandene Krankenhäuser gedeckt ist (OVG Greifswald NordÖR 2001, 115);
- Begrenzung der Teilnehmerzahl (Ridder-Breitbach/Deiseroth/Rühl, § 15 VersG Rn. 180);
- Verbot des Einsatzes von Lautsprechern, wenn dieser für eine effektive Durchführung der Versammlung erforderlich ist (s. Rn. 53);
- Verbot des Verkaufs von Druckerzeugnissen zum Selbstkostenpreis (s. Rn. 52);
- Verbot des Aufstellens von Informationsständen (str., s. Rn. 52).

4.2.5.2.2 Verbot

206 Nach der Rechtsprechung des Bundesverfassungsgerichts und der Verwaltungsgerichte sind Versammlungsverbote nur zum Schutz von Rechtsgütern zulässig, die der Versammlungsfreiheit zumindest gleichwertig sind. Versammlungsverbote wegen Gefahren für die öffentliche Ordnung sind daher im allgemeinen ausgeschlossen. Zwar haben verschiedene Oberverwaltungsgerichte auch insoweit Verbotsverfügungen für rechtmäßig gehalten. Das Bundesverfassungsgericht ist dem jedoch zu Recht entgegen getreten (s. Rn. 125ff.).

Ein fester Katalog von Rechtsgütern, die der Versammlungsfreiheit gleichwertig sind und daher Versammlungsverbote rechtfertigen können, existiert nicht. Entsprechend allgemeinen Grundsätzen kommt es auch insoweit stets

Auflagen und Verbot

auf den konkreten Fall an. Für diesen sind Umfang und Intensität der den kollidierenden Gütern drohenden Beeinträchtigungen zu prüfen (Dietel/Gintzel/Kniesel, § 15 VersG Rn. 84 ff.).

Einigkeit besteht darüber, dass Versammlungen, die einen gewalttätigen Verlauf zu nehmen drohen, verboten werden können. Das Recht auf Leben und das auf körperliche Unversehrtheit haben gegenüber der Versammlungsfreiheit nicht zurückzutreten (vgl. BVerfG DVBl. 2000, 1593, 1595; Zeitler, Rn. 163; Ridder-Breitbach/Deiseroth/Rühl, § 15 VersG Rn. 249).

Des weiteren hat die Rechtsprechung Versammlungsverbote für gerechtfertigt gehalten bei
- Gefahren für das Persönlichkeitsrecht Dritter, vor deren Privatwohnungen Demonstrationen stattfinden sollen (s. Rn. 139, 192),
- der Gefahr des Verwendens von Symbolen einer verbotenen Vereinigung (VGH Mannheim VBlBW 1999, 462),
- drohenden Verstößen gegen §§ 86, 86 a, 130 StGB durch eine rechtsextreme Demonstration in der Nähe eines ehemaligen Konzentrationslagers (BVerfG NVwZ 2002, 714, zu OVG Münster NVwZ 2002, 737; ebenso VGH Mannheim MDR 1995, 107 für die Gefahr volksverhetzender Äußerungen bei einer Rudolf Heß-Kundgebung),
- absichtlichen Straßen- oder Schienenblockaden (OVG Lüneburg NuR 1997, 202).

Dagegen reichen für ein Versammlungsverbot nicht aus
- die Befürchtung der Verbreitung nationalsozialistischen Gedankenguts (BVerfG NJW 2001, 2072; s. hierzu Rn. 126 ff.),
- Beeinträchtigungen des Straßenverkehrs, die mit jeder Demonstration notwendig einhergehen (vgl. VGH München NJW 1984, 2116; Zeitler, Rn. 164).

Auch wenn im konkreten Fall Gefährdungen eines Rechtsguts zu erwarten sind, das der Versammlungsfreiheit gleichwertig ist, ist stets genau zu prüfen, ob der Gefahr durch mildere Maßnahmen begegnet werden kann. Hierzu gehören nicht nur Auflagen, sondern auch die nachträgliche Auflösung der Versammlung. Je geringer die drohende Rechtsgutbeeinträchtigung wiegt, um so eher kann es angesichts der Bedeutung der Versammlungsfreiheit angemessen sein, die Versammlung nicht zu verbieten, ihren Verlauf abzuwarten und bei Eintritt der erwarteten Gefahren einzuschreiten.

207

Umstritten ist, ob nach § 15 Abs. 1 VersG ein sogenanntes Flächenverbot ergehen kann, also ein Verfügung, mit der jegliche Versammlung in einem bestimmten Gebiet untersagt wird (zur Abgrenzung zwischen Auflage und Verbot s. Rn. 183). Das Bundesverfassungsgericht hat in der Brokdorf-Ent-

208

scheidung das Verbot von Versammlungen in einem Gebiet mit einem Radius von 4,5 bis 9 km um das Kernkraftwerk Brokdorf nicht beanstandet, jedoch gegen ein Versammlungsverbot für eine Fläche von 200 km² Bedenken geäußert (BVerfGE 69, 315, 366 ff.). Die Frage kann sich auch für Verbote entlang von Bahnlinien stellen, über die Castor-Transporte erfolgen sollen. Die Literatur hält solche Verbote als generelle Verbote für rechtswidrig, da nach § 15 Abs. 1 VersG nur „die" Versammlung, also eine einzelne Versammlung verboten werden könne. Die Befugnis, eine Rechtsverordnung zu erlassen, enthalte die Vorschrift hingegen nicht. Nur § 16 VersG ermächtige zu Flächenverboten (Dietel/Gintzel/Kniesel, § 15 VersG Rn. 15; Zeitler, Rn. 156, m.w.N.). Das trifft m.E. nicht zu. Im Anschluss an die Endiviensalat-Entscheidung des Bundesverwaltungsgerichts geht die h.M. im allgemeinen Verwaltungsrecht davon aus, dass zur Bekämpfung konkreter Gefahren auch allgemeine Handlungsverbote mittels Verwaltungsakt erlassen werden können, da sie *zur* Regelung eines Einzelfalls ergehen, wie es § 35 Satz 1 VwVfG verlangt. Auf den Zweck (einen Einzelfall zu regeln), nicht auf den Inhalt der Regelung kommt es daher maßgeblich an (Stelkens/Bonk/Sachs-P.Stelkens/ U. Stelkens, § 35 VwVfG Rn. 212 af. m.w.N.). Ein Flächenverbot kann daher als Verwaltungsakt ergehen; einer Rechtsverordnung bedarf es nicht.

Auch der Wortlaut des § 15 Abs. 1 VersG steht nicht entgegen. Zwar geht die Vorschrift für den Regelfall vom Verbot einer einzelnen Versammlung aus. Wenn jedoch wegen eines konkreten, objektiv bestimmbaren Ereignisses mit einer Vielzahl nur lose verbundener Veranstalter und Demonstrationsgruppen gerechnet werden muss, kann eine Allgemeinverfügung mit einem Flächenverbot ergehen (VG Lüneburg, Beschl. v. 11.11.2002, 3 B 76/02, zu einem Flächenverbot wegen eines Castor-Transports; ebenso Beschl. v. 28.2. 1997, 7 B 49/97). Auch aus § 16 VersG folgt nichts anderes. Denn ein nach § 15 Abs. 1 VersG erlassenes Flächenverbot hat – anders als das gesetzliche Versammlungsverbot in Bannkreisen – Wirkungen nur für einen bestimmten Zeitraum und ergeht aufgrund eines konkreten Anlasses. Es kann daher zulässig sein (VG Lüneburg, Beschl. v. 6.5.1996, 7 A 50/95, unter II 1 b und c, zu einem Flächenverbot wegen eines Castor-Transports). Voraussetzung eines rechtmäßigen Flächenverbots ist jedoch, dass in der gesamten vorgesehenen Fläche eine unmittelbare Gefahr für die öffentliche Sicherheit und Ordnung besteht; die Versammlungsbehörde muss die entsprechenden Anhaltspunkte hierfür belegen (VG Lüneburg, a.a.O., eine ausreichende Gefahrenprognose im konkreten Fall verneinend).

Wenn eine Gefahr für die öffentliche Sicherheit und Ordnung in dem von der Verfügung der Versammlungsbehörde erfassten Bereich vorliegt, sind bei der Prüfung der Verhältnismäßigkeit die Folgen für das Versammlungsinteresse des Veranstalters zu berücksichtigen. Dieses Interesse ist um so weniger

Auflagen und Verbot

beeinträchtigt, je kleiner die von der Verfügung erfasste Fläche ist. Eine Allgemeinverfügung, die Versammlungen anlässlich eines Castor-Transports in einem Korridor entlang der Bahnlinie untersagt, verbietet nicht die Durchführung von Protestdemonstrationen gegen den Transport, sondern beschränkt lediglich die Durchführung solcher Demonstrationen in örtlicher Hinsicht. Es handelt sich also nur um die Beschränkung des Rechts zur Bestimmung des Orts einer Versammlung (BVerfG NJW 2001, 1411), nicht um ein Verbot nach § 15 Abs. 1 VersG. Dabei darf die Versammlungsbehörde, da bei einem Castor-Transport über eine lange Strecke eine sehr komplexe polizeiliche Aufgabe zu bewältigen ist, die Beschränkung der Versammlungsmodalitäten auch an dem Ziel orientieren, den polizeilichen Schutzauftrag umfassend wahrzunehmen; wie sie diese Aufgabe unter Hinzuziehung des Bundesgrenzschutzes und der Polizeikräfte anderer Länder bewältigt, liegt in ihrer Entscheidung (BVerfG, a.a.O.).

4.2.6 Erlass einer Verbots- oder Auflagenverfügung
4.2.6.1 Adressat der Verfügung

Eine Verfügung, mit der ein Versammlungsverbot ausgesprochen oder Auflagen gemacht werden, ist auf jeden Fall an den Veranstalter der Versammlung zu richten. Denn ihn treffen die mit einer solchen Verfügung auferlegten Pflichten (Dietel/Gintzel/Kniesel, § 15 VersG Rn. 44; Ridder-Breitbach/Deiseroth/Rühl, § 15 VersG Rn. 166, 247). Auflagen oder Verbot ergehen daher in einem an den Veranstalter gerichteten Verwaltungsakt nach § 35 Satz 1 VwVfG.

209

Daneben oder stattdessen kommt auch der Erlass einer Allgemeinverfügung nach § 35 Satz 2 VwVfG in Betracht, insbesondere wenn sich Auflagen oder Verbot an noch unbekannte oder unbestimmte Veranstalter richten sollen. Von dieser Möglichkeit können die Versammlungsbehörden vor allem Gebrauch machen, wenn Verbote für bestimmte Flächen ergehen, z.B. für die näher bestimmte Umgebung von Gleisanlagen, auf denen Castor-Transporte stattfinden sollen, und nicht abzusehen ist, welche weiteren Gruppen Demonstrationen in diesem Bereich veranstalten wollen (Dietel/Gintzel/Kniesel, § 15 VersG Rn. 17 m.w.N.).

Ob es stets neben der Verfügung an den Veranstalter noch einer Allgemeinverfügung gegenüber den Teilnehmern der Versammlung bedarf, ist umstritten. Für Auflagen wird ganz überwiegend eine Notwendigkeit für eine solche Allgemeinverfügung nicht gesehen. Auflagen, die Teilnehmer betreffen, hat der Veranstalter an diese bekannt zu geben. Diese Bekanntgabe vorzunehmen, sollte ihm vorsorglich durch eine Auflage aufgegeben werden (Zeitler, Rn. 217; Dietel/Gintzel/Kniesel, § 15 VersG Rn. 44).

210

Versammlungsverbote werden in der Praxis nur selten durch eine Allgemeinverfügung auch gegenüber potentiellen Teilnehmern bekannt gegeben. Überwiegend wird eine solche in der Literatur auch nicht für erforderlich gehalten (so wohl Dietel/Gintzel/Kniesel, § 15 VersG Rn. 19; Ridder-Breitbach/Deiseroth/Rühl, § 15 VersG Rn. 247, 166). Nach allgemeinen Grundsätzen werden Verwaltungsakte jedoch nur gegenüber den Personen wirksam, denen sie bekannt gegeben werden (§ 43 VwVfG; vgl. nur Stelkens/Bonk/Sachs-Sachs, § 43 VwVfG Rn. 169). Teilnehmer haben kein vom Veranstalter abgeleitetes, sondern ein eigenes Teilnahmerecht. Dieses bleibt von der rechtsgestaltenden Wirkung eines Versammlungsverbots, der Versammlung den versammlungsrechtlichen Schutz zu nehmen, unberührt. Zwar nimmt die Rechtsprechung auch für die Auflösung an, dass diese die Versammlung zu einer bloßen Ansammlung macht, die nicht mehr dem versammlungsrechtlichen Schutz unterliegt (s. Rn. 224). Jedoch ergeht die Auflösung in der Regel an alle anwesenden Versammlungsteilnehmer und wird ihnen damit – anders als ein nur an den Veranstalter gerichtetes Verbot – bekannt gegeben. Die Wirksamkeit des Versammlungsverbots gegenüber Versammlungsteilnehmern hängt daher von der Bekanntgabe auch an diese ab. Aus diesen Gründen sollte das Verbot auch als Allgemeinverfügung gegenüber allen potentiellen Teilnehmern ergehen und bekannt gegeben werden (so zutreffend Zeitler Rn. 179 ff.; ebenso Stelkens/Bonk/Sachs-P. Stelkens/U. Stelkens, § 35 VwVfG Rn. 211 m.w.N.). Handelt die Versammlungsbehörde nicht in dieser Weise, sondern erlässt nur eine Verbotsverfügung gegenüber dem Veranstalter, bleibt deren Wirksamkeit gegenüber dem Veranstalter jedoch unberührt.

4.2.6.2 Verfahren

211 Zuständig ist die Behörde, die von den jeweiligen landesrechtlichen Vorschriften als zur Durchführung des Versammlungsgesetzes zuständige Behörde bestimmt worden ist. In der Regel ist dies die Kreispolizeibehörde oder das Polizeipräsidium (vgl. Zeitler, Rn. 178 mit Fn. 159 zu den einzelnen landesrechtlichen Vorschriften).

Vor Erlass einer belastenden Verfügung ist der Veranstalter anzuhören (§§ 28 Abs. 1, 13 Abs. 1 Nr. 1 VwVfG). Das geschieht zweckmäßigerweise im Rahmen des Kooperationsgesprächs. Dieses ersetzt jedoch nicht per se die gesetzlich vorgeschriebene Anhörung. Eine Anhörung setzt voraus, dass die Behörde zu den beabsichtigten Maßnahmen Gelegenheit zur Stellungnahme gibt (vgl. OVG Weimar DVBl. 1996, 1446, 1447). Von der Anhörung kann nur ausnahmsweise abgesehen werden, wenn wegen Bevorstehens der Versammlung eine sofortige Entscheidung wegen Gefahr im Verzug notwendig erscheint (§ 28 Abs. 2 Nr. 1 VwVfG). Dies wird nur sehr selten zu bejahen sein. Gefahr im Verzug liegt nur vor, wenn auch eine telefonische Anhörung zu spät käme (Stelkens/Bonk/Sachs-Bonk/Kallerhoff, § 28 VwVfG Rn. 51, bei Fn. 174, gerade für den Fall eines Versammlungsverbots).

Nach § 28 Abs. 1 VwVfG sind nur Beteiligte anzuhören. Dritte sind daher nur anzuhören, wenn sie von der Behörde zum Verfahren hinzugezogen worden und daher Beteiligte i.S.d. § 13 Abs. 1 Nr. 4 VwVfG sind. Diese Hinzuziehung ist konstitutiv; erst mit ihr entsteht die Beteiligtenstellung und damit die Pflicht zur Anhörung (Stelkens/Bonk/Sachs-Bonk/Schmitz, § 13 VwVfG Rn. 25, 41; Stelkens/Bonk/Sachs-Bonk/Kallerhoff, § 28 VwVfG Rn. 32). Jedoch besteht eine Pflicht zur Hinzuziehung, wenn der Ausgang des Verfahrens rechtsgestaltende Wirkung für einen Dritten hat (§ 13 Abs. 2 Satz 2 VwVfG). Dies kann bei einer Verfügung nach § 15 Abs. 1 VersG nur selten der Fall sein. Denkbar ist dies insbesondere bei konkurrierenden Anmeldungen von Demonstrationen für dieselbe Zeit und denselben Ort. In solchen Fällen kann ein gemeinsames Kooperationsgespräch mit beiden Anmeldern schon aus tatsächlichen Gründen geboten sein, um zu versuchen, eine einvernehmliche Lösung zu erreichen.

Die Verfügung ist nach § 41 VwVfG bekannt zu geben. Eine Allgemeinverfügung kann gemäß § 41 Abs. 3 Satz 2 VwVfG öffentlich bekannt gegeben werden.

4.2.6.3 Form

Eine bestimmte Form sieht das Versammlungsgesetz für eine Auflagen- oder Verbotsverfügung nicht vor. Sie kann daher schriftlich, mündlich oder in anderer Form erlassen werden (§ 37 Abs. 2 Satz 1 VwVfG). In der Regel sollte die Verfügung jedoch schriftlich erlassen werden. Denn der Adressat eines mündlichen Verwaltungsakts kann dessen schriftliche Bestätigung verlangen (§ 37 Abs. 2 Satz 2 VwVfG). Auch eine etwaige gerichtliche Überprüfung der Verfügung kann regelmäßig nur anhand eines schriftlichen und daher nach § 39 VwVfG begründeten Verwaltungsakts vorgenommen werden. Um im gerichtlichen Verfahren obsiegen zu können, liegt es daher im ureigensten Interesse der Versammlungsbehörde, eine schriftliche und sorgfältig begründete Verfügung zu erlassen. Nur in absoluten Ausnahmefällen, wenn die bevorstehende Versammlung aus Zeitgründen keine schriftliche Abfassung erlaubt, sollte die Versammlungsbehörde eine Maßnahme nach § 15 Abs. 1 VersG mündlich erlassen.

212

4.2.6.4 Inhalt

Sowohl der Tenor als auch die Begründung der Auflagen- und Verbotsverfügung sind von ausschlaggebender Bedeutung für ihre Rechtmäßigkeit. Bei

213

der Abfassung des Tenors ist zuerst wesentlich, dass die Anordnungen eindeutig sind. Die Behörde sollte sich zunächst selbst klar werden, welche Verfügungen sie treffen will. Dann muss sie dies genau sowie in schnörkelloser und sachlicher Sprache formulieren. Andernfalls besteht die Gefahr, eine inhaltlich nicht hinreichend bestimmte und daher rechtswidrige Verfügung zu erlassen. Inhaltlich nicht hinreichend bestimmt ist z.B. die Auflage, ausländerfeindliche Äußerungen zu unterlassen, die geeignet sind, Teile der Bevölkerung einzuschüchtern und zu verängstigen. Es ist für den Adressaten der Verfügung nicht erkennbar, welche Äußerungen im einzelnen verboten sein sollen (VGH Mannheim NVwZ-RR 1995, 273, 274, insoweit auch eine Gefährdung der öffentlichen Sicherheit und Ordnung verneinend). Ebenfalls nicht hinreichend bestimmt sind auch Auflagen, die Nähe von Militäranlagen zu meiden, den Straßenverkehr nicht übermäßig zu beeinträchtigen oder Lautsprecher nicht in übermäßiger Lautstärke zu betreiben (Ridder-Breitbach/Deiseroth/Rühl, § 15 VersG Rn. 159 m.w.N.).

Des weiteren ist bei der Abfassung des Tenors wesentlich zu prüfen, ob nach § 80 Abs. 2 Nr. 4 VwGO der Sofortvollzug anzuordnen ist. Dies ist in der Regel veranlasst. Schließlich ist stets die Möglichkeit des Verbots einer Ersatzveranstaltung zu bedenken.

214 Auch sollte die Versammlungsbehörde den Erlass von „Nebenentscheidungen" prüfen. Dazu gehören insbesondere Maßnahmen, die nicht auf dem Versammlungsgesetz beruhen. Dies sind vor allem

– Verbote von Aktivitäten, die nicht versammlungsimmanent sind und für die eine straßenrechtliche Sondernutzungserlaubnis fehlt (s. Rn. 52),

– Verfügungen zur Reinigungspflicht nach Durchführung der Versammlung (s. Rn. 54).

215 Die Abfassung des Entscheidungstenors bereitet einer erfahrenen Versammlungsbehörde in aller Regel keine wesentlichen Probleme. Maßgeblich für den Bestand einer Auflagen- und Verbotsverfügung im gerichtlichen Verfahren ist daher die Begründung des Verwaltungsakts. Generell ist die strikte Trennung zwischen Sachverhaltsdarstellung und rechtlicher Bewertung zu empfehlen. Wenn in der Sache ausreichende Gründe für die erlassenen Auflagen oder das ergangene Verbot vorhanden sind, gewinnt die Verfügung durch diese Trennung zusätzlich an Überzeugungskraft. Im Rahmen der rechtlichen Bewertung sind die im Rahmen dieses Kapitels ausführlich dargelegten Anforderungen des § 15 Abs. 1 VersG zu beachten. Auf Begründungselemente, die keine Aussicht auf Erfolg versprechen, wie z.B. die Verfassungsfeindlichkeit einer nicht verbotenen Partei, sollte von vornherein verzichtet werden. Sie schwächen die Überzeugungskraft sonstiger, stichhaltiger Gründe für ein Verbot oder Auflagen ab.

Für den Bescheid können, soweit entsprechende Rechtsgrundlagen in den Ländern bestehen, die dort vorgesehenen Kosten erhoben werden; die Kostenerhebung ist mit Art. 8 GG vereinbar (VGH München DÖV 2002, 785).

4.3 Auflösung nach § 15 Abs. 2 und 3 VersG

4.3.1 Bedeutung der Vorschrift

Durch die Auflösung wird die Versammlung beendet. Sie ist ein rechtsgestaltender Verwaltungsakt, der der Versammlung den Schutz des Art. 8 Abs. 1 GG nimmt. Die aufgelöste Versammlung wird zur bloßen Ansammlung (OVG Saarlouis, Urt. v. 27.10.1988, 1 R 169/86). § 15 Abs. 2 und 3 VersG sind eine abschließende Regelung zum Erlass einer Auflösungsverfügung für Versammlungen unter freiem Himmel.

216

4.3.2 Auflösungsgründe

Nach dem Wortlaut des § 15 Abs. 2 VersG kann eine Versammlung aufgelöst werden, wenn sie nicht angemeldet ist, wenn von den Angaben in der Anmeldung abgewichen oder Auflagen zuwidergehandelt wird oder wenn die Voraussetzungen für ein Versammlungsverbot nach § 15 Abs. 1 VersG vorliegen.

217

Jedoch erfährt der Wortlaut des § 15 Abs. 2 VersG aus verfassungsrechtlichen Gründen Einschränkungen: Allein auf die unterlassene Anmeldung kann eine Auflösung der Versammlung nicht gestützt werden. Für Spontanversammlungen folgt dies daraus, dass das Anmeldeerfordernis für sie aus verfassungsrechtlichen Gründen nicht gilt (s. Rn. 111). Folglich kann die unterlassene Anmeldung auch kein Auflösungsgrund sein. Auch soweit es sich nicht um Spontandemonstrationen handelt, kann die unterlassene Anmeldung nicht schematisch zur Auflösung führen (BVerfGE 69, 315, 350f.). Da für diese Versammlungen eine Anmeldepflicht besteht, liegt jedoch ein Verstoß gegen § 14 VersG vor. Dieser kann für eine Auflösung jedoch nur erheblich sein, wenn die Anmeldung unterlassen wurde, um eine konspirative Versammlung zu veranstalten, und hierdurch die öffentliche Sicherheit oder Ordnung unmittelbar gefährdet wird (Dietel/Gintzel/Kniesel, § 15 VersG Rn. 56).

Auch das Abweichen von den Angaben in der Anmeldung berechtigt nicht per se zur Auflösung der Versammlung. Häufig wird das Abweichen nicht dem Veranstalter zuzurechnen sein, etwa wenn angegebene Zeiten nicht eingehalten oder Teilnehmerzahlen nicht erreicht werden. Erst wenn die Abweichung eine unmittelbare Gefahr für die öffentliche Sicherheit oder Ordnung hervorruft, kann eine Auflösung in Betracht kommen (allg. M., vgl. Ridder-Breitbach/Deiseroth/Rühl, § 15 VersG Rn. 281). Fehlt es an einer Gefahr für die öffentliche Sicherheit oder Ordnung, wäre eine Auflösung wegen Abweichung von Angaben in der Anmeldung jedenfalls ermessensfehlerhaft, da mit der Bedeutung der Versammlungsfreiheit unvereinbar.

Werden verfügte Auflagen nicht beachtet, wird regelmäßig die öffentliche Sicherheit oder Ordnung verletzt sein. Denn die Auflage setzt eine unmittelbare Gefahr für die öffentliche Sicherheit oder Ordnung voraus. Die Polizei wird, wenn dies zeitlich möglich ist, zunächst – als milderes Mittel – versuchen, die Einhaltung der Auflage durchzusetzen.

Für den Auflösungsgrund, dass die Voraussetzungen für ein Verbot vorliegen, ergeben sich gegenüber § 15 Abs. 1 VersG keine Besonderheiten; die obigen Ausführungen gelten hier entsprechend.

218 Einen weiteren Auflösungsgrund enthält § 15 Abs. 3 VersG. Danach ist eine verbotene Versammlung, die dennoch stattfindet, aufzulösen. Hierzu zählen zum einen die durch Verwaltungsakt nach § 15 Abs. 1 VersG verbotenen Versammlungen, zum anderen die kraft Gesetzes verbotenen Versammlungen; dies sind Versammlungen in den Bannkreisen und befriedeten Bezirken (s. Rn. 151 ff.) und an Sonn- und Feiertagen zu den Hauptgottesdienstzeiten. Auch für letztere gilt § 15 Abs. 3 VersG (ebenso Zeitler, Rn. 564; Dietel/Gintzel/Kniesel, § 15 VersG Rn. 64). Die Auffassung, § 15 Abs. 3 VersG gelte für Versammlungen an Sonn- und Feiertagen zu den Hauptgottesdienstzeiten nicht (Krüger, S. 135; Ott/Wächtler, § 15 VersG Rn. 58), beruht auf Bedenken gegen die Verfassungsmäßigkeit der Sonn- und Feiertagsgesetze, die jedoch nicht berechtigt sind (s. ausf. Rn. 159).

4.3.3 Polizeipflichtigkeit der Versammlung

219 Wird die Versammlung aufgelöst, weil sie nicht angemeldet war oder von den Angaben in der Anmeldung abgewichen wird und hierdurch die öffentliche Sicherheit oder Ordnung gefährdet wird oder weil den Auflagen zuwidergehandelt wird oder die Versammlung verboten ist, ist der Auflösungsgrund von der Versammlung verursacht; es ist daher unproblematisch, gegen die Versammlung als Polizeipflichtigen vorzugehen. Ist Auflösungsgrund hingegen, dass die Voraussetzungen für ein Versammlungsverbot vorliegen, erfüllen auch nicht von der Versammlung herrührende Gefahren den Tatbestand des § 15 Abs. 2 VersG. In diesen Fällen gegen die nicht störende Versammlung vorzugehen, ist nur unter den engen Voraussetzungen des polizeilichen Notstands zulässig (s. Rn. 173 ff.).

4.3.4 Rechtsfolge: Auflösung und andere Beschränkungen

220 Liegen die Voraussetzungen des § 15 Abs. 2 VersG vor, ist die Auflösung der Versammlung in das Ermessen der Behörde gestellt. Für die Ermessensausü-

bung gelten die Ausführungen zum Versammlungsverbot entsprechend: Der mit der Auflösung verbundene Eingriff in die Versammlungsfreiheit ist nur zum Schutz gleichwertiger Rechtsgüter gerechtfertigt. Die Auflösung ist das letzte, äußerste Mittel zur Abwehr der gegebenen Gefahren. Wenn weniger einschneidende Maßnahmen zur Gefahrenabwehr ausreichen, sind nur diese erforderlich und rechtmäßig. Die Ermächtigungsgrundlage für solche Maßnahmen (auch „Minusmaßnahmen" genannt) ist ebenfalls § 15 Abs. 2 VersG. Aus der Befugnis zur Auflösung folgt auch das Recht, nach Beginn der Versammlung entstehenden konkreten Gefährdungslagen durch geeignete Maßnahmen unterhalb der „Auflösungsschwelle" zu begegnen (OVG Bautzen SächsVBl. 2002, 216; s. auch Rn. 187).

Die Auflösung einer verbotenen Versammlung schreibt § 15 Abs. 3 VersG zwingend vor; ein Ermessen besteht insoweit nicht.

4.3.4.1 Auflösung

Elementar für eine rechtmäßige Auflösung nach § 15 Abs. 2 VersG ist die *221* Abwägung der Interessen der Demonstrationsteilnehmer mit den verletzten oder gefährdeten Schutzgütern der öffentlichen Sicherheit und Ordnung. Eine Auflösung ist in der Regel verhältnismäßig, wenn von der Versammlung erhebliche Gefahren für Leib oder Leben Dritter oder fremdes Eigentum ausgehen. Bei geringeren Gefährdungen wird häufig eine beschränkende Maßnahme zur Gefahrenabwehr ausreichen. Dies gilt z.B. für Sitzblockaden, mit denen andere Personen an der Fortbewegung gehindert werden. Sie fallen in den Schutzbereich des Art. 8 Abs. 1 GG, verletzen aber als bewusste Behinderung Dritter die öffentliche Sicherheit (s. Rn. 24, 141). Zur Gefahrenabwehr reicht in der Regel jedoch die Aufforderung aus, die Straße zu räumen. Nur diese räumliche Beschränkung, nicht jedoch die Auflösung der Demonstration ist dann erforderlich (Zeitler, Rn. 566 ff.).

4.3.4.2 Andere Beschränkungen

Anstatt der Auflösung kommen als beschränkende Maßnahmen grundsätzlich *222* alle Verfügungen in Betracht, die als Auflage nach § 15 Abs. 1 VersG möglich sind. Denkbar sind insbesondere Verfügungen zu Ort, Zeit und Umständen der Versammlung, um auf diese Weise die drohenden Gefahren abzuwenden. Darüber hinaus gibt es eine Reihe von Maßnahmen, die sich aus der Situation einer bereits stattfindenden Versammlung ergeben. Zulässig sind insbesondere:

– Maßnahmen gegen einzelne Störer, die isoliert werden können, sowie die Teilauflösung einer einheitlichen Versammlung, auf der Grundlage des § 15 Abs. 2 VersG und der §§ 18 Abs. 3, 19 Abs. 4 VersG (VGH Mannheim

NVwZ 1989, 163, m.w.N.; Zeitler, Rn. 556 f., 648 f.; gegen die Zulässigkeit einer Teilauflösung Lisken/Denninger-Kniesel, H Rn. 541);

– räumliche Beschränkungen der Versammlung; in Betracht kommen sie z.B. bei Sitzblockaden auf Straßen, gegenüber denen die Verfügung ergehen kann, die Straße freizumachen; die Fortführung der Demonstration jenseits der Fahrbahn bleibt unberührt (VGH Mannheim, a.a.O.; NVwZ 1990, 781; Ridder-Breitbach/Deiseroth/Rühl, § 15 VersG Rn. 290 m.w.N.);

– offene oder geschlossene Begleitung des Demonstrationszuges durch Polizisten, wenn dies der Abwehr von Gefahren für die öffentliche Sicherheit oder Ordnung dient und eine anderweitige Gefahrenabwehr, z.B. durch Schutzmaßnahmen für gefährdete Objekte nicht ausreicht; in der Abwägung ist die durch die Begleitung bewirkte empfindliche Beeinträchtigung der Versammlungsfreiheit zu berücksichtigen (vgl. OVG Bremen DVBl. 1990, 1048, 1052 – Fall einer mangels Gefahrenlage rechtswidrigen Begleitung; ebenso VG Bremen NVwZ 1989, 895; Lisken/Denninger-Kniesel, H Rn. 559; Zeitler, Rn. 654 ff.).

Erlässt die Polizei oder die Versammlungsbehörde statt einer Auflösung solche beschränkende Maßnahmen, hat sie zu beachten, dass sie nicht irrtümlich Maßnahmen zum Vollzug einer – nicht ergangenen – Auflösungsverfügung erlässt; solche Maßnahmen zur Beendigung einer Versammlung ohne vorausgegangene Auflösung sind rechtswidrig. Diese Problematik verdeutlicht ein vom VG Karlsruhe (Urt. v. 9.9.2002, 12 K 2302/01) entschiedener Fall von Protesten gegen Castor-Transporte. Das Gericht sah die weiträumige Absperrung eines Platzes als nach § 15 Abs. 2 VersG zulässige Beschränkung des freien Abgangsrechts der Versammlungsteilnehmer an. Der Kläger, der sich gegen diese Absperrung wandte, machte geltend, es habe sich um eine Ingewahrsamnahme nach dem Polizeigesetz gehandelt, die wegen des Vorrangs des Versammlungsgesetzes rechtswidrig gewesen sei; die Versammlung auf dem abgesperrten Platz sei nämlich nicht aufgelöst gewesen. Die Klageabweisung durch das Gericht erscheint problematisch, da die polizeiliche Absperrung sich von einer rechtswidrigen Einkesselung ohne vorangegangene Auflösung kaum unterscheidet. Auch war eine Bekanntgabe der verfügten Beschränkung im entschiedenen Fall nicht ersichtlich.

Auch für diese, weniger einschneidenden Maßnahmen müssen auf der Tatbestandsseite die Auflösungsgründe nach § 15 Abs. 2 VersG vorliegen. Es ist mit dem Gesetz unvereinbar und dogmatisch unzulässig, für diese Maßnahmen eine geringere Eingriffsschwelle anzunehmen; die Vorschrift des § 15 Abs. 2 VersG würde ansonsten umgangen (ebenso für § 13 VersG: VGH Mannheim NVwZ 1998, 761, 763). Auch eines Rückgriffs auf die nach Landespolizeirecht zulässigen Maßnahmen – den das Bundesverwaltungsgericht

Auflösung nach § 15 Abs. 2 und 3 VersG

postuliert – bedarf es nicht (s. ausf. Rn. 187; ähnlich Ridder-Breitbach/Deiseroth/Rühl, § 15 VersG Rn. 295 ff.)

4.3.5 Erlass der Auflösungsverfügung

In der Regel wird die Auflösung als Allgemeinverfügung, gerichtet an alle Versammlungsteilnehmer ergehen. Schriftlichkeit ist nicht Voraussetzung, in der Praxis wird häufig nur eine mündliche Auflösungsverfügung in Betracht kommen. Eine mündliche Auflösungsverfügung muss nicht begründet werden; § 15 VersG verlangt keine Begründung, das Verwaltungsverfahrensrecht eine nur für schriftliche Verwaltungsakte (ebenso Zeitler, Rn. 583; a.A. ohne Begründung Lisken/Denninger-Kniesel, H Rn. 537 sowie Dietel/Gintzel/Kniesel, § 15 VersG Rn. 46). 223

Wesentlich ist, die Auflösung eindeutig zu erklären. Dabei steht der Polizei jede Erklärungsform zur Verfügung, auch Lautsprechereinsatz, Verwendung von Textschildern und Textbändern (OVG Saarlouis, Urt. v. 27. 10. 1988, 1 R 169/86). Werden ohne ausdrückliche Auflösungserklärung sogleich Zwangsmaßnahmen durchgeführt, liegt darin keine „konkludente" Erklärung der Auflösung. Die Zwangsmaßnahmen sind vielmehr mangels vorausgegangener Auflösungsverfügung rechtswidrig. Auch ein Platzverweis ersetzt keine Auflösungsverfügung; vielmehr ist die Auflösungsverfügung Voraussetzung für einen Platzverweis, mit dem dann die Pflicht, sich zu entfernen, durchgesetzt werden kann (vgl. OVG Bremen NVwZ 1987, 235, 236).

4.3.6 Wirkung der Auflösung

Mit der Auflösung ist die Versammlung beendet. Sie wird zur bloßen Ansammlung, die nicht mehr unter dem Schutz des Art. 8 Abs. 1 GG steht. Die Teilnehmer sind bei stationären Versammlungen unter freiem Himmel verpflichtet, sich sofort zu entfernen (§§ 18 Abs. 1, 13 Abs. 2 VersG). Damit verbunden ist auch die Pflicht, dem Versammlungsort fern zu bleiben und ihn nicht unmittelbar erneut aufzusuchen. Das Grundrecht der Versammlungsfreiheit kann jedoch noch Ausstrahlungswirkungen auf den Zeitraum nach Auflösung haben. So ist friedlichen Versammlungsteilnehmern eine angemessene Zeit einzuräumen, den Versammlungsort zu verlassen, bevor polizeiliche Maßnahmen ergriffen werden (Deger NVwZ 1999, 267 f.; Hoffmann-Riem NvWZ 2002, 259). 224

Die Auflösung entfaltet ihre Wirkung, dass die Versammlung zu einer Ansammlung wird, auch gegenüber Veranstaltungen, die in unmittelbarem zeitlichen und örtlichen Zusammenhang zu der aufgelösten Versammlung und mit im wesentlichen identischen Teilnehmern und zu demselben Gegenstand durchgeführt werden. Solche Veranstaltungen zielen auf eine Umgehung der

Auflösungsverfügung. Sie sind daher keine Versammlungen, sondern bloße Ansammlungen (VG Berlin NVwZ-RR 1990, 188, 189).

Für Aufzüge verweist § 19 VersG nicht auf die in § 13 Abs. 2 VersG geregelte Pflicht, sich zu entfernen. Die Polizei sollte sie daher in der Auflösungsverfügung gesondert aussprechen (Dietel/Gintzel/Kniesel, § 19 VersG Rn. 4).

4.3.7 Durchsetzung der Auflösung

225 Zur Durchsetzung der Auflösung trifft das Versammlungsgesetz keine Regelungen; daher sind die Vorschriften des allgemeinen Polizei- und Ordnungsrechts anwendbar (s. Rn. 45). Kommen die Versammlungsteilnehmer ihrer Pflicht, sich zu entfernen, nicht nach, sind daher alle polizeilichen Standardmaßnahmen zulässig, sofern ihre gesetzlichen Voraussetzungen vorliegen und die Maßnahmen geeignet, erforderlich und verhältnismäßig sind.

Alle Maßnahmen zur Durchsetzung der Auflösungsverfügung setzen voraus, dass die Auflösung nach § 43 VwVfG wirksam ist. Die Wirksamkeit setzt die Bekanntgabe der Auflösung voraus. Die Rechtmäßigkeit der Auflösung ist hingegen nicht Voraussetzung der Rechtmäßigkeit von Maßnahmen zur Durchsetzung der Auflösung. Die Pflicht, sich zu entfernen, hängt nicht von der Rechtmäßigkeit der Auflösungsverfügung ab. Andernfalls könnten Versammlungsauflösungen, sobald ein Versammlungsteilnehmer die Rechtswidrigkeit der Auflösung geltend macht, nicht durchgesetzt werden, da sich diese immer erst im nachhinein feststellen lässt (BVerfGE 87, 399, 409).

226 Fehlt es an einer Auflösungsverfügung, sind andere Maßnahmen, die eine Beendigung einer Versammlung bewirken, wie z.B. Abtransport der Teilnehmer oder Räumung des Versammlungsplatzes, rechtswidrig. Eine Versammlung kann nur durch eine Auflösung nach § 15 Abs. 2 oder 3 VersG rechtmäßig beendet werden. Andere beendende Maßnahmen sind keine „konkludente" Auflösung der Versammlung; mangels Auflösungsverfügung sind sie auch keine Maßnahmen zur Durchsetzung einer Auflösung. Ohne vorangegangene Auflösungsverfügung sind sie rechtswidrig. Dies gilt auch für eine Einkesselung der Versammlungsteilnehmer, ohne dass zuvor die Versammlung aufgelöst worden ist (vgl. BVerwG NVwZ 1988, 250, zum rechtswidrigen Abtransport von Versammlungsteilnehmern ohne Auflösungsverfügung; OVG Saarlouis, Urt. v. 27.10.1988, 1 R 169/86, zur rechtswidrigen Räumung eines Versammlungsplatzes durch eine Polizeikette ohne Auflösungsverfügung; OVG Münster NVwZ 2001, 1315, m.w.N., zur rechtswidrigen Einkesselung ohne Auflösungsverfügung; ebenso VG Hamburg NVwZ 1987, 829 – „Hamburger Kessel", das LG Hamburg NVwZ 1987, 833 hat daher einzelnen Teilnehmern Schmerzensgeld zugesprochen).

227 Als Maßnahme zur Durchsetzung der Pflicht, sich zu entfernen, kommt zunächst ein Platzverweis – und bei dessen Missachtung sein Vollzug durch un-

mittelbaren Zwang – in Betracht. Rechtmäßig kann auch der Abtransport der Versammlungsteilnehmer an einen anderen Ort durch sog. Verbringungsgewahrsam sein (Dietel/Gintzel/Kniesel, § 15 VersG Rn. 31, m.w.N.). Erforderlich ist ein solcher Abtransport jedoch nur, wenn auf andere Weise die Pflicht, sich zu entfernen, nicht durchgesetzt werden kann, z.B. wenn die Demonstranten den geräumten Versammlungsplatz erneut aufsuchen.

Zulässig kann auch die Ingewahrsamnahme einzelner Personen sein. Diese bewirkt zwar zunächst, dass der Versammlungsteilnehmer sich gerade nicht entfernen kann; daher ist ihre Geeignetheit zur Durchsetzung der Auflösung fraglich. Wenn jedoch zu erwarten ist, dass der Versammlungsteilnehmer zu dem Versammlungsort, den er zu verlassen hat, zurückkehrt und dadurch erneut auf dieselbe Weise die öffentliche Sicherheit oder Ordnung gefährdet, kann die Ingewahrsamnahme der Durchsetzung der Auflösung dienen; sie ist dann geeignet. Die Ingewahrsamnahme ist daher z.B. bei der Gefahr weiterer rechtswidriger Blockadeaktionen durch Teilnehmer der aufgelösten Versammlung zulässig (VG Karlsruhe, Urt. v. 10.6.2002, 12 K 179/01).

Unter vergleichbaren Prämissen kann im Einzelfall auch die Einschließung oder Einkesselung der Versammlungsteilnehmer eine zulässige Maßnahme zur Durchsetzung der Auflösung sein. Auch hier ist die Geeignetheit besonders zu prüfen, da die Einschließung eine Entfernung verhindert. Wenn aber nur auf diese Weise die Pflicht, dem Versammlungsort fern zu bleiben, durchgesetzt und eine fortdauernde Störung der öffentlichen Sicherheit oder Ordnung verhindert werden kann, kann auch die Einschließung geeignet und daher zulässig sein (KG NVwZ 2000, 468, 470f.; Zeitler, Rn. 673ff.; a.A. Dietel/Gintzel/Kniesel, § 15 VersG Rn. 45; Ridder-Breitbach/Deiseroth/Rühl, § 15 VersG Rn. 307). Die Dauer der Einschließung ist auf das Nötigste zu beschränken, da die Maßnahme andernfalls nicht erforderlich und verhältnismäßig ist.

4.4 Schutzwaffen- und Vermummungsverbot

Der Gesetzgeber hat mit § 17a VersG 1985 das Schutzwaffen- und Vermummungsverbot eingeführt und 1989 ergänzt. Die Regelung ist sehr umstritten. Ihre praktische Bedeutung liegt zu einem erheblichen Teil in ihrer abschreckenden Wirkung. Zweck der Vorschrift ist, die Gewaltbereitschaft militanter Gruppen einzudämmen, die sich Sanktionen durch Vermummung und Begehung von Straftaten aus der Gruppe heraus zu entziehen versuchen (vgl. Ott/Wächtler, § 17a VersG Rn. 3).

228

4.4.1 Verfassungsmäßigkeit des § 17a VersG

229 Die Verfassungsmäßigkeit des Schutzwaffen- und Vermummungsverbots wird unter zahlreichen Aspekten bezweifelt. Es wird geltend gemacht, die Vorschrift

- betreffe die Versammlungsfreiheit in ihrem Wesensgehalt, da sie auch friedlichen Versammlungsteilnehmern die Vermummung und das Mitsichführen von Schutzwaffen verbiete;
- verletze die Meinungs- und Kunstfreiheit, da sie das Recht, Gegenstände zu diesen Zwecken bei Versammlungen mitzuführen, unzulässig beschränke;
- verletze das Recht auf Leben und körperliche Unversehrtheit, da sie die Möglichkeit nehme, sich gegen Übergriffe der Polizei und anderer Versammlungsteilnehmer zu schützen;
- sei mit dem Rechtsstaatsprinzip unvereinbar, da die Definition der Vermummung und der Schutzwaffe nicht bestimmt genug sei (zu allem Ott/Wächtler, § 17a VersG Rn. 1 ff, 4 f., 28 ff., 42 ff.);
- begegne Bedenken, da die Befreiungsvorschrift in Absatz 3 Satz 2 die Voraussetzungen einer Befreiung zu unbestimmt formuliere (Dietel/Gintzel/Kniesel, § 17a VersG Rn. 8 f.).

230 Die Vorschrift ist jedoch insgesamt verfassungsgemäß. Dabei ist unbestreitbar, dass sowohl das Schutzwaffen- als auch das Vermummungsverbot in den Schutzbereich der Versammlungsfreiheit eingreifen. Schutzwaffen sind keine Waffen i.S.d. Art. 8 Abs. 1 GG, das vermummte Demonstrieren mit Schutzwaffen ist auch nicht per se unfriedlich i.S.d. Art. 8 Abs. 1 GG. Zur Versammlungsfreiheit gehört auch die Freiheit, vermummt und mit Schutzwaffen versehen zu demonstrieren; es kann vollkommen legitime und nachvollziehbare Gründe geben, in dieser Form sich zu versammeln, z.B. den Wunsch, aus Angst vor Diskriminierung oder Arbeitsplatzverlust anonym zu demonstrieren (vgl. Zeitler, Rn. 486 ff., mit Beispielen). Die Einschränkung der Versammlungsfreiheit ist jedoch gerechtfertigt. Der Gesetzgeber durfte davon ausgehen, dass passivbewaffnete und vermummte Personen signifikant häufiger an Gewalttätigkeiten bei Demonstrationen beteiligt sind (Dietel/Gintzel/Kniesel, § 17a VersG Rn. 5). Die Regelung ist verhältnismäßig. Sie dient dem legitimen Ziel, Gewalttätigkeiten bei Demonstrationen zu verhindern. Die Wesensgehaltsgarantie ist nicht verletzt, da das passivbewaffnete und vermummte Demonstrieren zwar zum Schutzbereich, nicht aber zum Wesensgehalt der Versammlungsfreiheit gehört (Ridder-Bertuleit/Herkströter, § 17a VersG Rn. 17).

An einem unzulässigen Eingriff in die Meinungs- oder Kunstfreiheit fehlt es ebenfalls. Werden Gegenstände zu diesen Zwecken mitgeführt, greift das

Verbot des § 17a VersG nicht ein. Auch Art. 2 Abs. 2 GG ist nicht verletzt. § 17a VersG greift nicht unmittelbar in das Recht auf Leben und körperliche Unversehrtheit ein, sondern allenfalls mittelbar, wobei auf mittelbare Weise das Verbot der Passivbewaffnung dem Schutz dieses Grundrechts auch dienen kann, da es geeignet ist, zu gewaltfreien Demonstrationen beizutragen. Das Rechtsstaatsprinzip ist nicht verletzt, da die Tatbestandsmerkmale des § 17a VersG hinreichend bestimmt sind; allein die Auslegungsbedürftigkeit begründet keinen Verstoß (ausführlich zu allem Ridder-Bertuleit/Herkströter, § 17a VersG Rn. 18ff.; ebenso KG NStZ-RR 1997, 185, 186). Auch Zweifel an der Verfassungsmäßigkeit der Befreiungsregelung in Absatz 3 Satz 2 sind unbegründet. Nach §§ 40 VwVfG, 114 VwGO ist das eingeräumte Ermessen nach dem Zweck der Ermächtigung auszuüben, in Fällen, in denen ein Verbot nicht erforderlich ist, Ausnahmen zuzulassen.

4.4.2 Schutzwaffenverbot

Verboten ist es, Schutzwaffen bei einer Versammlung oder auf dem Weg dorthin mit sich zu führen. Das Gesetz kennt zum einen die Schutzwaffen im technischen Sinn und mit den „Gegenständen, die als Schutzwaffen geeignet und den Umständen nach dazu bestimmt sind, Vollstreckungsmaßnahmen eines Trägers von Hoheitsbefugnissen abzuwehren", die sog. Schutzwaffen im nichttechnischen Sinn. Schutzwaffen im technischen Sinn sind Gegenstände, die der Verteidigung gegen Angriffe dienen und zu diesem Zweck hergestellt wurden, z.B. Schutzschilde, -masken, -westen, Stahlhelme, Atemschutzgeräte, Panzerungen und Ausrüstungen für Kampfsportarten. Zu den Schutzwaffen im nichttechnischen Sinn zählen Motorradhelme, Arbeitshelme, Polsterungen unter der Kleidung, Eishockey-Ausrüstungen, Sicherheitsanzüge gegen Hitze u.ä., Lederkleidung (Krüger, S. 149ff.). Sie fallen nur bei der Absicht des Benutzers, sie zur Abwehr von Vollzugsmaßnahmen einzusetzen, unter § 17a Abs. 1 VersG. Diese wird sich in der Regel nur aufgrund äußerer Umstände feststellen lassen, insbesondere wenn kein vernünftiger Grund zum Mitsichführen des Gegenstands erkennbar ist (Zeitler, Rn. 534). 231

4.4.3 Vermummungsverbot

§ 17a Abs. 2 VersG definiert unzulässige Vermummungen als Aufmachungen, die geeignet und den Umständen nach darauf gerichtet sind, die Feststellung der Identität zu verhindern. Die Aufmachung erfolgt in der Regel durch Verändern oder Verhüllen des Gesichts. Erforderlich sind objektive Eignung zur Verhinderung der Identifizierung und die Absicht hierzu. Auf diese kann in der Regel nur aufgrund äußerer Umstände geschlossen werden. Auch hier gilt, dass die Tatsache, dass ein vernünftiger anderer Grund für die Vermum- 232 mung fehlt, ein wesentliches Indiz für die Verhinderungsabsicht ist. Vermummungen i.S.d. § 17a Abs. 2 VersG sind daher falsche Bärte, Pappnasen, Gesichtsmasken, Perücken, Schals mit Sehschlitzen oder Schals vor dem Gesicht bei warmen Temperaturen (Krüger, S. 153).

Verboten sind das Tragen von Vermummungen bei der Versammlung, auf dem Weg dorthin sowie das Mitsichführen von Vermummungen bei Versammlungen und auf dem Weg dorthin. Das Verbot gilt nicht für Versammlungen nach § 17 VersG (Gottesdienste etc.). Zudem kann die zuständige Behörde weitere Ausnahmen zulassen, wenn eine Gefährdung der öffentlichen Sicherheit oder Ordnung nicht zu besorgen ist (§ 17a Abs. 3 Satz 2 VersG). Dabei kommt es darauf an, ob der Zweck des Vermummungsverbotes, Gewalttätigkeiten bei Demonstrationen durch nicht identifizierbare Versammlungsteilnehmer zu verhindern, der Befreiung entgegensteht (vgl. Zeitler, Rn. 489 ff.).

4.4.4 Folgen eines Verstoßes

233 Verstöße gegen § 17a VersG können Straftaten nach § 27 Abs. 2 VersG oder Ordnungswidrigkeiten nach § 29 Abs. 1 Nr. 1a VersG sein. Die Polizei kann daher auf der Grundlage der Strafprozessordnung tätig werden. Außerdem kann die zuständige Behörde Anordnungen zur Durchsetzung von Schutzwaffen- oder Vermummungsverbot treffen, insbesondere Personen, die den Verboten zuwiderhandeln, von der Versammlung ausschließen (§ 17a Abs. 4 VersG). In Betracht kommt auch die Verfügung, Vermummung oder Schutzwaffe abzulegen (Zeitler, Rn. 523).

5 Öffentliche Versammlungen in geschlossenen Räumen

5.1 Einladung

Der Veranstalter hat nach § 2 Abs. 1 VersG in der Einladung zur Versammlung seinen Namen anzugeben (s. Rn. 59). Handelt es sich um eine Versammlung in einem geschlossenen Raum, kann der Veranstalter in der Einladung bestimmte Personen oder Personenkreise ausschließen (§ 6 Abs. 1 VersG). Jedoch können Pressevertreter nach § 6 Abs. 2 Hs. 1 VersG nicht ausgeschlossen werden. 234

Der Ausschluss kann auch indirekt dadurch vorgenommen werden, dass sich die Einladung nur an bestimmte Personen oder Personenkreise richtet. Der Ausschluss steht im freien Ermessen des Veranstalters. Jedoch wird ganz überwiegend angenommen, die Diskriminierungsverbote des Art. 3 Abs. 3 GG würden auch für einen privaten Veranstalter gelten (Krüger, S. 59 m.w.N.; Ott/Wächtler, § 6 VersG Rn. 5 f.). Dogmatisch ist dies kaum zu begründen, da sich das Verbot des Art. 3 Abs. 3 GG an den Staat richtet und grundsätzlich Private nicht bindet; eine unmittelbare Drittwirkung findet nicht statt (von Münch/Kunig-Gubelt, Art. 3 GG Rn. 94 a, 82). Die Begründung, ein diskriminierender Ausschluss sei ein Missbrauch des Ausschlussrechts, überzeugt daher kaum (so zutreffend Ridder-Pawlita/Steinmeier, § 6 VersG Rn. 17). Aber auch die Begründung, der Gesetzgeber könne den Veranstalter öffentlicher Versammlungen nicht zu Ausschlüssen ermächtigen, die mit Art. 3 Abs. 3 GG unvereinbar sind (so Ridder-Pawlita/Steinmeier, a.a.O.), bedarf der Überprüfung. Das Recht zur Ausschließung ist Ausdruck der Versammlungsfreiheit des Veranstalters, § 6 Abs. 1 VersG daher nur eine Konkretisierung des Grundrechts aus Art. 8 Abs. 1 GG (so auch Ridder-Pawlita/Steinmeier, § 6 VersG Rn. 7). Dieses Recht ist mithin nicht erst vom Gesetzgeber mit dem Versammlungsgesetz geschaffen worden. Natürlich hat der Gesetzgeber die Möglichkeit, das Ausschließungsrecht zu begrenzen, wie er es z.B. in § 6 Abs. 2 Hs. 1 VersG im Hinblick auf Pressevertreter getan hat. Dies wäre auch im Hinblick auf das vorbehaltlos gewährleistete Recht zu Versammlungen in geschlossenen Räumen verfassungsrechtlich möglich, da dieses Recht – nach allgemeinen Regeln – durch kollidierendes Verfassungsrecht begrenzt werden kann, also auch durch die in Art. 3 Abs. 3 GG enthaltene objektive Wertentscheidung. Jedoch hat der Gesetzgeber in § 6 VersG eine solche Einschränkung im Hinblick auf die Diskriminierungsverbote des Art. 3 Abs. 3 GG nicht vorgenommen. Auch ein Gesetz, das allgemein Privaten nach Art. 3 Abs. 3 GG dem Staat verbotene Diskriminierungen untersagt, ist bisher nicht erlassen.

235 Für die Versammlungsbehörde ist wesentlich, ob im Einzelfall eine Versammlung durch einen Ausschluss nach § 6 Abs. 1 VersG zu einer nichtöffentlichen Versammlung wird und daher nicht unter die §§ 5–13 VersG fällt; auf nichtöffentliche Versammlungen sind die Vorschriften des allgemeinen Polizei- und Ordnungsrechts anzuwenden (str., s. Rn. 266 ff.). Das Versammlungsgesetz geht für den Regelfall davon aus, dass das Gebrauchmachen von der Ausschlussbefugnis des § 6 Abs. 1 VersG den Charakter einer öffentlichen Versammlung unberührt lässt. Denn das Recht zur Ausschließung bestimmter Personen oder Personenkreise ist im Abschnitt über öffentliche Versammlungen in geschlossenen Räumen geregelt. Eine wesentliche Rolle spielt die Art und Weise, wie der Veranstalter von seinem Ausschließungsrecht Gebrauch macht: Es handelt sich um eine öffentliche Versammlung, wenn die Einladung sich grundsätzlich an jedermann wendet, davon jedoch Ausnahmen macht; trotz Ausschlusses bestimmter Personen oder Personenkreise ist die Versammlung dann weiterhin einem individuell nicht abgegrenzten Personenkreis zugänglich. Ist die Einladung dagegen von vornherein nur an einen bestimmten Personenkreis gerichtet, liegt in der Regel eine nichtöffentliche Versammlung vor (s. Rn. 36).

Zu beachten für diese Abgrenzung ist schließlich, dass der Ausschluss gemäß § 6 Abs. 1 VersG nach dem eindeutigen Gesetzeswortlaut nur in der Einladung erfolgen kann (so auch Ridder-Pawlita/Steinmeier, § 6 VersG Rn. 11; Ott/Wächtler, § 6 VersG Rn. 3; a. A. Krüger, S. 58). Für die Frage, ob es sich um eine öffentliche oder eine nichtöffentliche Versammlung handelt, kann es jedoch auch auf andere Zeitpunkte ankommen: Wendet sich die Einladung nur an einen bestimmten Personenkreis, stellt der Veranstalter aber bei Durchführung der Versammlung nicht sicher, dass nur diese Zutritt erhalten, so dass man also nicht „unter sich" bleibt, ist die Versammlung öffentlich (OVG Weimar NVwZ-RR 1998, 497; s. Rn. 36). Ebenso ist denkbar, dass eine ursprünglich nichtöffentliche Versammlung in ihrem Verlauf zu einer öffentlichen wird (s. Rn. 270).

5.2 Verbot und beschränkende Maßnahmen

5.2.1 Bedeutung des § 5 VersG

236 Nach § 5 VersG kann die Versammlungsbehörde eine Versammlung in einem geschlossenen Raum verbieten, wenn einer der vier dort normierten Verbotsgründe vorliegt. Ein Verbot ist, wie das Gesetz ausdrücklich festlegt, nur im Einzelfall möglich; ein generelles Versammlungsverbot ist nach § 5 VersG stets unzulässig. Verbotsgründe sind, dass dem Veranstalter das Versamm-

Verbot und beschränkende Maßnahmen

lungsrecht nicht zusteht (§ 5 Nr. 1 VersG), dass der Veranstalter oder Leiter Teilnehmern Zutritt gewährt, die Waffen oder sonstige Gegenstände i.S.d. § 2 Abs. 3 VersG mit sich führen (§ 5 Nr. 2 VersG), dass der Veranstalter oder sein Anhang einen gewalttätigen oder aufrührerischen Verlauf der Versammlung anstreben (§ 5 Nr. 3 VersG) und dass der Veranstalter oder sein Anhang (qualifiziert) strafbare Ansichten vertreten oder (qualifiziert) strafbare Äußerungen dulden werden (§ 5 Nr. 4 VersG). Die Möglichkeit, bei Vorliegen eines dieser Gründe statt eines Verbots eine beschränkende Verfügung zu erlassen, sieht der Gesetzeswortlaut nicht vor; sie besteht dennoch (s. Rn. 255).

Die Regelung ist abschließend. Das Gesetz bringt das mit der Formulierung „nur dann …, wenn" eindeutig zum Ausdruck. Ein Verbot nach anderen Vorschriften, insbesondere nach dem allgemeinen Polizei- und Ordnungsrecht kommt nicht in Betracht. Unberührt bleiben allein die Befugnisse nach Regelungen, zu denen kein Verhältnis der Spezialität besteht (s. insbes. Rn. 49).

Da eine Versammlung in einem geschlossenen Raum nicht anzumelden ist, *237* kann die Behörde nur auf anderem Wege von einer geplanten Versammlung erfahren. Ist ihr eine solche bekannt geworden, kann sie natürlich zum Kooperationsgespräch einladen; bei Kooperationsbedarf ist sie hierzu verpflichtet (s. Rn. 77 ff.).

In ihrer praktischen Bedeutung steht die Vorschrift hinter § 15 VersG deutlich zurück. Versammlungen in geschlossenen Räumen, die zu versammlungsrechtlichen Maßnahmen Anlass geben, treten bei weitem nicht so häufig auf wie „problematische" Versammlungen unter freiem Himmel. Die veröffentlichten Gerichtsentscheidungen zu § 5 VersG betreffen fast ausnahmslos Versammlungen mit rechtsextremistischem Hintergrund. *238*

5.2.2 Verfassungsmäßigkeit des § 5 VersG

Nach Art. 8 Abs. 2 GG kann die Versammlungsfreiheit für Versammlungen *239* unter freiem Himmel beschränkt werden. Für Versammlungen in geschlossenen Räumen ist die Versammlungsfreiheit also vorbehaltlos gewährleistet. Das Versammlungsgesetz kann daher nur zu solchen Maßnahmen gegen Versammlungen in geschlossenen Räumen ermächtigen, die die in Art. 8 Abs. 1 GG selbst bereits vorgesehenen Einschränkungen des Schutzbereichs, also die Erfordernisse der Friedlichkeit und Waffenlosigkeit, aufgreifen oder verfassungsimmanente Schranken der Versammlungsfreiheit, also kollidierendes Verfassungsrecht aktualisieren. An diesen Maßstäben ist § 5 VersG zu messen.

Gegen die Verbotsgründe des § 5 Nr. 1–3 VersG bestehen keine verfassungsrechtlichen Bedenken:

- § 5 Nr. 1 VersG ermöglicht ein Verbot gegenüber Personen, denen das Versammlungsrecht nicht zusteht; eine Beschränkung des Art. 8 Abs. 1 GG wird dadurch nicht vorgenommen.
- Eine Versammlung ist nach der Rechtsprechung des Bundesverfassungsgerichts unfriedlich i.S.d. Art. 8 Abs. 1 GG, wenn äußerliche Handlungen von einiger Gefährlichkeit wie etwa Gewalttätigkeiten oder aggressive Ausschreitungen gegen Personen oder Sachen vorkommen (s. Rn. 23). Diesen Vorbehalt der Friedlichkeit und den der Waffenlosigkeit greifen § 5 Nr. 2 und Nr. 3 VersG auf. Liegen diese Verbotsgründe vor, handelt es sich entweder um eine unfriedliche oder eine bewaffnete Versammlung. Die Vorschriften sind daher verfassungsgemäß (so auch Ridder-Hartmann, § 5 VersG Rn. 51 zu Nr. 3). Dies gilt auch, wenn man für Art. 8 Abs. 1 GG einem engen Waffenbegriff folgt, da das in § 5 Nr. 2 VersG normierte Mitführen von sonstigen Gegenständen i.S.d. § 2 Abs. 3 VersG ein Fall der Unfriedlichkeit ist (s. Rn. 25).

240 Verfassungsrechtlichen Bedenken kann allein § 5 Nr. 4 VersG begegnen. Insoweit wird geltend gemacht, die in dieser Vorschrift genannten Meinungsäußerungen machten eine Versammlung nicht unfriedlich i.S.d. Art. 8 Abs. 1 GG, so dass es sich bei § 5 Nr. 4 VersG um eine unzulässige Beschränkung der Versammlungsfreiheit handele; zudem verstießen die in Bezug genommenen Meinungsäußerungsdelikte gegen Art. 5 Abs. 1 GG (Ridder-Hartmann, § 5 VersG Rn. 61 ff.). Das Bundesverfassungsgericht ist dem mit ausführlicher und überzeugender Begründung nicht gefolgt; es hat die Verfassungsmäßigkeit des § 5 Nr. 4 VersG ausdrücklich festgestellt: Versammlungsrechtliche Maßnahmen, die wie § 5 Nr. 4 VersG an Meinungsäußerungen anknüpfen, sind vorrangig an Art. 5 Abs. 1 GG zu messen (s. dazu auch Rn. 125 ff.). Ein Verstoß liegt insoweit nicht vor, da § 5 Nr. 4 VersG keine selbständige Beschränkung der Meinungsäußerungsfreiheit enthält, sondern an Beschränkungen anknüpft, die im Strafgesetzbuch enthalten sind, und diese als allgemeine Gesetze i.S.d. Art. 5 Abs. 2 GG verfassungsgemäß sind. Dabei sind an die Gefahrenprognose strenge Anforderungen zu stellen; auch darf die Strafbarkeit der Äußerungen nach dem Stand der Rechtsprechung nicht zweifelhaft sein. An einem Verstoß gegen Art. 8 Abs. 1 GG fehlt es ebenfalls, da Meinungsäußerungen in Versammlungen nicht über Art. 5 Abs. 1 und 2 GG hinaus geschützt sind. Meinungsäußerungen, die durch eine nach Art. 5 Abs. 2 GG zulässige Norm mit Strafe bedroht sind, bleiben auch in einer Versammlung verboten (BVerfGE 90, 241, 246 ff.; die Verfassungsmäßigkeit ebenfalls bejahend VGH Mannheim VBlBW 1998, 426; VGH München BayVBl. 1993, 684, 685; 1978, 21).

5.2.3 Anwendungsbereich

§ 5 VersG ermächtigt zu Versammlungsverboten, § 13 VersG bei fast identischen Tatbestandsvoraussetzungen zur Auflösung von Versammlungen. Versammlungsverbote sind präventive, Auflösungen repressive Maßnahmen. Versammlungsverbote können daher ergehen, solange die Versammlung noch nicht begonnen hat; ab diesem Zeitpunkt kann grundsätzlich nur noch eine Auflösung erfolgen. Streitig ist jedoch, wie das Abgrenzungsmerkmal des Beginns der Versammlung zu bestimmen ist: Zum Teil wird schon das Zusammenkommen am Versammlungsort, die Phase des Entstehens der Versammlung als Versammlungsbeginn angesehen (so Krüger, S. 73 f.); hiergegen wird eingewandt, dies sei nur Vorstufe der eigentlichen Versammlung – unbeschadet der Frage, ob diese Vorstufe bereits grundrechtlich geschützt sei. Die sich bildende Versammlung habe noch nicht begonnen, sondern beginne erst mit der Eröffnung durch den Leiter (so wohl Dietel/Gintzel/Kniesel, § 5 VersG Rn. 5, 25).

241

Die Problematik hat ihren Grund in § 5 Nr. 2 VersG, wonach eine Versammlung verboten werden kann, wenn der Veranstalter oder Leiter Teilnehmern Zutritt gewährt, die Waffen oder sonstige Gegenstände i.S.d. § 2 Abs. 3 VersG mit sich führen. Zugleich bestimmt § 13 Abs. 1 Nr. 3 VersG, dass die Polizei eine Versammlung auflösen kann, wenn der Leiter Personen, die Waffen oder sonstige Gegenstände i.S.d. § 2 Abs. 3 VersG mit sich führen, nicht sofort ausschließt und für die Durchführung des Ausschlusses sorgt. Die zeitliche Abgrenzung zwischen diesen beiden Ermächtigungsgrundlagen fällt schwer, da das Gewähren von Zutritt, das § 5 Nr. 2 VersG voraussetzt, in unmittelbarem zeitlichen Zusammenhang mit dem Sich-Versammeln und dem „eigentlichen" Beginn der Versammlung steht. In der Tat liefe § 5 Nr. 2 VersG weitgehend leer, wenn ab Beginn des Sich-Versammelns nur noch eine Auflösung in Betracht käme (darauf stellen Dietel/Gintzel/Kniesel, a.a.O., entscheidend ab).

Daraus ergibt sich jedoch keine Notwendigkeit, *generell* bei der Abgrenzung zwischen Verbot und Auflösung auf einen formellen Beginn der Versammlung abzustellen, der in der Eröffnung durch den Leiter liegen soll. Vielmehr entspricht es dem natürlichen Wortsinn, im allgemeinen die Möglichkeit eines Verbots nur anzunehmen, solange die Teilnehmer noch nicht zusammenkommen: Ein Verbot befolgt ein Teilnehmer dadurch, dass er nicht zu der verbotenen Versammlung geht. Ist er bereits am Versammlungsort, hat er sich, wenn die Polizei verfügt, dass die Versammlung nicht stattfinden darf, zu entfernen – die Pflicht, sich zu entfernen, ist Rechtsfolge der Auflösung (§ 13 Abs. 2 VersG). Auch sind zahlreiche Veranstaltungen denkbar, die sich im Laufe des Zusammenkommens der Teilnehmer zur „eigentlichen"

Versammlung entwickeln, ohne dass sich ein formeller Beginn genau feststellen lässt.

Daher ist es folgerichtig, zur Abgrenzung von § 5 VersG und § 13 VersG im allgemeinen auf den Beginn des Sich-Versammelns abzustellen und hiervon im Verhältnis zwischen § 5 Nr. 2 VersG und § 13 Abs. 1 Nr. 3 VersG eine Ausnahme zu machen. Ein Verbot nach § 5 Nr. 2 VersG kann daher auch noch nach Versammlungsbeginn erfolgen (so auch Ridder-Rühl, § 13 VersG Rn. 9 ff.; Ridder-Hartmann, § 5 VersG Rn. 48). Das entspricht auch der Gesetzeslage. Ein Gesetzgeber, der zwei Ermächtigungsgrundlagen schafft, geht davon aus, dass jede eine eigenständige Bedeutung und einen selbständigen Anwendungsbereich hat. Dem trägt diese Auslegung Rechnung. Darin liegt keine Missachtung der Unterscheidung zwischen Verbot und Auflösung (so aber Krüger, S. 78), sondern eine an Wortlaut und Zweck orientierte Auslegung des Gesetzes.

242   Die Vorschriften über Versammlungen in geschlossenen Räumen finden nicht allein deshalb Anwendung, weil die Teilnehmer einen geschlossenen Raum für ihre Versammlung auswählen, für den ihnen aber die Verfügungsbefugnis fehlt. Wird ihnen dieser Raum nicht zur Verfügung gestellt, handelt es sich vor Betreten des Raums um eine Versammlung unter freiem Himmel (BVerwG Buchholz 11, Art. 8 GG Nr. 7, zu einer Versammlung, die in der Charterhalle eines Flughafens stattfinden soll).

5.2.4 Voraussetzungen für Verbot und beschränkende Maßnahmen
5.2.4.1 § 5 Nr. 1 VersG

243   Die Vorschrift hat geringe praktische Bedeutung. Sie ermächtigt zu einem Versammlungsverbot, wenn der Veranstalter unter die Vorschriften des § 1 Abs. 2 Nr. 1 bis 4 VersG fällt und im Falle der Nr. 4 das Verbot durch die zuständige Behörde festgestellt worden ist. § 1 Abs. 2 VersG regelt die Fälle, in denen einer natürlichen Person, einer Vereinigung oder einer Partei das Versammlungsrecht nicht zusteht. Nach § 1 Abs. 2 Nr. 2 VersG steht das Versammlungsrecht auch demjenigen nicht zu, der mit der Durchführung oder Teilnahme an einer Veranstaltung die Ziele einer vom Bundesverfassungsgericht verbotenen Partei oder einer Teil- oder Ersatzorganisation fördern will. Dies muss für ein Verbot nicht mit Sicherheit feststehen (so aber Ott/Wächtler, § 5 VersG Rn. 9). Zwar stellt die Vorschrift nicht explizit auf die Gefahr einer solchen Förderung ab. Jedoch erfordert die Subsumtion eine Prognoseentscheidung, da ein in der Zukunft liegendes Verhalten zu beurteilen ist. Eine solche Prognose kann nie mit absoluter Sicherheit getroffen werden; es handelt sich der Sache nach daher um eine typische Gefahrenabwehrvorschrift. Jedoch kann eine „bloße Gefahr" nicht ausreichen; mit der

Formulierung „fördern will" unter Verzicht auf den Gefahrbegriff hat der Gesetzgeber zum Ausdruck gebracht, dass ein höherer Grad an Gewissheit verlangt wird. Eine an Sicherheit grenzende Wahrscheinlichkeit ist daher erforderlich, aber auch ausreichend (so auch Zeitler, Rn. 230; Ridder-Hartmann, § 5 VersG Rn. 40). Es handelt sich daher im Ergebnis doch um eine Gefahrenprognose, wobei an die Wahrscheinlichkeit des Gefahreneintritts gesteigerte Anforderungen gestellt werden.

5.2.4.2 § 5 Nr. 2 VersG

Eine Versammlung kann auch verboten werden, wenn der Veranstalter oder Leiter der Versammlung Teilnehmern Zutritt gewährt, die Waffen oder sonstige Gegenstände i.S.d. § 2 Abs. 3 VersG mit sich führen. Die Vorschrift ist auch nach Beginn der Versammlung anwendbar (s. Rn. 241). Das nach § 2 Abs. 3 VersG ebenfalls verbotene Mitführen solcher Waffen und Gegenstände auf dem Weg zur Versammlung erfasst § 5 Nr. 2 VersG nicht; auf einen solchen Verstoß kann ein Verbot daher nicht gestützt werden (s. Rn. 46). 244

Der Veranstalter oder Leiter gewährt nur dann Zutritt, wenn er die Bewaffnung der Teilnehmer erkennt. Weiß er von verdeckt getragenen Waffen nichts, mangelt es an einem Gewähren (unstr., vgl. nur Ott/Wächtler, § 5 VersG Rn. 12). Wird nur einem bewaffneten Teilnehmer Zutritt gewährt, sind die Voraussetzungen des § 5 Nr. 2 VersG bereits erfüllt; jedoch wird häufig die Ausschließung dieses Teilnehmers durch die Polizei ausreichend sein, um die Gefahr zu beseitigen – in Anwendung des Verhältnismäßigkeitsprinzips, auf der Grundlage des § 5 Nr. 2 VersG; ein Verbot kommt dann nicht in Betracht (Dietel/Gintzel/Kniesel, § 5 VersG Rn. 25).

5.2.4.3 § 5 Nr. 3 VersG

Diese Vorschrift dürfte – nach § 5 Nr. 4 VersG – von den Verbotsgründen für Versammlungen in geschlossenen Räumen die größte praktische Bedeutung haben. Sie ermächtigt zu einem Verbot, wenn Tatsachen festgestellt sind, aus denen sich ergibt, dass der Veranstalter oder sein Anhang einen gewalttätigen oder aufrührerischen Verlauf der Versammlung anstreben. 245

Mit dem Begriff des Anhangs hat der Gesetzgeber ein anderes Merkmal als das der Teilnehmer gewählt. Der Begriff ist enger. Er erfasst nur die Teilnehmer, die die Absichten des Veranstalters billigen und mittragen (Dietel/Gintzel/Kniesel, § 5 VersG Rn. 31). In der Literatur hierzu werden zahlreiche Abgrenzungsprobleme diskutiert (vgl. Krüger, S. 79; Ridder-Hartmann, § 5 VersG Rn. 58 ff.), in der Praxis wird die Identifizierung des Anhangs in der Regel keine größeren Probleme bereiten.

246 Das Tatbestandsmerkmal des gewalttätigen oder aufrührerischen Verlaufs steht, wie bei den Ausführungen zur Verfassungsmäßigkeit erläutert, in Beziehung zum Begriff der Friedlichkeit i.S.d. Art. 8 Abs. 1 GG. Es erfasst schon nach dem Wortlaut nur ein Teil dessen, was Unfriedlichkeit i.S.d Art. 8 Abs. 1 GG ausmacht. Der Begriff des gewalttätigen oder aufrührerischen Verlaufs ist also enger; daher ist die Vorschrift auch verfassungsgemäß, da sie die Versammlungsfreiheit nicht weiter begrenzt, als der Friedlichkeitsvorbehalt des Versammlungsgrundrechts erlaubt. Ein gewalttätiger oder aufrührerischer Verlauf setzt also zumindest eine im Sinne von Art. 8 Abs. 1 GG unfriedliche Versammlung voraus, mithin zumindest äußerliche Handlungen von einiger Gefährlichkeit oder aggressive Ausschreitungen gegen Personen oder Sachen (s. Rn. 23).

Der weite strafrechtliche Gewaltbegriff, der auch schon geringere Formen psychischer oder physischer Einwirkung erfasst, findet also keine Anwendung. Dies folgt aber nicht nur aus den dargelegten verfassungsrechtlichen Gründen, sondern auch aus dem Begriff des gewalttätigen Verlaufs selbst. Das Strafgesetzbuch kennt den Begriff in § 124 (schwerer Hausfriedensbruch) und § 125 (Landfriedensbruch). Er bezeichnet auch dort mehr als Gewalt i.S.d. § 240 StGB und setzt ein gegen die körperliche Unversehrtheit von Personen oder Sachen gerichtetes aggressives Tun von einiger Erheblichkeit unter Einsatz von physischer Kraft voraus. Die strafrechtliche Rechtsprechung hat daher z.B. als Gewalttätigkeit angesehen das Rollen von Stahlrohren gegen Polizeibeamte, Werfen von Steinen, Bespritzen von Polizeibeamten mit Benzin, Anhalten oder Schaukeln eines Autos, Zerstechen von Autoreifen, Einschlagen von Fenstern, Aufbrechen von Schränken, Durchbrechen von Absperrungen (Tröndle/Fischer, § 125 StGB Rn. 4 f., § 124 StGB Rn. 8, m.w.N.).

In der versammlungsrechtlichen Literatur ist umstritten, ob an diesen strafrechtlichen Begriff anzuknüpfen ist (so Dietel/Gintel/Kniesel, § 5 VersG Rn. 32) oder der Tatbestand des gewalttätigen Verlaufs einer Versammlung im Hinblick auf den Begriff der Friedlichkeit i.S.d. Art. 8 Abs. 1 GG noch enger zu fassen ist (so Krüger, S. 80; Ridder-Hartmann, § 5 VersG Rn. 53 f.; Ott/Wächtler, § 5 VersG Rn. 16). Die Diskussion ist rein theoretischer Natur. Unstreitig ist, dass die o.g. Verhaltensweisen – soweit sie in einem geschlossenen Raum überhaupt stattfinden können – gewalttätig sind. Es geht allein um die Frage, ob geringfügige Gewalttaten wie Rangeleien mit Polizeibeamten, Überkleben von Plakaten und Umwerfen von Plakatständern Gewalttätigkeiten darstellen, die zu einem Versammlungsverbot führen können. Indes wird es eine Gefahrenprognose, die solche Taten, aber keine darüber hinausgehenden gewalttätigen Vorkommnisse annimmt, in der Praxis ernstlich nicht geben. Wenn es konkrete Anzeichen für bevorstehende Gewalttaten gibt, wird nicht zu sagen sein, es werde nur zu Rangeleien, nicht aber zu Schlägereien mit der Polizei kommen. Auch eine Gefahrenprognose, es werde zum Umwerfen von Plakatständern kommen, ist nicht vorstellbar. Auch für die Auflösung nach § 13 Abs. 1 Satz 1 Nr. 2 Alt. 1 VersG wegen eines gewalttätigen oder aufrührerischen Verlaufs bleibt die Streitfrage theoretisch. Es ist offensichtlich, dass die diskutierten Problemfälle so geringfügig sind, dass mildere Maßnahmen als die Auflösung zur vollständigen Abwehr der Gefahr ausreichen.

Mit dem Begriff des aufrührerischen Verlaufs knüpfte der Gesetzgeber 1953 an den Straftatbestand des Aufruhrs an. Dieser besteht nicht mehr. Der Verbotsgrund des aufrührerischen Verlaufs ist bedeutungslos geworden.

Ob der Veranstalter oder sein Anhang einen gewalttätigen Versammlungsverlauf anstreben, ist Gegenstand einer Prognoseentscheidung. Eine vollständige Sicherheit wird daher nicht vorausgesetzt. Es reicht aus, wenn keine ernstlichen Zweifel an der Absicht des Veranstalters oder seines Anhangs bestehen (Ridder-Hartmann, § 5 VersG Rn. 49). Die Prognose muss – nach dem ausdrücklichen Gesetzeswortlaut und den allgemeinen Grundsätzen des Rechts der Gefahrenabwehr – auf konkreten Tatsachen beruhen. Insoweit gilt das zur Gefahrenprognose bei § 15 Abs. 1 VersG Ausgeführte hier genauso (s. Rn. 146 ff.). Insbesondere sind Erkenntnisse über frühere Veranstaltungen nur von Bedeutung, wenn ein Zusammenhang zur bevorstehenden Versammlung besteht. 247

5.2.4.4 § 5 Nr. 4 VersG

Schließlich kann ein Verbot erlassen werden, wenn Tatsachen festgestellt sind, aus denen sich ergibt, dass der Veranstalter oder sein Anhang Ansichten vertreten oder Äußerungen dulden werden, die ein Verbrechen oder ein von Amts wegen zu verfolgendes Vergehen zum Gegenstand haben. Die Vorschrift ist, wie dargestellt, verfassungsgemäß, wenn an die Gefahrenprognose strenge Voraussetzungen gestellt werden und die Strafbarkeit der Äußerung nach der strafrechtlichen Rechtsprechung keinen Zweifeln unterliegt (BVerfGE 90, 241, 251). 248

Erfasst werden damit die sog. Meinungsäußerungsdelikte. Dazu gehören insbesondere: 249

– Aufstacheln zum Angriffskrieg (§ 80 a StGB),
– Verunglimpfen des Staates (§ 90 a StGB),
– Landesverrat (§ 94 Abs. 1 Nr. 2 StGB),
– Offenbaren von Staatsgeheimnissen (§ 95 StGB),
– Störpropaganda gegen die Bundeswehr (§ 109 d StGB),

- Öffentliche Aufforderung zu Straftaten (§ 111 StGB), die Gewalttätigkeiten oder von Amts wegen zu verfolgende Vergehen sind,
- Störung des öffentlichen Friedens durch Androhung schwerer Straftaten (§ 126 StGB),
- Volksverhetzung (§ 130 StGB),
- Öffentliche Billigung schwerwiegender Verbrechen (§ 140 StGB),
- Unterstützungshandlungen für eine nach § 3 VereinsG verbotene Vereinigung in Form von Sprechchören sowie Zeigen von Emblemen und Fahnen der Vereinigung, die nach § 20 VereinsG ein von Amts wegen zu verfolgendes Vergehen sind (VGH Kassel, Beschl. v. 17. 3. 1995, 3 TG 802/95, zum Verbot einer Versammlung zum kurdischen Neujahrsfest).

250 Die Verwaltungsgerichte legen an die Gefahrenprognose strenge Maßstäbe an, wobei angesichts der geringen Anzahl von Entscheidungen zu § 5 Nr. 4 VersG – anders als bei § 15 Abs. 1 VersG – eine gefestigte Rechtsprechung noch nicht vorliegt. Es können jedenfalls keine geringeren Anforderungen gestellt werden als nach § 15 Abs. 1 VersG (OVG Weimar NVwZ-RR 1998, 497, 500). Die das Verbot tragenden Tatsachen müssen mit einer vernünftige Zweifel ausschließenden Sicherheit feststehen (VGH Mannheim VBlBW 1998, 426, 427). Ist offen, ob die Voraussetzungen des § 5 Nr. 4 VersG erfüllt sein werden, darf die Versammlungsbehörde die Versammlung nicht verbieten; der Verlauf der Versammlung muss abgewartet und diese, wenn zu strafbaren Handlungen aufgefordert wird, gegebenenfalls nach § 13 Abs. 1 Satz 1 Nr. 4 VersG aufgelöst werden (VGH München NJW 1987, 2100, 2101).

251 Der VGH Mannheim (VBlBW 1998, 426) hat § 5 Nr. 4 VersG einschränkend dahin ausgelegt, die erfassten Meinungsäußerungsdelikte müssten von beträchtlichem Gewicht sein sowie zur Unfriedlichkeit der Versammlung führen. Ob dem zu folgen ist, erscheint mir zweifelhaft. Der VGH leitet seine Einschränkungen daraus ab, dass § 5 Nr. 4 VersG die Begrenzung des Schutzbereichs auf friedliche Versammlungen konkretisiere. Für die vom Gericht dabei bejahte Verfassungsmäßigkeit der Norm kommt es jedoch entscheidend auf die Meinungsfreiheit an. Verstößt § 5 Nr. 4 VersG nicht gegen Art. 5 GG, ist er auch mit Art. 8 GG vereinbar, da die Versammlungsfreiheit nicht das Recht zu Meinungsäußerungen einräumt, die in einer nach Art. 5 Abs. 2 GG zulässigen Norm mit Strafe bedroht sind (s. Rn. 240). Einer einschränkenden Auslegung im Hinblick auf den Begriff der Friedlichkeit i.S.v. Art. 8 Abs. 1 GG bedarf es daher nicht.

5.2.5 Polizeipflichtigkeit der Versammlung

Die Nr. 1 bis 4 in § 5 VersG regeln jeweils ausdrücklich, in welcher Person der Verbotsgrund verwirklicht sein muss: Die Verbotsgründe knüpfen an ein Verhalten des Veranstalters, seines Anhangs oder des Versammlungsleiters an. Sie sind damit Störer im polizeirechtlichen Sinne. Es ist daher unproblematisch, dass die Maßnahmen, zu denen § 5 VersG ermächtigt, gegen die Versammlung gerichtet sind.

252

Streitig ist, unter welchen Voraussetzungen eine Versammlung in einem geschlossenen Raum verboten werden kann, wenn Gefahren nicht von ihr, sondern von Dritten, insbesondere gewalttätigen Gegendemonstranten ausgehen. In Teilen der Literatur wird ein Einschreiten gegen die friedliche Versammlung nach § 5 VersG in Verbindung mit den Regeln über den polizeilichen Notstand für unzulässig gehalten. Das Verbot einer friedlichen Versammlung als Nichtstörer könne nicht als Konkretisierung der Tatbestandsmerkmale „friedlich und ohne Waffen" angesehen werden und sei daher mit Art. 8 GG unvereinbar (Ridder-Hartmann, § 5 VersG Rn. 29; ähnlich Dietel/Gintzel/Kniesel, § 5 VersG Rn. 40: Verbot nur bei nicht versammlungsspezifischen Gefahren, wie z.B. Bombendrohung, auf der Grundlage allgemeinen Polizeirechts). Die Verwaltungsgerichte haben hingegen in einzelnen Entscheidungen ein Versammlungsverbot gegen die nichtstörende Versammlung in einem geschlossenen Raum zumindest für möglich gehalten und geprüft (VGH Mannheim DVBl. 1987, 151) oder im konkreten Fall sogar für zulässig gehalten (OVG Saarlouis JZ 1970, 283, 285 f., die Frage der Öffentlichkeit der Versammlung, eines NPD-Bundesparteitags, und damit die der Anwendbarkeit des VersG offen lassend; ebenso Ott/Wächtler, § 5 VersG Rn. 6).

253

Die Diskussion ist weitgehend theoretischer Natur. Bereits die Anforderungen, die sich aus dem allgemeinen Polizeirecht an das Vorliegen eines polizeilichen Notstands ergeben, sind sehr streng. Die Polizei muss alle denkbaren Möglichkeiten ausschöpfen, die friedliche Versammlung zu schützen (s. Rn. 173 ff.). Hinzu kommen die tatsächlichen Besonderheiten, die sich daraus ergeben, dass die Versammlung in einem geschlossenen Raum stattfindet. Es ist kaum ein Fall denkbar, dass es der Polizei praktisch unmöglich sein sollte, eine Versammlung in einem geschlossenen Raum zu schützen (so zutreffend Krüger, S. 104).

Sollte eine solche Situation jedoch tatsächlich einmal eintreten, muss die Polizei den Beginn der Versammlung abwarten und kann erst dann die Versammlung nach § 13 Abs. 1 Nr. 2 VersG in Verbindung mit den Regeln über den polizeilichen Notstand auflösen. Dies ergibt sich bereits aus den Vorschriften des Versammlungsgesetzes selbst: § 5 VersG regelt die Verbotsgründe abschließend. Bei einer von einem Dritten ausgehenden Gefahr ist keiner der Verbotsgründe erfüllt. Für ein Einschreiten gegenüber der friedlichen Versammlung in einem geschlossenen Raum fehlt es daher an der erforderlichen gesetzlichen Ermächtigungsgrundlage. Die Vorschriften über die Inanspruchnahme des Nichtstörers in den Polizeigesetzen der Länder ersetzen die Ermächtigungsgrundlage nicht. Zudem hat § 5 VersG die Frage, wer in Anspruch genommen werden kann, insofern bereits abschließend geregelt, als – anders als bei § 15 Abs. 1 VersG – in jedem Verbotsgrund normiert ist, in wessen Person die Tatbestandsvoraussetzungen vorliegen müssen. Ein Rückgriff auf die Regeln über den polizeilichen Notstand ist auch deswegen nicht möglich. Dies zeigt auch § 13 Abs. 1 Nr. 2 Alt. 2 VersG: Während § 13 Abs. 1 VersG im übrigen die Verbotsgründe des § 5 VersG als Auflösungsgründe aufgreift, normiert das Gesetz hier einen zusätzlichen Auflösungsgrund, nämlich den der unmittelbaren Gefahr für Leben und Gesundheit der Teilnehmer; diese Gefahr kann auch von einem Dritten ausgehen, der dann Störer ist. Für ein Verbot hingegen reicht diese Gefahr angesichts der eindeutigen Regelung in § 5 VersG nicht aus. Aufgrund der sonstigen Parallelität der Verbots- und Auflösungsgründe in §§ 5, 13 VersG kann man auch nicht annehmen, der Gesetzgeber habe in § 5 VersG die Problematik der nicht anders abwendbaren Gefahr für Leben oder Gesundheit der Teilnehmer nicht gesehen. Für eine analoge Anwendung des § 13 Abs. 1 Satz 1 Nr. 2 Alt. 2 VersG oder eine ergänzende Anwendung des allgemeinen Polizeirechts ist daher kein Raum.

Für das Verbot einer Versammlung in einem geschlossenen Raum aufgrund von Gefahren, die von Dritten ausgehen, fehlt es daher an einer ausreichenden Ermächtigungsgrundlage. Es ist daher unzulässig. Auch der VGH Mannheim und das OVG Saarlouis (je a.a.O.) haben bezeichnenderweise eine Ermächtigungsgrundlage bereits nicht geprüft, sondern nur die Voraussetzungen eines polizeilichen Notstands erörtert.

5.2.6 Rechtsfolge: Ermessen

254 Liegt einer der Verbotsgründe vor, kann die Versammlungsbehörde ein Verbot erlassen. Die Versammlungsbehörde hat ihr Ermessen entsprechend dem Zweck der Ermächtigung auszuüben und die gesetzlichen Grenzen des Ermessens einzuhalten.

Ob die Behörde tätig wird (Entschließungsermessen), hängt auch von der Erheblichkeit der Tatsachen ab, aus denen sich der Verbotsgrund ergibt. Insbesondere bei 5 Nr. 4 VersG sind Verstöße denkbar, die im Einzelfall relativ geringfügig sein können.

255 Das Gesetz sieht nur die Möglichkeit des Verbots vor. Der Behörde steht jedoch unstreitig – wie bei § 15 Abs. 1 VersG – ein Auswahlermessen zwi-

schen Verbot und beschränkenden Maßnahmen zu. Zwar lassen es die Regelungen in § 13 Abs. 1 Satz 2 und § 15 Abs. 1 VersG, die weniger einschneidende Maßnahmen als Verbot und Auflösung zulassen, schwer vorstellbar erscheinen, dass der Gesetzgeber die Möglichkeit, Auflagen zu erlassen, übersehen haben sollte (so zutreffend Ridder-Hartmann, § 5 VersG Rn. 26). Aus dem Verhältnismäßigkeitsprinzip folgt jedoch die Verpflichtung, einen geringeren Eingriff vorzunehmen, soweit dies zur Gefahrenabwehr ausreicht. Besonders bei zu erwartenden Äußerungen einzelner Personen, die ein Verbrechen oder ein vom Amts wegen zu verfolgendes Vergehen zum Gegenstand haben (§ 5 Nr. 4 VersG), ist zu prüfen, ob statt eines Verbots Auflagen genügen, um die Gefahr abzuwenden. In Betracht kommen insbesondere das Verbot, diese Person als Redner auftreten zu lassen oder ihr bestimmte Äußerungen zu untersagen (vgl. OVG Weimar NVwZ-RR 1998, 497, 499 f.; VGH Mannheim VBlBW 1998, 426, 427).

5.2.7 Erlass einer Verbots- oder beschränkenden Verfügung

Für den Erlass einer Verbots- oder Auflagenverfügung gelten die Ausführungen zu Versammlungen unter freiem Himmel entsprechend. Bei den "Nebenentscheidungen" ist zu bedenken, dass im Einzelfall statt an straßenrechtliche Sondernutzungserlaubnisse und Reinigungspflichten an Maßnahmen bauordnungsrechtlicher, seuchenrechtlicher und feuerpolizeilicher Art zu denken ist. Sie sind auf der Grundlage von Spezialgesetzen zulässig (s. Rn. 49; ebenso Ridder-Hartmann, § 5 VersG Rn. 28).

256

5.3 Auflösung nach § 13 VersG

5.3.1 Bedeutung der Vorschrift

§ 13 VersG regelt die Auflösung von Versammlungen in geschlossenen Räumen. Die Vorschrift ist, wie sich aus den Worten „nur dann" ergibt, abschließend (vgl. auch VGH Mannheim NVwZ 1998, 761, 763). Mit der Auflösung wird die Versammlung zur Ansammlung, die nicht mehr unter dem Schutz des Art. 8 Abs. 1 GG steht. In zeitlicher Hinsicht ist die Norm anwendbar, sobald der Anwendungsbereich des § 5 VersG endet (s. Rn. 241). Inhaltlich entsprechen die Auflösungsgründe weitgehend, aber nicht vollständig den Verbotsgründen des § 5 VersG.

257

5.3.2 Verfassungsmäßigkeit des § 13 VersG

Zweifel an der Verfassungsmäßigkeit des § 13 VersG können nur bezüglich der in Absatz 1 Satz 1 Nr. 2 und Nr. 4 geregelten Auflösungsgründe bestehen. § 13 Abs. 1 Satz 1 Nr. 2 VersG ermächtigt zur Auflösung, wenn die Versammlung einen gewalttätigen oder aufrührerischen Verlauf nimmt oder un-

258

mittelbare Gefahren für Leben und Gesundheit der Teilnehmer bestehen. Ob Letzteres auch durch Dritte verursachte Gefahren erfasst, ist umstritten (s. Rn. 260). Soweit dies verneint wird, liegt dem auch die Überlegung zugrunde, eine Auflösung der Versammlung wegen von außen drohenden Gefahren für Leib und Leben sei verfassungsrechtlich unzulässig, da sie nicht die Schutzbereichsbegrenzungen der Friedlichkeit und der Waffenlosigkeit des Art. 8 Abs. 1 GG nachzeichne, sondern darüber hinausgehe; denn die von Dritten bedrohte Versammlung sei selbst friedlich und waffenlos (vgl. zu § 5 VersG Ridder-Hartmann, § 5 VersG Rn. 29). Solche verfassungsrechtlichen Bedenken bestehen jedoch nicht, auch wenn der Tatbestand des § 13 Abs. 1 Satz 1 Nr. 2 Alt. 2 VersG durch Dritte verursachte Gefahren mit einschließt. Denn das durch Art. 8 Abs. 1 GG vorbehaltlos eingeräumte Recht zu Versammlungen in geschlossenen Räumen wird durch verfassungsimmanente Grenzen beschränkt, zu denen andere Verfassungsgüter, wie das Recht auf Leben und körperliche Unversehrtheit, gehören.

Verfassungsrechtliche Bedenken bestehen jedoch gegen § 13 Abs. 1 Satz 1 Nr. 4 VersG. Soweit die Vorschrift – entsprechend § 5 Nr. 4 VersG für das Verbot – eine Auflösung ermöglicht bei der Begehung sog. Meinungsäußerungsdelikte, ist sie verfassungsgemäß; die Gründe hierfür gleichen denen zu § 5 Nr. 4 VersG (s. Rn. 240). Die Norm berechtigt darüber hinaus jedoch zur Auflösung bei jeder Straftat, die ein Verbrechen oder ein von Amts wegen zu verfolgendes Vergehen ist, und bei der Aufforderung zu solchen Straftaten, wenn der Leiter dies nicht unverzüglich unterbindet. Der Tatbestand erfasst damit eine Vielzahl von Straftaten, die weder ein Meinungsäußerungsdelikt sind noch durch Unfriedlichkeit oder Mitführen von Waffen i.S.v. Art. 8 Abs. 1 GG gekennzeichnet sind. Die Auflösung von Versammlungen wegen solcher Straftaten kann daher verfassungsrechtlich nur gerechtfertigt sein zum Schutz anderer Verfassungsgüter, die verfassungsimmanente Schranken des Art. 8 Abs. 1 GG sind. Ob dies bei jedem Delikt der Fall ist, das unter § 13 Abs. 1 Satz 1 Nr. 4 VersG fällt, ist zweifelhaft (ähnlich Dietel/Gintzel/Kniesel, § 13 VersG Rn. 25).

5.3.3 Auflösungsgründe

5.3.3.1 § 13 Abs. 1 Satz 1 Nr. 1 VersG

259 Die Auflösung nach § 13 Abs. 1 Satz 1 Nr. 1 VersG kann erfolgen, wenn dem Veranstalter das Versammlungsrecht nicht zusteht. Insoweit gilt das zu § 5 Nr. 1 VersG Ausgeführte (s. Rn. 243). Die Auflösung betrifft nicht nur den Veranstalter, sondern auch die Teilnehmer, denen – anders als dem Veranstalter – das Versammlungsrecht zustehen kann. Bedenklich ist das jedoch nicht, auch nicht im Hinblick auf deren Teilnahmerecht, das durch die Auf-

lösung betroffen wird (so aber wohl Zeitler, Rn. 618; Dietel/Gintzel/Kniesel, § 13 VersG Rn. 12, für sich nicht mit dem Veranstalter solidarisierende Teilnehmer). Das Recht zur Teilnahme ist zwar nicht akzessorisch zum Veranstaltungsrecht, sondern besteht selbständig (s. bereits Rn. 210). Es kann jedoch faktisch nicht wahrgenommen werden, gleich aus welchem Grund eine Versammlung nicht oder nicht mehr stattfindet. Wenn der Veranstalter die Versammlung absagt, kann der einzelne sein Teilnahmerecht ebenfalls nicht ausüben. Dieser Umstand beruht zwar nicht auf einer staatlichen Maßnahme. Wer an einer Versammlung teilnimmt, begibt sich jedoch insofern in eine faktische Abhängigkeit vom Veranstalter, als sein Teilnahmerecht in mancher Beziehung nicht weiter reichen kann als das Veranstaltungsrecht. Das bedeutet: Die Auflösung hat zwar Auswirkungen auf den Rechtskreis der Teilnehmer, sie ist diesen gegenüber jedoch kein unzulässiger Eingriff.

5.3.3.2 § 13 Abs. 1 Satz 1 Nr. 2 VersG

Eine Auflösung ist auch möglich, wenn die Versammlung einen gewalttätigen oder aufrührerischen Verlauf nimmt oder unmittelbare Gefahren für Leben oder Gesundheit der Teilnehmer bestehen. Das Tatbestandsmerkmal des gewalttätigen oder aufrührerischen Verlaufs entspricht dem gleichlautenden Begriff in § 5 Nr. 3 VersG. Der Unterschied zum dortigen Verbotsgrund besteht darin, dass zur Auflösung nicht nur ein vom Veranstalter oder seinem Anhang verursachter, sondern auch ein von Teilnehmern, die nicht zum Anhang gehören, hervorgerufener gewalttätiger oder aufrührerischer Verlauf berechtigt (Dietel/Gintzel/Kniesel, § 15 VersG Rn. 14). Gewalttätigkeiten einzelner geben noch nicht der ganzen Versammlung einen gewalttätigen Verlauf; in diesen Fällen kommt deren Ausschluss nach § 11 VersG in Betracht.

260

Den Auflösungsgrund der unmittelbaren Gefährdung von Leben oder Gesundheit kennt § 5 VersG als Verbotsgrund nicht. Allgemeine Meinung ist, dass der Wortlaut „Leben *und* Gesundheit" ein redaktionelles Versehen des Gesetzgebers ist (Ridder-Rühl, § 13 VersG Rn. 17; Dietel/Gintzel/Kniesel, § 13 VersG Rn. 15). Auch die Gefährdung eines dieser Rechtsgüter reicht zur Auflösung aus. Jedoch nimmt die h.M. in der Literatur an, dieser Auflösungsgrund habe keine eigenständige Bedeutung. Von der Versammlung selbst ausgehende Gefahren stellten stets auch einen gewalttätigen oder aufrührerischen Verlauf der Versammlung dar, so dass bereits aus diesem Grund die Versammlung aufgelöst werden könne. Von Dritten ausgehende Gefahren könnten nicht zur Auflösung der Versammlung berechtigen, da die Polizei in solchen Fällen verpflichtet sei, die Versammlung vor externen Gefahren zu schützen. Eine Auflösung einer Versammlung in einem geschlossenen Raum als Notstandsmaßnahme scheide aus (Dietel/Gintzel/Kniesel, § 13 VersG Rn. 16; Ridder-Rühl, a.a.O.; a.A. Krüger, S. 102 f.).

Diese Auffassung trifft m.E. nicht zu. Wie dargelegt, hat § 5 VersG die Frage der Polizeipflichtigkeit in der Weise geregelt, dass nur dem Veranstalter, seinem Anhang oder dem Versammlungsleiter zuzurechnende Umstände zu einem Verbot berechtigen (s. Rn. 253). Für § 13 VersG gilt mit einer Ausnahme dasselbe. Diese Ausnahme ist der Auflösungsgrund der unmittelbaren Gefährdung von Leben oder Gesundheit der Teilnehmer; nur hier ist nicht geregelt, von wem der Auflösungsgrund herrühren muss. Auch die von Dritten ausgehende Gefahr erfüllt daher den Tatbestand des § 13 Abs. 1 Satz 1 Nr. 2 Alt. 2 VersG. Für die Frage des Polizeipflichtigen gelten die allgemeinen polizeirechtlichen Grundsätze (so auch Krüger, a.a.O.). Die Auslegung der h.M. geht am Gesetz vorbei. Es widerspricht allgemeinen Grundsätzen, eine Auslegung so vorzunehmen, dass eine vom Gesetzgeber bewusst geschaffene Tatbestandsalternative obsolet ist, wenn die nach dem Wortlaut naheliegende Auslegung zur tatsächlichen Anwendung dieser Alternative und zu sinnvollen Ergebnissen führt. Dies ist hier auch der Fall. Zwar ist der h.M. zuzugeben, dass bei Versammlungen in geschlossenen Räumen kaum eine Situation vorstellbar ist, in der die Voraussetzungen eines polizeilichen Notstands gegeben sind; es ist daher fast gänzlich ausgeschlossen, statt der polizeipflichtigen Dritten die friedliche Versammlung in Anspruch zu nehmen. Darauf ist bereits bei der Erörterung des § 5 VersG hingewiesen worden (s. Rn. 253). Sollte jedoch tatsächlich ausnahmsweise eine solche Situation eintreten, z.B. aufgrund einer massiven, von der Polizei nicht beherrschbaren Bedrohung der Versammlung von außen, kann die Polizei die friedliche Versammlung nach § 13 Abs. 1 Satz 1 Nr. 2 Alt. 2 VersG in Verbindung mit den Regelungen des Landespolizeirechts über den polizeilichen Notstand auflösen. Dies kann sogar aus Gründen des Schutzes der Rechtsgüter der Versammlungsteilnehmer geboten und die einzig rechtmäßige Entscheidung sein. Nach der h.M. müsste sich die Polizei hingegen in einer solchen Ausnahmesituation auf das erfolglose Vorgehen gegen die Störer beschränken und mangels Ermächtigungsgrundlage davon absehen, die Versammlung zu ihrem eigenen Schutz aufzulösen.

5.3.3.3 § 13 Abs. 1 Satz 1 Nr. 3 VersG

261 Nach dieser Vorschrift kann eine Versammlung aufgelöst werden, wenn der Leiter Personen, die Waffen oder sonstige Gegenstände i.S.d. § 2 Abs. 3 VersG mit sich führen, nicht sofort ausschließt und für die Durchführung des Ausschlusses sorgt. Der Auflösungsgrund entspricht dem Verbotsgrund des § 5 Nr. 2 VersG (s. Rn. 244). Die Pflicht zum Ausschluss trifft den Leiter, sobald er von den Waffen Kenntnis erlangt. Der ausgeschlossene Teilnehmer

hat die Versammlung zu verlassen (§ 11 Abs. 2 VersG); zur Durchsetzung dieser Pflicht muss sich der Leiter der Hilfe der Polizei bedienen.

5.3.3.4 § 13 Abs. 1 Satz 1 Nr. 4 VersG

Schließlich erlaubt das Gesetz die Auflösung, wenn durch den Verlauf der Versammlung gegen Strafgesetze verstoßen wird, die ein Verbrechen oder von Amts wegen zu verfolgendes Vergehen zum Gegenstand haben, oder wenn in der Versammlung zu solchen Straftaten aufgefordert oder angereizt wird und der Leiter dies nicht unverzüglich unterbindet. Die Vorschrift begegnet verfassungsrechtlichen Bedenken, soweit die Auflösung an Straftaten anknüpft, die weder Meinungsäußerungsdelikte noch unfriedliches Verhalten oder Waffentragen zum Gegenstand haben (s. Rn. 258). Große praktische Bedeutung hat die Norm nicht erlangt. 262

Tatbestandsmäßig sind nur Delikte, die durch den Verlauf der Versammlung begangen werden. Dies ist nicht der Fall bei Straftaten, die bei Gelegenheit der Versammlung erfolgen, zu ihr also in keinem inneren Zusammenhang stehen (Dietel/Gintzel/Kniesel, § 13 VersG Rn. 27).

5.3.4 Polizeipflichtigkeit der Versammlung

Wie bei § 13 Abs. 1 Satz 1 Nr. 2 VersG bereits dargelegt, hat das Gesetz die Störerfrage bei der Auflösung von Versammlungen in geschlossenen Räumen fast vollständig geregelt: Auflösungsgründe liegen nur vor, wenn die sie begründenden Umstände vom Veranstalter, Leiter oder von Teilnehmern herrühren; lediglich bei Gefahren für Leben oder Gesundheit der Teilnehmer kann die Versammlung als Notstandspflichtiger in Anspruch genommen werden, wenn die Gefahren von Dritten verursacht werden (s. Rn. 260). 263

5.3.5 Rechtsfolge: Auflösung und andere Beschränkungen

Eine Auflösung ist nur zulässig, wenn andere polizeiliche Maßnahmen, insbesondere eine Unterbrechung, nicht ausreichen (§ 13 Abs. 1 Satz 2 VersG). Das Gesetz normiert hier also den allgemeinen Grundsatz der Erforderlichkeit ausdrücklich. Insoweit gilt das zur Auflösung von Versammlungen unter freiem Himmel Ausgeführte entsprechend (s. Rn. 220 ff.). Jedoch werden als beschränkende Maßnahmen eine Begleitung der Versammlung nicht und ihre räumliche Beschränkung nur selten in Betracht kommen. 264

5.3.6 Die Auflösungsverfügung, ihre Folgen und ihre Durchsetzung

Die Auflösungsverfügung kann mündlich ergehen; sie muss eindeutig erklärt werden (s. Rn. 223). § 13 Abs. 1 Satz 1 VersG verlangt, dass bei der Auflö- 265 sung der Grund hierfür anzugeben ist; insoweit gelten strengere Anforderungen als bei der Auflösung einer Versammlung unter freiem Himmel.

Die Auflösungsverfügung beendet die Versammlung, die Teilnehmer haben sich sofort zu entfernen (§ 13 Abs. 2 VersG; s. Rn. 224). Zur Durchsetzung der Auflösung kann die Polizei alle geeigneten Maßnahmen nach dem allgemeinen Polizei- und Ordnungsrecht ergreifen. In Betracht kommt insbesondere ein Platzverweis und nachfolgend die Räumung des Raums. Rechtswidrig sind Maßnahmen zur Beendigung der Versammlung ohne vorausgegangene Auflösungsverfügung (s. Rn. 225 ff.).

6 Nichtöffentliche Versammlungen

Für nichtöffentliche Versammlungen gilt das Versammlungsgesetz in der Regel nicht (s. Rn. 36, dort auch zum Begriff der Öffentlichkeit). Sie unterliegen daher nicht der Anmeldepflicht nach § 14 VersG. Eben so wenig können Auflagen und Verbotsverfügungen auf § 15 VersG gestützt werden. In welchem Umfang und auf welcher Rechtsgrundlage solche Maßnahmen ergriffen werden können, ist im einzelnen streitig und von erheblicher praktischer Bedeutung:

6.1 Lösung 1: Anwendung des allgemeinen Polizeirechts

Die verwaltungsgerichtliche Rechtsprechung wendet die Vorschriften des allgemeinen Polizei- und Ordnungsrechts an (BVerwG NVwZ 1999, 991, 992; OVG Lüneburg NVwZ 1988, 638 m.w.N.; 1985, 925). Polizeiliche Maßnahmen können demnach, gestützt auf die polizeiliche Generalklausel, bei einer Gefahr für die öffentliche Sicherheit und Ordnung erfolgen. Ein Teil der Literatur (vgl. Zeitler, Rn. 283 ff. m.w.N.) folgt dem mit der Einschränkung, die polizeirechtliche Generalklausel bedürfe insoweit der Begrenzung nach den materiellrechtlichen Vorgaben des Versammlungsgesetzes. Eingriffe dürften daher auch gegen nichtöffentliche Versammlungen nur bei einer unmittelbaren Gefahr für Rechtsgüter, die dem Versammlungsrecht gleichwertig sind, vorgenommen werden. Andernfalls könnten gegen nichtöffentliche Versammlungen weitergehende Eingriffe als gegen öffentliche erfolgen, obwohl sie typischerweise ein geringeres Gefahrenpotenzial aufwiesen als jene. Praktisch führt dies zur Übertragung der Eingriffsschwellen des § 15 Abs. 2 VersG und des § 5 VersG auf die polizeiliche Generalklausel.

6.2 Lösung 2: Analoge Anwendung des Versammlungsgesetzes

Anders als die verwaltungsgerichtliche Rechtsprechung spricht sich ein Teil der Literatur für eine analoge Anwendung einzelner Bestimmungen des Versammlungsgesetzes, u.a. des § 15, auf nichtöffentliche Versammlungen aus (Dietel/Gintzel/Kniesel, § 1 VersG Rn. 217 ff.; Rühl NVwZ 1988, 581). Diese entspreche am ehesten der Bedeutung des Grundrechts der Versammlungsfreiheit, das auch für nichtöffentliche Versammlungen gelte.

6.3 Differenzierung nach Fallgruppen

Sachgerechte Lösungen, insbesondere im praktischen Umgang mit nichtöffentlichen Versammlungen erfordern m.E. folgende Differenzierung – im Er-

270 Erstens: Kommt es im Verlauf einer nichtöffentlichen Versammlung zu einer Situation, die polizeiliches Handeln erfordert, ist – was vielfach übersehen wird – zunächst zu prüfen, ob es sich noch um eine nichtöffentliche Versammlung handelt. Wenn nichtöffentliche Versammlungen einen unfriedlichen Verlauf nehmen oder zu nehmen drohen, ist es nicht ausgeschlossen, dass die Versammlung ihren nichtöffentlichen Charakter verliert und sich – z.B. durch Verlassen des Versammlungslokals zu einem Demonstrationszug, dem sich jeder anschließen kann – einem nicht abgegrenzten Personenkreis öffnet. Dann gelten ab diesem Zeitpunkt die Bestimmungen des Versammlungsgesetzes über öffentliche Versammlungen. Öffentlich wird eine Versammlung jedoch nicht dadurch, dass Dritte sich gegen den Willen des Veranstalters zu einer nichtöffentlichen Versammlung, z.B. einer Parteiveranstaltung in geschlossenen Räumen, Zutritt verschaffen wollen (Krüger DÖV 1997, 14 unter Hinweis auf den Fall VGH Mannheim NVwZ-RR 1990, 602; vgl. dazu Rn. 44, 103). In solchen Fällen verbleibt es dabei, dass das Versammlungsgesetz nicht anwendbar ist.

271 Zweitens: Ist die Versammlung weiterhin nichtöffentlich, ist als nächstes zu prüfen, ob es sich um eine friedliche Versammlung ohne Waffen handelt. Ist dies nicht der Fall, ist der Schutzbereich des Art. 8 Abs. 1 GG nicht eröffnet. Die Polizei kann nach allgemeinen Regeln vorgehen, insbesondere nach der polizeilichen Generalklausel bei einer Gefahr oder Störung der öffentlichen Sicherheit und Ordnung die Versammlung auflösen.

Die Streitfrage, ob die Vorschriften des Polizeirechts oder analog die des Versammlungsgesetzes anzuwenden sind, spielt hier m.E. keine entscheidende Rolle. Für eine analoge Anwendung des Versammlungsgesetzes ist bei unfriedlichen Versammlungen ernstlich kein Raum: Das Versammlungsgesetz enthält privilegierende Regelungen gegenüber dem allgemeinen Polizei- und Ordnungsrecht (erhöhte Eingriffsschwelle des § 15 VersG) sowie dem Straßenrecht (keine Erlaubnis-, nur eine Anmeldepflicht) und trägt damit der besonderen Bedeutung der Versammlungsfreiheit Rechnung. Für Versammlungen, die bereits wegen Unfriedlichkeit nicht in den Schutzbereich des Art. 8 Abs. 1 GG fallen, bedarf es solcher Privilegierungen nicht.

Man mag hiergegen einwenden, für *öffentliche* unfriedliche Versammlungen gelte das Versammlungsgesetz auch, ohne dass diese in den Schutzbereich des Art. 8 Abs. 1 GG fallen. Der Hinweis ist zutreffend, der daraus abgeleitete Einwand greift jedoch nicht: Öffentliche unfriedliche Versammlungen können in der Tat nur nach § 15 Abs. 2 VersG aufgelöst werden. Denn das Versammlungsgesetz enthält insoweit eine abschließende Regelung (BVerwG NVwZ 1988, 250, 251). Die Frage nach der Vergleichbarkeit des Sachverhalts, der Voraussetzung für eine Analogie ist, ist damit jedoch gerade noch nicht beantwortet.

Gegen eine analoge Anwendung der Bestimmungen des Versammlungsgesetzes auf nichtöffentliche Versammlungen, die nicht friedlich i.S.d. Art. 8 Abs. 1 GG sind, spricht auch Folgendes: Tragender Gedanke einer analogen Anwendung des Versammlungsgesetzes ist, dass die nichtöffentliche Versammlung nicht erheblich geringeren Eingriffsvoraussetzungen unterliegen könne als die öffentliche Versammlung; denn sie weise typischerweise ein wesentlich geringeres Gefahrenpotenzial auf als jene. Diese Überlegung ist hier jedoch verfehlt, weil die unfriedliche Versammlung – auch als nichtöffentliche – gerade ein großes Gefahrenpotenzial mit sich bringt und die Schutzwirkungen des Versammlungsgrundrechts nicht genießt.

Aus diesem Grund ist bei der Anwendung des allgemeinen Polizeirechts auch die erhöhte Eingriffsschwelle des § 15 Abs. 2 VersG nicht zu berücksichtigen. Eine Privilegierung unfriedlicher Versammlungen z.B. gegenüber unfriedlichen Veranstaltungen ohne Versammlungscharakter ist sachlich nicht gerechtfertigt.

Drittens: In der Regel finden nichtöffentliche Versammlungen in geschlossenen Räumen statt. Das Versammlungsgesetz enthält hierzu keine Regelungen. Art. 8 Abs. 2 GG ließe Beschränkungen insoweit auch nicht zu, sondern enthält nur einen Gesetzesvorbehalt für Versammlungen unter freiem Himmel. Die Freiheit, nichtöffentliche Versammlungen in geschlossenen Räumen abzuhalten, wird daher – wie jedes vorbehaltlos gewährleistete Grundrecht – nur durch kollidierende Grundrechte Dritter und andere mit Verfassungsrang ausgestattete Rechtswerte begrenzt (vgl. – grundlegend zu Grundrechten ohne Gesetzesvorbehalt – BVerfGE 28, 243, 260 f.). In Betracht kommen insbesondere Beschränkungen bei Gefährdungen oder Verletzungen des Rechts Dritter auf körperliche Unversehrtheit (Art. 2 Abs. 2 GG; vgl. OVG Weimar NVwZ 1985, 925) und des Eigentums Dritter (Art. 14 Abs. 1 GG). Fehlt es an einer solchen Lage, darf in das Grundrecht der Versammlungsfreiheit nicht eingegriffen werden. Polizeiliche Maßnahmen gegen diese Versammlungen sind unzulässig (vgl. OVG Münster NVwZ 1989, 885, 886 zum Verbot eines Bundesparteitags der NPD). Die Frage, ob nach allgemeinem Polizei- und Ordnungsrecht oder nach den Maßstäben des Versammlungsrechts eingeschritten werden darf, stellt sich bereits nicht. *272*

Viertens: Die Frage einer analogen Anwendung des Versammlungsgesetzes stellt sich also nur für *273*
- nichtöffentliche Versammlungen in geschlossenen Räumen, gegen die ein Vorgehen verfassungsrechtlich gerechtfertigt ist, weil ein gewichtiges Verfassungsgut mit der Versammlungsfreiheit kollidiert, sowie
- nichtöffentliche Versammlungen unter freiem Himmel, die jedoch kaum denkbar sind.

Für diese Fälle gilt Folgendes: Eine analoge Anwendung des Versammlungsgesetzes auf nichtöffentliche Versammlungen ist aus dogmatischen Gründen abzulehnen. Es fehlt an einer planwidrigen Regelungslücke, eine Analogie scheidet daher aus (so auch von Coelln NVwZ 2001, 1235 f., der zudem darauf hinweist, eine analog angewendete Vorschrift sei keine ausreichende Ermächtigungsgrundlage). Dies ergibt sich mittels Auslegung aus dem Versammlungsgesetz selbst. Die historische Auslegung ist insoweit allerdings kaum ergiebig. Der dem Versammlungsgesetz zugrundeliegende Regierungsentwurf von 1950 enthielt in seiner Begründung keine Ausführungen dazu, warum im wesentlichen nur Vorschriften zu öffentlichen Versammlungen vorgesehen waren (BT-Drs. 1/1102, S. 8 ff.). Der Streit darüber, ob der historische Gesetzgeber eine abschließende Regelung nur für öffentliche Versammlungen treffen wollte, stützt sich daher vor allem auf Vermutungen über den Willen des Gesetzgebers (vgl. einerseits Dietel/Gintzel/Kniesel, § 1 VersG Rn. 221: „Das Versammlungsgesetz ist kein so in sich schlüssiges Regelwerk, dass davon ausgegangen werden darf, der Gesetzgeber habe bewusst die nichtöffentliche Versammlung von präventiv-polizeilichen Maßnahmen ausnehmen wollen."; andererseits Ketteler DÖV 1990, 956 mit einem m.E. keineswegs zwingenden Hinweis auf die Einbringungsrede der Bundesregierung im Bundestag: „Es darf angenommen werden, dass die nichtöffentlichen Versammlungen mit Absicht aus dem Geltungsbereich des Versammlungsgesetzes ausgeklammert worden sind, weil ihr Gefahrenpotenzial geringer ist.").

Zur systematischen und zur Wortlautauslegung: Das Versammlungsgesetz enthält seine zentralen Regelungen in den Abschnitten II und III, die mit „Öffentliche Versammlungen in geschlossenen Räumen" und „Öffentliche Versammlungen unter freiem Himmel und Aufzüge" überschrieben sind. Auch der allgemeine Teil des Versammlungsgesetzes in Abschnitt I enthält – abgesehen vom Uniformverbot in § 3 – Vorschriften nur für öffentliche Versammlungen. Das Versammlungsgesetz besteht also nicht aus einer Vielzahl von Normen, die gewissermaßen zufällig nur für öffentliche Versammlungen gelten, sondern eine auf öffentliche Versammlungen angelegte Struktur. Der Regierungsentwurf bezog sich schon im Titel des Gesetzentwurfs ausdrücklich auf öffentliche Versammlungen (BT-Drs. 1/1102, S. 1). Wortlaut und Systematik sprechen daher für eine abschließende Regelung nur für öffentliche Versammlungen

Dies gilt auch für die teleologische Auslegung: Der Gesetzgeber ging von der Feststellung aus, dass „...politische Versammlungen in sehr vielen Fällen einen turbulenten Verlauf nehmen oder gar gesprengt werden". Es sei daher geboten, der drohenden Verrohung der politischen Sitten mit gesetzlichen Mitteln entgegenzutreten (BT-Drs. 1/1102, S. 8). Zweck des Gesetzes ist es also, für einen friedlichen Verlauf von Versammlungen zu sorgen. Dem entspricht es, dass das Gesetz sich auf die konfliktträchtigeren öffentlichen Versammlungen beschränkt.

Polizeiliche Maßnahmen gegenüber nichtöffentlichen Versammlungen in geschlossenen Räumen bedürfen einer gesetzlichen Grundlage. Ein kollidierendes Verfassungsgut ermöglicht verfassungsrechtlich nur die Beschränkung der Versammlungsfreiheit, ersetzt die gesetzliche Ermächtigungsgrundlage jedoch nicht. Die Anwendung der Eingriffsbefugnisse im allgemeinen Polizei- und Ordnungsrecht, insbesondere der polizeilichen Generalklausel ist durch das Versammlungsgesetz nicht ausgeschlossen. Das Versammlungsgesetz entfaltet insoweit keine Sperrwirkung, seine vereinzelten Vorschriften über nichtöffentliche Versammlungen sind nicht abschließend (so BVerwG NVwZ 1999, 991, 992 mit ausführlicher Begründung; zustimmend von Coelln NVwZ 2001, 1236 f.; die Ausführungen zur Sperrwirkung des § 15 VersG in BVerwG NVwZ 1988, 250, 251 betreffen nur den Bereich öffentlicher Versammlungen; a.A. zur Sperrwirkung Krüger DÖV 1997, 18).

Gegen nichtöffentliche Versammlungen können Maßnahmen daher nach dem allgemeinen Polizei- und Ordnungsrecht ergehen. Dadurch wird – entgegen in der Literatur geäußerter Kritik – auch für nichtöffentliche Versammlungen in geschlossenen Räumen die gesetzliche Ausgangslage nicht „auf den Kopf" gestellt (so aber Ketteler DÖV 1990, 956; ähnlich Krüger DÖV 1997, 18 m.w.N.; Rühl NVwZ 1988, 581). Diese Kritik übersieht vor allem, dass die Schrankensystematik des Art. 8 GG auch von der Rechtsprechung nicht in Frage gestellt wird, soweit sie für nichtöffentliche Versammlungen in geschlossenen Räumen zunächst prüft, ob eine Einschränkung der Versammlungsfreiheit überhaupt verfassungsrechtlich gerechtfertigt ist (so das OVG Münster in NVwZ 1989, 885, 886). Nur wenn Versammlungsbehörden und Verwaltungsgerichte dies übersehen, ist die Anwendung des allgemeinen Polizei- und Ordnungsrechts zu beanstanden (vgl. VG Frankfurt/Main NVwZ 1998, 770, das – zu Unrecht – Identitätsfeststellung und Durchsuchung nicht als Eingriff in die Versammlungsfreiheit ansah, da es sich um eine nichtöffentliche Versammlung handelte). Zudem wird das Entschließungs- und das Auswahlermessen durch das Grundrecht der Versammlungsfreiheit beschränkt (ebenso von Coelln NVwZ 2001, 1239). Dabei ist besonders zu berücksichtigen, dass die Verfassung einen Gesetzesvorbehalt nur für Versammlungen unter freiem Himmel enthält und der Gesetzgeber im Versammlungsgesetz bereits die Eingriffsmöglichkeiten gegenüber öffentlichen Versammlungen beschränkt hat. Dies wird praktisch häufig zu denselben Ergebnissen führen wie bei einer Anwendung der Eingriffsvoraussetzungen der §§ 5, 15 VersG. Jedoch ist eine starre Übertragung der Tatbestandsvoraussetzungen der §§ 5, 15 VersG nicht zwingend. Die Forderung nach einer starren Übertragung dieser Eingriffsvoraussetzungen (vgl. z.B. von Coelln

274

NVwZ 2001, 1238) beruht auf der Überlegung, nichtöffentliche Versammlungen brächten geringere Gefahren mit sich als öffentliche und könnten daher allenfalls unter den Voraussetzungen für öffentliche Versammlungen Eingriffen unterliegen. Dieser Ausgangspunkt mag im Regelfall zutreffen, im Einzelfall kann es sich jedoch auch anders verhalten.

Selbstverständlich ist ein Vorgehen gegen die nichtöffentliche Versammlung nur möglich, wenn die Versammlung Störer ist oder die Voraussetzungen eines polizeilichen Notstands vorliegen; insoweit gelten keine Besonderheiten (vgl. BVerwG NVwZ 1999, 991, 993).

7 Rechtsschutz

7.1 Vorläufiger Rechtsschutz nach § 80 Abs. 5 VwGO

Das Verfahren des einstweiligen Rechtsschutzes nach § 80 Abs. 5 VwGO hat im Versammlungsrecht überragende Bedeutung. Hat die Versammlungsbehörde nach §§ 5, 15 Abs. 1 VersG ein Verbot oder Auflagen erlassen, ist wegen des bevorstehenden Versammlungstermins in der Regel das Verfahren über den Widerspruch (§ 80 Abs. 1 VwGO) gegen Auflage oder Verbot noch nicht abgeschlossen. Daher sind Einleitung und Abschluss eines Hauptsacheverfahrens, in dem die belastende Verfügung mit der Anfechtungsklage (§ 42 Abs. 1 VwGO) angefochten wird, vor der Versammlung nicht möglich. Die wesentliche Entscheidung über die Verfügung der Versammlungsbehörde ergeht daher im Verfahren des einstweiligen Rechtsschutzes.

275

Für die Versammlungsbehörde empfiehlt es sich in aller Regel, bei Erlass von Verbot oder Auflagen die sofortige Vollziehung nach § 80 Abs. 2 Nr. 4 VwGO anzuordnen und nach § 80 Abs. 3 VwGO zu begründen (s. Rn. 213). Der Widerspruch gegen Auflage oder Verbot hat dann keine aufschiebende Wirkung. Die Wiederherstellung der aufschiebenden Wirkung des Widerspruchs kann der Widerspruchsführer sowohl bei der Versammlungs- oder Widerspruchsbehörde (§ 80 Abs. 4 VwGO) als auch beim zuständigen Verwaltungsgericht (§ 80 Abs. 5 VwGO) beantragen; dabei ist für das gerichtliche Verfahren nicht Voraussetzung, dass der Widerspruchsführer zuvor bei der Behörde die Wiederherstellung der aufschiebenden Wirkung beantragt hat. Für den durch Auflage oder Verbot Belasteten ist jedoch wesentlich, überhaupt Widerspruch einzulegen, falls er sich gegen die ergangene Verfügung wenden will; ist – bis zur Entscheidung des Gerichts - ein Widerspruch nicht eingelegt, kann auch nicht dessen aufschiebende Wirkung wiederhergestellt werden. Ebenso ist ein Antrag des Veranstalters nach § 80 Abs. 5 VwGO unzulässig, wenn der Bescheid schon bestandskräftig geworden ist.

Ein zulässiger Antrag setzt des weiteren eine Antragsbefugnis (§ 42 Abs. 2 VwGO analog) voraus. Die steht einem Veranstalter bezüglich seiner Versammlung zu, zu der die Versammlungsbehörde ihm gegenüber Auflagen oder ein Verbot erlassen hat. Hat die Versammlungsbehörde eine Allgemeinverfügung erlassen, mit der Versammlungen in einem bestimmten Gebiet während eines bestimmten Zeitraums untersagt werden (s. hierzu Rn. 208), ist nicht antragsbefugt, wer nicht nachvollziehbar darlegen kann, von der Allgemeinverfügung wegen einer konkret in diesem Gebiet und in diesem Zeit-

276

raum geplanten Versammlung betroffen zu sein (VG Lüneburg, Beschl. v. 11.11.2002, 3 B 76/02).

Der Veranstalter ist auch dann antragsbefugt, wenn er sich gegen die an einen Dritten ergangene Verfügung wendet, die ihn in seiner Versammlungsfreiheit berührt. Dies kann z.B. der Fall sein, wenn die Versammlungsbehörde einem Hotelinhaber untersagt, dem Veranstalter die für die Versammlung vorgesehenen und bereits angemieteten Räume zur Verfügung zu stellen (VGH Mannheim DVBl. 1987, 151).

277 Das Gericht überprüft auch, ob die Aussetzung der Vollziehung ausreichend begründet worden ist. Zweck des Begründungserfordernisses ist vor allem, der Behörde den Ausnahmecharakter der Vollziehungsanordnung klar zu machen. Die Begründung muss daher bestimmte Mindestanforderungen erfüllen, auch wenn sie knapp ausfallen kann. Sie darf nicht in der Weise formelhaft sein, dass sie auf jeden Fall eines Versammlungsverbots oder der Erteilung von Auflagen anwendbar wäre. Die Begründung muss also immer einzelfallbezogen sein. Eine ausdrückliche Bezugnahme auf die Erwägungen des Verbots oder der Auflagen selbst ist möglich. Eine Nachholung der versäumten Begründung ist nicht zulässig (vgl. Bader/Funke-Kaiser/Kuntze/von Albedyll-Funke-Kaiser, § 80 VwGO Rn. 45, m.w.N.). Fehlt eine Begründung ganz oder genügt sie diesen Mindestanforderungen nicht, hebt das Gericht die Anordnung der sofortigen Vollziehung auf. Diese Entscheidung hat nicht die Bindungswirkung einer Wiederherstellung der aufschiebenden Wirkung nach § 80 Abs. 5 VwGO; diese besteht darin, dass eine Änderung der Entscheidung nur im Verfahren nach § 80 Abs. 7 VwGO erreicht werden kann. Die Versammlungsbehörde kann daher nach einer bloßen Aufhebung der Vollziehungsanordnung erneut die sofortige Vollziehung anordnen (Eyermann-J. Schmidt, § 80 VwGO Rn. 93). Genügt die Begründung hingegen den Mindestanforderungen, ist es unschädlich, wenn sich die angeführten Gründe später als inhaltlich unzutreffend erweisen; denn das Begründungserfordernis ist nur formelle Rechtmäßigkeitsvoraussetzung (Bader/Funke-Kaiser/Kuntze/von Albedyll-Funke-Kaiser, a.a.O.).

278 Im Verfahren nach § 80 Abs. 5 VwGO trifft das Verwaltungsgericht aufgrund einer summarischen Prüfung der Sach- und Rechtslage eine eigene Ermessensentscheidung. Dieser legt es eine umfassende Interessenabwägung zugrunde. Dabei prüft es – in einer ersten Stufe – die offensichtliche Rechtmäßigkeit oder Rechtswidrigkeit der ergangenen Verfügung. Denn an der sofortigen Vollziehung eines Bescheids, der offensichtlich rechtswidrig ist und den Antragsteller in seinen Rechten verletzt, besteht ebensowenig ein öffentliches Interesse wie es ein schutzwürdiges privates Interesse des Antragstellers daran geben kann, von der Vollziehung eines offensichtlich rechtmäßigen Bescheids verschont zu bleiben. Ergibt sich im einstweiligen Rechtsschutz-

verfahren kein eindeutiges Ergebnis zur Frage der Rechtmäßigkeit des Verwaltungsakts, so sind – in einer zweiten Stufe – die Erfolgsaussichten im Hauptsacheverfahren ein gewichtiger Belang in der Abwägung der Interessen. Das öffentliche Interesse an der sofortigen Vollziehung ist um so größer, je gewichtigere Anhaltspunkte für die Rechtmäßigkeit des Bescheids sprechen – und umgekehrt. Lassen sich im Eilverfahren gar keine Aussagen zu den Erfolgsaussichten in der Hauptsache machen, kommt es – in einer dritten Stufe – zu einer reinen Interessenabwägung (vgl. zu allem Eyermann-J. Schmidt, § 80 VwGO Rn. 72 ff.). Hierzu wird es in versammlungsrechtlichen Streitigkeiten allenfalls selten kommen. Im Vergleich zu anderen verwaltungsrechtlichen Verfahren sind die zu beurteilenden Sachverhalte wenig komplex und auch die zu beantwortenden Rechtsfragen überschaubar. Daher richtet sich die verwaltungsgerichtliche Entscheidung nach § 80 Abs. 5 VwGO in der Regel an der Rechtmäßigkeit der Auflagen- oder Verbotsverfügung aus. Kommt es hingegen zu einer reinen Interessenabwägung, wird häufig von Bedeutung sein, ob dem Versammlungsinteresse wegen eines engen Bezugs zu einem bestimmten Termin oder Ereignis besonderes Gewicht zukommt.

Wendet sich der Veranstalter gegen die sofortige Vollziehbarkeit einer Verbotsverfügung, ergeben sich für die Verwaltungsgerichte aus dem Verhältnismäßigkeitsprinzip besondere Verpflichtungen. Verletzt die sofortige Vollziehung eines Verbots Art. 8 GG, weil die Erteilung von Auflagen ausgereicht hätte, um die Gefahren für die öffentliche Sicherheit und Ordnung abzuwenden, können sich die Verwaltungsgerichte nicht darauf beschränken, die aufschiebende Wirkung des Widerspruchs anzuordnen. Denn dann entstünden bei Durchführung der angemeldeten, nicht modifizierten Versammlung die Gefahren, deren Verhinderung den Versammlungsbehörden obliegt. Für die Verwaltungsgerichte ist es dann in der Regel geboten, den Versammlungsbehörden den Erlass notwendiger Auflagen aufzugeben oder die aufschiebende Wirkung nur mit Modifikationen wiederherzustellen (BVerfG DVBl. 2000, 1605, 1608). Die Versammlungsbehörde, die ein Verbot erlassen hat, sollte daher durch entsprechende Hilfsanträge darauf hinwirken, dass das Verwaltungsgericht die aufschiebende Wirkung zumindest nur mit Modifikationen wiederherstellt. Diese Modifikationen sind im Antrag genau zu bezeichnen. Andernfalls ist der Hilfsantrag nicht bestimmt genug.

Eine Pflicht, mögliche Auflagen zu prüfen, hat der VGH Mannheim (VBlBW 2001, 57) für eine Demonstration verneint, die nach der Anmeldung innerhalb des befriedeten Bezirks des Bundesverfassungsgerichts stattfinden sollte. Eine solche Demonstration ist kraft Gesetzes verboten (§ 16 VersG). Da es dem Veranstalter gerade auf eine Versammlung vor dem Bundesverfassungsgericht, also im befriedeten Bezirk ankam, waren die Gerichte nicht gehalten zu prüfen, ob durch eine Auflage, eine andere Route zu wählen, der befriedete Bezirk ausgespart werden kann.

Gerade in versammlungsrechtlichen Streitigkeiten ist das Verfahren des vorläufigen Rechtsschutzes häufig von besonderer Eile geprägt, wenn der Termin der beabsichtigten Versammlung kurz bevorsteht. Ebenso wie es für die Versammlungsbehörde selbstverständlich sein sollte, nach Anmeldung oder Kenntnisnahme von einer Versammlung zügig über Auflagen oder Verbot zu entscheiden, sollte sie im gerichtlichen Verfahren jede unnötige Verzögerung vermeiden. Dazu gehört auch eine unverzügliche Aktenvorlage. Zwar werden versammlungsrechtliche Maßnahmen, die offensichtlich rechtmäßig und gut begründet sind, in aller Regel vor Gericht Bestand haben. In Fällen, die „auf der Kippe stehen", ist es jedoch nicht ausgeschlossen, dass die Erschwerung effektiven Rechtsschutzes durch zumindest nachlässiges Verhalten der Behörde in der Interessenabwägung auch einmal berücksichtigt wird.

7.2 Abänderungs- und Beschwerdeverfahren

279 Gegen die Entscheidung des Verwaltungsgerichts nach § 80 Abs. 5 VwGO kann in zweierlei Weise vorgegangen werden, mit einem Abänderungsantrag nach § 80 Abs. 7 VwGO und mit der Beschwerde nach § 146 VwGO. Hat das Verwaltungsgericht die aufschiebende Wirkung des Widerspruchs oder der Klage wiederhergestellt, ist es der Versammlungsbehörde hingegen verwehrt, hierauf mit einer erneuten Anordnung der sofortigen Vollziehung zu reagieren. Denn die Entscheidung nach § 80 Abs. 5 VwGO entfaltet insoweit Bindungswirkung.

280 Das Verwaltungsgericht kann seinen nach § 80 Abs. 5 VwGO ergangenen Beschluss jederzeit, auch von Amts wegen ändern oder aufheben (§ 80 Abs. 7 Satz 1 VwGO). Einen Antrag auf eine solche Änderung oder Aufhebung kann jeder Beteiligte wegen veränderter oder im ursprünglichen Verfahren ohne Verschulden nicht geltend gemachter Umstände stellen (§ 80 Abs. 7 Satz 2 VwGO). Ein solches Antragsrecht kommt vor allem bei einer Änderung der Sachlage in Betracht, wenn also nachträglich Tatsachen eingetreten oder erst bekannt geworden sind, die eine abweichende Entscheidung rechtfertigen können. Praktische Bedeutung hat dies in versammlungsrechtlichen Streitigkeiten jedoch kaum: Will die Versammlungsbehörde ihre Gefahrenprognose auf neue Tatsachen stützen, muss sie aus materiellrechtlichen Gründen einen Zweitbescheid erlassen. Neue Tatsachen, die der Veranstalter einer Versammlung ins Feld führt, berühren eine zutreffende Gefahrenprognose nicht (s. Rn. 149).

Abänderungs- und Beschwerdeverfahren

Gegen Beschlüsse nach § 80 Abs. 5 VwGO steht dem Unterlegenen die Beschwerde nach § 146 VwGO zu. Mit dem Gesetz zur Bereinigung des Rechtsmittelrechts im Verwaltungsprozess hat der Gesetzgeber das Beschwerdezulassungsverfahren in Verfahren des vorläufigen Rechtsschutzes (§ 146 Abs. 4 VwGO a.F.) zum 31.12.2001 abgeschafft und stattdessen zum 1.1.2002 neue Anforderungen an die Begründung der Beschwerde eingeführt (§ 146 Abs. 4 VwGO n.F.). Danach ist die Beschwerde binnen eines Monats nach Bekanntgabe der Entscheidung des Verwaltungsgerichts zu begründen. Die Begründung muss einen bestimmten Antrag enthalten, die Gründe angeben, aus denen die Entscheidung abzuändern oder aufzuheben ist, und sich mit der angefochtenen Entscheidung auseinandersetzen. Mangelt es an einem dieser Erfordernisse, ist die Beschwerde als unzulässig zu verwerfen.

281

Im Beschwerdeverfahren ist es für den Beschwerdeführer zunächst wesentlich, diese Anforderungen an die Beschwerdebegründung einzuhalten. Sie entsprechen inhaltlich weitgehend den Voraussetzungen für eine Berufungsbegründung nach § 124a Abs. 3 VwGO. Die Beschwerdebegründung muss daher – soweit sie nicht auf neue Tatsachen gestützt ist – eine Prüfung, Sichtung und rechtliche Durchdringung des bisherigen Streitstoffes erkennen lassen. Sie muss auf den konkreten Fall zugeschnitten sein und aufzeigen, in welchen Punkten tatsächlicher oder rechtlicher Art der Beschwerdeführer die angefochtene Entscheidung für falsch hält. Beruht die angefochtene Entscheidung auf mehreren voneinander unabhängigen, selbst tragenden Gründen, muss der Beschwerdeführer auf alle Gründe eingehen. Im übrigen ist der Beschwerdeführer nicht verpflichtet, sich mit allen Punkten der angefochtenen Entscheidung auseinander zu setzen. Eine bloße Bezugnahme auf erstinstanzliches Vorbringen reicht nicht aus, es sei denn, es wird gerade geltend gemacht, erstinstanzliches Vorbringen sei nicht berücksichtigt worden (vgl. zu allem Eyermann-Happ, § 124a VwGO Rn. 60 ff.).

Für die Beschwerde gilt Vertretungszwang. Sie kann also nur von einem Rechtsanwalt oder einem Rechtslehrer an einer deutschen Hochschule eingelegt werden (§ 67 Abs. 1 Sätze 1 und 2 VwGO). Behörden können sich jedoch nach Maßgabe des § 67 Abs. 1 Satz 3 VwGO auch durch öffentlich Bedienstete vertreten lassen.

Das Abänderungsverfahren nach § 80 Abs. 7 VwGO und das Beschwerdeverfahren nach § 146 VwGO stehen in keinem Verhältnis der Vorrangigkeit zueinander (vgl. Bader/Funke-Kaiser/Kuntze/von Albedyll-Funke-Kaiser, § 80 VwGO Rn. 120). Im Beschwerdeverfahren prüft das Oberverwaltungsgericht jedoch nur die in der Beschwerde dargelegten Gründe (§ 146 Abs. 4 Satz 6 VwGO). Neue Tatsachen, die nach Ablauf der Beschwerdebegründungsfrist entstehen, können daher nur im Verfahren nach § 80 Abs. 7 VwGO geltend gemacht werden.

7.3 Einstweilige Anordnungen nach § 123 VwGO

282 Einstweilige Anordnungen nach § 123 VwGO kommen in Betracht zur Sicherung von Ansprüchen von Veranstaltern und Teilnehmern. So kann ein Veranstalter einer Versammlung gegenüber der Versammlungsbehörde, die die Veranstaltung nicht als Versammlung i.S.d. Art. 8 GG ansieht, geltend machen, er habe einen Anspruch auf erlaubnisfreie Abhaltung der Veranstaltung, da es sich um eine Versammlung handele. Diesen Anspruch kann er auch im Wege des einstweiligen Rechtsschutzes nach § 123 Abs. 1 Satz 1 VwGO mit dem Antrag auf Erlass einer Sicherungsanordnung durchsetzen (VGH Mannheim NVwZ-RR 1995, 271).

Darüber hinaus sind in Ausnahmefällen auch einstweilige Anordnungen zur Gewährung vorläufigen vorbeugenden Rechtsschutzes zulässig. Hieran stellt die Rechtsprechung hohe Anforderungen. Es darf dem Rechtsschutzsuchenden nicht zuzumuten sein, die Rechtsverletzung abzuwarten. Dies ist zu bejahen, wenn schon die kurzfristige Hinnahme der befürchteten Handlungsweise geeignet ist, den Betroffenen in seinen Rechten in besonders schwerwiegender Weise zu beeinträchtigen. Insoweit muss eine erhebliche, über Randbereiche hinausgehende Verletzung von Grundrechten der Betroffenen drohen. Das OVG Münster (NVwZ 2001, 1315) hat dies bejaht für Antragsteller, die bereits zweimal bei Versammlungen ohne vorherige Auflösung, also rechtswidrig (s. Rn. 226) von der Polizei des Antragsgegners eingekesselt worden sind, wenn ein vergleichbares Verhalten des Antragsgegners auch in Zukunft zu erwarten ist.

Gegen Entscheidungen nach § 123 VwGO ist die Beschwerde nach § 146 VwGO statthaft. Insoweit gilt das oben Ausgeführte.

7.4 Einstweilige Anordnungen nach § 32 BVerfGG

283 Wenn Veranstalter im einstweiligen Rechtsschutzverfahren vor dem Oberverwaltungsgericht unterlegen sind, verbleibt ihnen die Möglichkeit, den Erlass einer einstweiligen Anordnung beim Bundesverfassungsgericht nach § 32 BVerfGG zu beantragen. Nach dieser Vorschrift kann das Gericht einen Zustand durch einstweilige Anordnung vorläufig regeln, wenn dies zur Abwehr schwerer Nachteile, zur Verhinderung drohender Gewalt oder aus einem anderen wichtigen Grund zum gemeinen Wohl dringend geboten ist. Ein solcher Antrag bleibt ohne Erfolg, wenn eine mögliche Verfassungsbeschwerde unzulässig oder offensichtlich unbegründet ist. Bei offenem Ausgang eines möglichen Verfassungsbeschwerdeverfahrens wägt das Gericht die Folgen, die eintreten würden, wenn eine einstweilige Anordnung Erfolg hätte, gegenüber den Nachteilen ab, die entstünden, wenn die begehrte einstweilige Anordnung erlassen würde, der Verfassungsbeschwerde aber der Erfolg versagt wäre. Wegen der meist weit tragenden Folgen, die eine einstweilige Anordnung in einem verfassungsgerichtlichen Verfahren auslöst, ist bei der Prüfung der Voraussetzungen des § 32 Abs. 1 BVerfGG ein strenger Maßstab anzulegen (st. Rspr., vgl. nur BVerfG DVBl. 2000, 1593, 1594). In jüngster Zeit hatten jedoch Veranstalter rechtsextremistischer Versammlungen, die mit unzureichenden Erwägungen verboten worden waren, häufiger Erfolg mit Anträgen nach § 32 BVerfGG.

Ein schwerer Nachteil folgt nicht bereits daraus, dass sich ein Grundrechtseingriff nicht mehr rückgängig machen lässt. Ausreichend ist allein auch nicht, dass die Versammlung einen Bezug zum konkreten Versammlungstermin hat. Es müssen sonstige Gründe hinzukommen, etwa die Unmöglichkeit, das Anliegen zu einem späteren Zeitpunkt in angemessener Weise verfolgen zu können. An einem schweren Nachteil fehlt es meist, wenn die Versammlungsbehörde die Versammlung nicht verboten, sondern nur zumutbare Auflagen erlassen hat (Hoffmann-Riem NVwZ 2002, 258, m.w.N.; vgl. jedoch auch BVerfG DVBl. 2002, 690, zu einem Redeverbot; NVwZ 2002, 983, zur Auflage, bei einem Trauermarsch keine schwarzen Fahnen mitzuführen).

Die Behinderung einer Partei im Wahlkampf ist stets als eine schwere Einbuße anzusehen. Zu berücksichtigen sind nicht nur die Wettbewerbsnachteile der betroffenen Partei, sondern auch das öffentliche Interesse an einem unverzerrten Parteienwettbewerb insgesamt, der die Wähler erst in den Stand setzt, eine kompetente Wahlentscheidung zu treffen (BVerfG NJW 1998, 3631).

Das Bundesverfassungsgericht legt seiner Entscheidung in der Regel die Tatsachenfeststellungen und -würdigungen in den angegriffenen Entscheidungen zugrunde. Dies gilt jedoch nicht, wenn die getroffenen Tatsachenfeststellungen offensichtlich fehlsam sind oder die angestellte Tatsachenwürdigung unter Berücksichtigung der betroffenen Grundrechtsnorm offensichtlich nicht trägt (st. Rspr., vgl. nur BVerfG DVBl. 2000, 1593 zu einer mit Art. 8 GG nicht vereinbaren Gefahrenprognose).

Bei besonderer Dringlichkeit kann das Bundesverfassungsgericht davon absehen, den am Verfahren in der Hauptsache Beteiligten Gelegenheit zur Stellungnahme zu geben (§ 32 Abs. 2 Satz 2 BVerfGG). Steht der Versammlungstermin kurz bevor, ist es für die Versammlungsbehörde daher ratsam, von sich aus gegenüber dem Bundesverfassungsgericht Stellung zu nehmen, um darzulegen, warum Auflagen oder Verbot im konkreten Fall rechtmäßig sind.

7.5 Hauptsacheverfahren auf Feststellung der Rechtswidrigkeit

Haben sich Verbot oder Auflagen durch Zeitablauf erledigt, kann der durch diese Maßnahmen Betroffene mit einem Antrag nach § 113 Abs. 1 Satz 4

284

VwGO beantragen, die Rechtswidrigkeit der ergangenen Verfügung festzustellen. Der Antrag ist auch zulässig, wenn die Erledigung vor Klageerhebung eingetreten ist. Fühlt sich ein Veranstalter oder Teilnehmer einer Versammlung durch einen Realakt, der sich erledigt hat, in seinen Rechten betroffen, kann er die Feststellung der Rechtswidrigkeit mit der allgemeinen Feststellungsklage nach § 43 VwGO verfolgen (vgl. z.B. VG München NVwZ 2000, 461, zum Vorfahren eines Busses, um den Sichtkontakt zwischen einer Mahnwache und dem vorbei fahrenden Jiang Zemin zu unterbrechen).

Sowohl die allgemeine Feststellungsklage nach § 43 VwGO als auch die Fortsetzungsfeststellungsklage nach § 113 Abs. 1 Satz 4 VwGO sind nur zulässig, wenn der Kläger ein besonderes Feststellungsinteresse hat. Dies ist der Fall, wenn Wiederholungsgefahr vorliegt, ein Rehabilitationsinteresse gegeben ist oder das Verfahren der Vorbereitung eines Amtshaftungs- oder sonstigen Entschädigungsprozesses dient. In versammlungsrechtlichen Fällen sind regelmäßig Wiederholungsgefahr und Rehabilitationsinteresse von Bedeutung.

285 Wiederholungsgefahr liegt vor, wenn unter im wesentlichen unveränderten tatsächlichen und rechtlichen Umständen ein gleichartiger Verwaltungsakt ergehen wird. Dabei bedarf es nicht des Fortbestehens der gleichen Umstände in allen Einzelheiten. Bei Ungewissheit, ob künftig gleiche tatsächliche Verhältnisse vorliegen werden, besteht keine Wiederholungsgefahr (Eyermann-J. Schmidt, § 113 VwGO Rn. 86; OVG Lüneburg NVwZ-RR 1998, 236, Wiederholungsgefahr verneinend bezüglich von der Polizei verfügter Unterbrechung des Lautsprechereinsatzes auf einer Versammlung). Ob die Gerichte in versammlungsrechtlichen Fällen eine Wiederholungsgefahr bejahen, hängt stark vom Einzelfall ab; Leitlinien lassen sich nicht feststellen. Während in manchen Fällen der nachvollziehbare Vortrag des Klägers, auch künftig an Demonstrationen zu vergleichbaren Themen teilnehmen zu wollen, im wesentlichen ausreicht (VGH Mannheim VBlBW 1993, 343; NVwZ-RR 1990, 602; VG Karlsruhe, Urt. v. 9.9.2002, 12 K 2302/01), genügt dies anderen Gerichten nicht stets (VG Weimar ThürVBl. 1995, 43; VG Berlin, Urt. v. 30.8.2000, 1 A 69.96).

286 Ein Rehabilitationsinteresse besteht, wenn die umstrittene Maßnahme eine über die der eigentlichen belastenden Maßnahme hinausgehende diskriminierende, ehrenrührige Wirkung hat. Das ist nicht nur der Fall, wenn abträgliche Nachwirkungen der umstrittenen Maßnahme fortbestehen. Auch die Art des Eingriffs, insbesondere im grundrechtlich geschützten Bereich, kann es – verbunden mit dem Anspruch auf effektiven Rechtsschutz – erfordern, das Feststellungsinteresse zu bejahen. In Fällen tiefgreifender, nicht mehr fortwirkender Grundrechtseingriffe ist eine gerichtliche Überprüfung der Rechtmäßigkeit geboten, wenn die direkte Belastung durch den angegriffenen Hoheitsakt

sich nach dem typischen Verfahrensablauf auf eine Zeitspanne beschränkt, in welcher der Betroffene die gerichtliche Entscheidung kaum erlangen kann (vgl. Eyermann-J. Schmidt, § 113 VwGO Rn. 92 f.). Auch hier ist die gerichtliche Entscheidung stark vom Einzelfall abhängig (vgl. z.B. OVG Lüneburg NVwZ-RR 1998, 236, 237, zur Unterbrechung des Lautsprechereinsatzes; VG Berlin, Urt. v. 30.8.2000, 1 A 69.96, zur räumlichen Verlegung einer Versammlung – jeweils ein Rehabilitationsinteresse verneinend; VG Weimar ThürVBl. 1995, 43, 44, zur räumlichen Beschränkung einer Mahnwache; VG München NVwZ 2000, 461, 462, zur Unterbrechung des Sichtkontakts zwischen Mahnwache und dem vorbei fahrenden Jiang Zemin – jeweils ein Rehabilitationsinteresse bejahend).

Anhänge

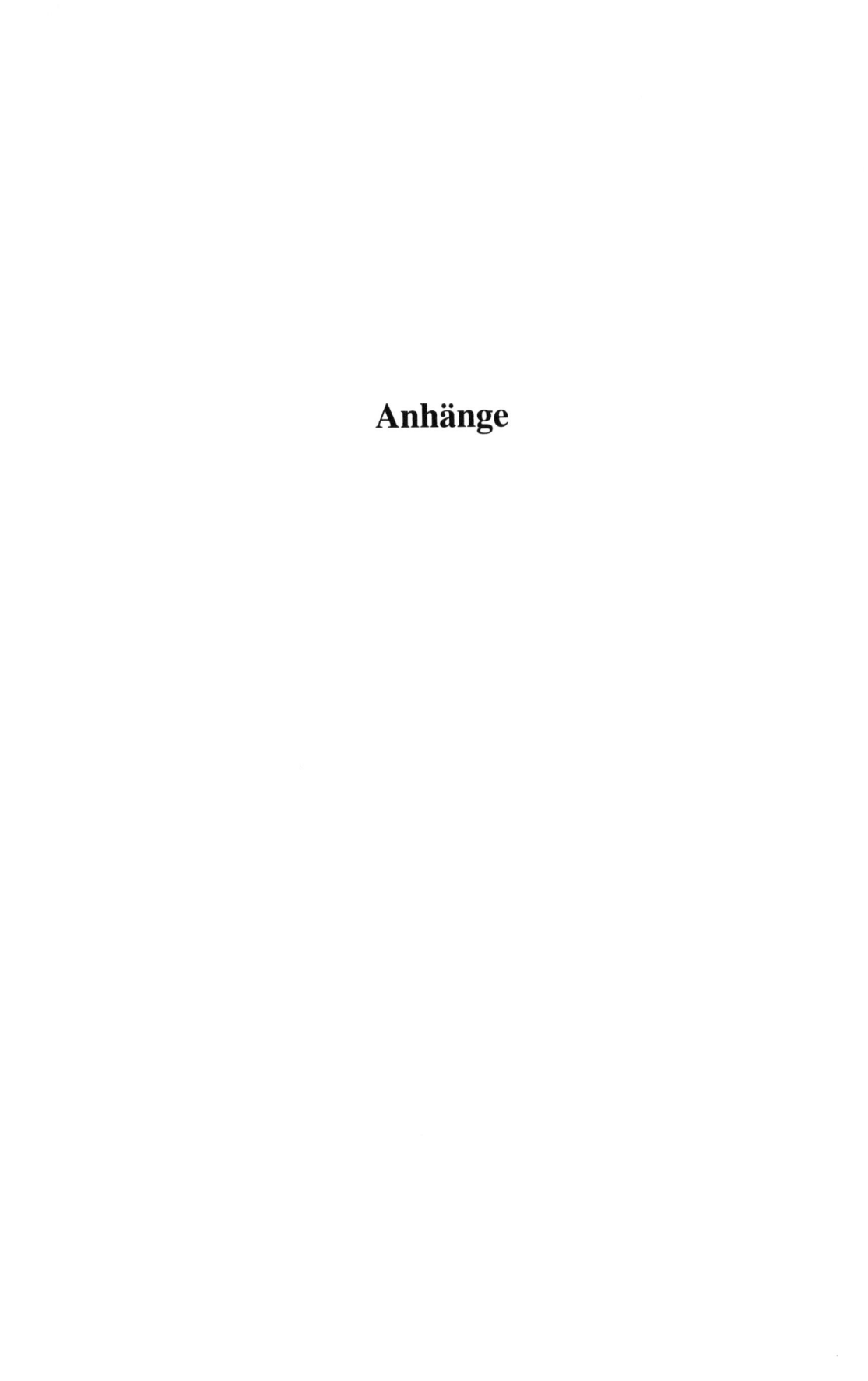

Anhang 1

Muster eines Verbotsbescheids

Kreisfreie Stadt Neustadt, 36547 Neustadt

Herrn Albert Gries
Maistraße 41
36547 Neustadt

Ordnungsamt
Neugasse 7
Sb. Müller
0798-34567

Durch Postzustellungsurkunde

Ihr Schreiben	Unser Zeichen	Datum
22. 4. 2003	K-55/03	25. 4. 2003

Vollzug des Gesetzes über Versammlungen und Aufzüge (VersG)

Die Kreisfreie Stadt Neustadt, Ordnungsamt erlässt folgenden

Bescheid:

1. Die von Ihnen für den 4. 5. 2003, 14.00–16.00 Uhr angemeldete Versammlung in Neustadt mit Auftaktkundgebung auf dem Marktplatz und anschließendem Aufzug vom Marktplatz über die Hauptstraße bis zum Theaterplatz mit dem Thema „Gegen den absoluten Konsumterror des 21. Jahrhunderts" wird verboten.

2. Dieses Verbot gilt zugleich für jede andere Versammlung unter freiem Himmel, die Sie statt dessen an diesem Tag in Neustadt an einem anderen als dem angemeldeten Ort oder zu einem anderen als dem angemeldeten Zeitpunkt (Ersatzveranstaltung) durchführen.

3. Die sofortige Vollziehung der Anordnungen unter Nummern 1 und 2 wird angeordnet.

Gründe:

I.

1. Mit Schreiben vom 22. 4. 2003 meldeten Sie für den 4. 5. 2003 von 14.00–16.00 Uhr eine Auftaktkundgebung auf dem Marktplatz mit anschließendem Aufzug unter dem Motto „Gegen den absoluten Konsumterror des 21. Jahrhunderts" an. Dieser soll in Neustadt, vom Marktplatz über die Hauptstraße bis zum Theaterplatz stattfinden. Nach Ihren Angaben in der Anmeldung soll mit der Versammlung gegen die „menschenverachtende, mit nationalem und internationalem Recht unvereinbare Materialisierung aller Lebensbereiche und die Globalisierung" protestiert werden.

Nach der Anmeldung sind 1.000–1.500 Teilnehmer zu erwarten. Als Kundgebungsmittel sind drei Lautsprecherwagen vorgesehen. Auf der Auftaktkundgebung wollen Sie selbst eine „Rede zur Globalisierung" halten.

2. In den letzten Wochen haben mehrere Versammlungen in anderen Städten zum Thema der Rabattkarten stattgefunden:

a) Am 12.4.2003 fand in Frankfurt/Main eine Versammlung mit ca. 1.200 Teilnehmern statt, mit der gegen Rabattkarten demonstriert wurde. Die Versammlung wurde von Hugo Ball veranstaltet. Sie führte durch die Frankfurter Innenstadt. Dabei drangen 15 Gruppen von 40 bis zu 50 Demonstranten im Laufschritt nacheinander in die fünf Warenhäuser der Firmen Schlechtkauf und Qualitas ein und zerstörten an allen Kassen elektronische Lesesysteme für Rabattkarten. Dabei verletzten diese in jedem der Warenhäuser Angestellte der dortigen Firmen. Insgesamt kam es bei 43 Angestellten zu leichten Verletzungen.

Hugo Ball teilte am 13.4.2003 auf seiner Homepage www.gegen-globalisierungs-karten.de mit, im „Kampf gegen den gläsernen Kunden" könnten „Kollateralschäden an den willigen Vollstreckern der Globalisierung" stets eintreten. Sie dienten jedoch der „langfristigen Befreiung der Warenhaussklaven". Die Rabattkarten seien ein „System zur Ausspähung der Kunden, die wie Marionetten zu dem von den Konzernen gewünschten Konsum geführt werden".

b) Am 15.4.2003 setzten sich in Berlin um 12.00 Uhr vor jedem Eingang des Kaufhauses Exklusiv der Firma Qualitas je 70 Personen nieder, die Plakate mit Aufdrucken wie „No Rabatt jetzt", „Rabatt – Jetzt zahlen wir es Euch zurück" hielten. Sie hinderten andere Personen am Betreten und Verlassen des Gebäudes. Die eintreffende Polizei löste die Versammlung um 12.40 Uhr auf. Da sich die Demonstranten nicht entfernten, wurden sie nach Platzverweisen der Polizei von dieser weggetragen. Um 13.27 Uhr waren alle Eingänge wieder frei zugänglich.

Um 17.30 Uhr streuten bis zu 10 Personen aus mitgebrachten Rucksäcken und Taschen mehrere tausend Plastikkarten vor dem Haupteingang des Kaufhauses Exklusiv aus, übergossen sie mit einer brennbaren Flüssigkeit und entzündeten sie. Hierdurch kam es zu einem Sachschaden im Eingangsbereich des Kaufhauses Exklusiv in Höhe von 35.000 Euro.

Nach Ermittlungen des Landeskriminalamts Berlin nahm an beiden Aktionen in Berlin auch Hugo Ball teil, der zuvor auch durch e-mails an Sie, Bertram Freudenreich in Heidelberg und Sabine Wertmüller in Göttingen für die Veranstaltungen geworben hatte. In dem e-mails hatte er dringend darum gebeten: „Bringt Eure schlag- und tatkräftigen Unterstützertruppen mit! Wir brauchen mehr radikale Phantasie als friedliche Ostermarschierer!"

c) Am 17.4.2003 fand in Düsseldorf um 10.00 Uhr eine Versammlung statt, an der Sie, Hugo Ball und Sabine Wertmüller teilnahmen. Sie hatte 500–700 Teilnehmer und begann vor dem Landtagsgebäude. Dort wurden Flugblätter mit der Überschrift „Das Kartenhaus fällt zusammen" verteilt. Auf diesen wurde angekündigt, durch „hautnahe Aufklärung der tumben Kundenherde" würde das System der Rabattkarten in kürzester Zeit von innen kollabieren. Geplante „Aufklärungstestläufe in kleinem Rahmen" würden beweisen, dass allein durch „sanften Druck auf die schwächsten Glieder der Kette" der „Spuk" bald eine Ende habe. Die Versammlung wurde um 10.45 Uhr beendet.

Am selben Tag kam es in der Zeit zwischen 11.30 und 13.00 Uhr in den vier Düsseldorfer Kaufhäusern der Firmen Schlechtkauf, Ramschkauf und Qualitas zu über hundert Zwischenfällen an den Kassen. Kunden, die im Zusammenhang mit der Bezahlung ihrer Waren ihre Rabattkarte vorlegen wollten, wurde die Rabattkarte von einer anderen Person entwendet, die sie sogleich in ein Gespräch über den Sinn der Rabattkarten verwickelte. In etwa zwei Drittel der Fälle erhielten diese Kunden ihre Karten trotz mehrfacher Aufforderung der Kartenbesitzer, sie zurückzugeben, erst nach Diskussionen von fünf bis zehn Minuten zurück. In etwa einem Drittel der Fälle entfernten sich die Entwender der Karten nach kurzer Diskussion, ohne die Karten zurückzugeben. Unter anderem Sie, Bertram Freudenreich, Sabine Wertmüller und Hugo Ball wurden bei solchen Aktionen von Warenhausdetektiven festgehalten; die herbeigerufene Polizei führte sodann Identitätsfeststellungen durch.

3. Nach den Erkenntnissen des Landeskriminalamts Hessen wird für Ihre Versammlung als Veranstaltung gegen Rabattkarten geworben. An den Universitäten Heidelberg und Göttingen wurden vereinzelte Flugblätter gefunden, auf denen unter der Überschrift „Auf ein Neues in Neustadt" für die von Ihnen angemeldete Versammlung geworben wurde. Nach Frankfurt, Berlin und Düsseldorf sei es an der Zeit, „auch in der Provinz zu kämpfen". Nach den „Misserfolgen der Festnahmen in Düsseldorf" sei es gelungen, eine „geschickte Anmeldung zu plazieren". Das Flugblatt endet mit dem Satz: „Unbedingt vernichten oder nur an Zuverlässige weitergeben".

Die Homepage www.gegen-globalisierungs-karten.de ist nach Feststellungen des Landeskriminalamts Hessen seit dem 22.4.2003 nicht mehr aufzurufen. Am gleichen Tag wurde auf einer neu eingerichteten Homepage www.karten-zurueck.de von Sabine Wertmüller und Hugo Ball für die von Ihnen angemeldete Versammlung geworben. Insbesondere solle sich die Veranstaltung gegen das „repressive Ausspähungssystem sogenannter Rabattkarten" wenden, mit denen die internationalen Großkonzerne Schlechtkauf, Ramschkauf und Qualitas das Kaufverhalten der Kunden bis ins Einzelne erforschten, um „uns allen jede Privatsphäre zu rauben". Für kurze Zeit sei es nötig, wegen der gewachsenen Aufmerksamkeit der Polizei „in die Mittelzentren" auszuweichen. Auf der Auftaktkundgebung würden „Hugo, Bertram und Albert feurige Reden halten und uns den weiteren Weg" weisen. Der Artikel endet mit den Sätzen: „Der 4. Mai ist in Neustadt verkaufs-offen. Nutzen wir diese Offenheit und karten etwas nach!".

Im Anzeigenblatt „Kleingedruckt", das in Frankfurt/Main erscheint, war in der Ausgabe vom 23. 4. 2003 folgende Kleinanzeige abgedruckt: „Hugo, Bertram und Sabine treffen sich bei Albert. 4. 5. 2003, 14.00 Uhr. N. Kartenmaterial nicht vergessen." In der Göttinger Anzeigenzeitung „Kleines Blatt" erschien am 25. 4. 2003 folgende Kleinanzeige: „Düsseldorf vergessen machen. Nach-Karten in N. 4. 5. 2003, 14.00 Uhr. 700 müssen wir sein."

4. Am 24. 4. 2003 fand ein Kooperationsgespräch mit Ihnen statt. Nähere Angaben zum Gegenstand der Versammlung und der von Ihnen beabsichtigten Rede machten Sie dabei auch auf Nachfrage nicht. Die Versammlung stehe in keinem Zusammenhang mit den Protesten gegen Rabattkarten. Eine andere Demonstrationsroute als durch die Hauptstraße lehnten Sie kategorisch ab. Auch eine Durchführung des Aufzugs durch andere bedeutende Einkaufsstraßen wie die Müllerstraße oder die Kaiserstraße kämen nicht in Betracht; Gründe für diese Ablehnung benannten Sie auch auf Anfrage nicht. Im Kooperationsgespräch hatten Sie Gelegenheit, zu einem möglichen Versammlungsverbot wegen Gefahren für die öffentliche Sicherheit Stellung zu nehmen.

5. Der 4. 5. 2003 ist in Neustadt ein verkaufsoffener Sonntag. Die Warenhäuser der Firmen Ramschkauf und Qualitas befinden sich an der Hauptstraße. Ansonsten gibt es in Neustadt keine Warenhäuser. Bei der Stadt Neustadt und beim Landeskriminalamt Hessen sind für den 4. 5. 2003 weder für 14.00 Uhr noch für eine andere Tageszeit größere Veranstaltungen bekannt.

II.

1. Die Kreisfreie Stadt Neustadt ist als Ortspolizeibehörde für die Durchführung des Versammlungsgesetzes sachlich und örtlich zuständig.

2. Nach § 15 Abs. 1 VersG kann eine Versammlung verboten oder von bestimmten Auflagen abhängig gemacht werden, wenn nach den zur Zeit des Erlasses der Verfügung erkennbaren Umständen die öffentliche Sicherheit oder Ordnung bei Durchführung der Versammlung unmittelbar gefährdet ist. Zu den Schutzgütern der öffentlichen Sicherheit gehört nach ständiger Rechtsprechung der Verwaltungsgerichte der Schutz subjektiver Rechte und Rechtsgüter des Einzelnen wie Leben, Gesundheit, Freiheit, Ehre, Eigentum und Vermögen, die Unverletzlichkeit der objektiven Rechtsordnung sowie die Einrichtungen und Veranstaltungen des Staates und sonstiger Träger der

Hoheitsgewalt. Über die Unverletzlichkeit der objektiven Rechtsordnung nehmen insbesondere die Strafgesetze am Schutz der öffentlichen Sicherheit teil.

Die öffentliche Sicherheit ist unmittelbar gefährdet, wenn deren Verletzung fast mit Gewissheit zu erwarten ist. Erkenntnisse über frühere Versammlungen können dabei berücksichtigt werden, wenn konkrete Anhaltspunkte vorliegen, dass die angemeldete Versammlung einen vergleichbaren Verlauf nehmen wird.

Bei der Gefahrenprognose muss die Behörde grundsätzlich von den Angaben des Veranstalters in der Anmeldung ausgehen. Anderes gilt, wenn sich aufgrund konkreter Umstände der Eindruck aufdrängt, es sei eine andere als die angemeldete Versammlung geplant. Die Beweislast für eine derartige Tarnveranstaltung trägt die Versammlungsbehörde.

Von Teilnehmern der Versammlung ausgehende Gefahren für die öffentliche Sicherheit sind dem Veranstalter zuzurechnen, wenn der Veranstalter sich nicht von einem größeren Kreis von Teilnehmern abgrenzt, von dem Ausschreitungen zu erwarten sind, und der Veranstalter die Verletzung der öffentlichen Sicherheit billigend in Kauf nimmt. Das Gleiche gilt, wenn der Veranstalter durch die Art der Versammlung einen Teilnehmerkreis mobilisiert, von dem Störungen der öffentlichen Sicherheit zu erwarten sind, und er keine Vorkehrungen trifft, dies zu verhindern.

3. Nach diesen Maßstäben liegen hier die Voraussetzungen für ein Vorgehen nach § 15 Abs. 1 VersG vor.

a) Die von Ihnen angemeldete Versammlung ist eine Tarnveranstaltung. Tatsächlich beabsichtigen Sie nicht nur eine Versammlung, bei der allgemein gegen die „Globalisierung und den Konsumterror" protestiert werden soll, sondern eine gegen das System von Rabattkarten gerichtete Versammlung. Dies ergibt sich aus der Art und Weise, wie für die von Ihnen angemeldete Versammlung geworben wird. Sowohl im Internet als auch in Flugblättern und Kleinanzeigen wird die Versammlung als Versammlung gegen Rabattkarten beworben. Hierzu haben Sie im Kooperationsgespräch keine auch nur ansatzweise nachvollziehbare Erklärung abgeben können. Zwar besteht für den Veranstalter keine Rechtspflicht zur Kooperation. Aus dem Verhalten im Kooperationsgespräch kann die Versammlungsbehörde jedoch zulässige Schlüsse auf die Intentionen des Veranstalters ziehen. So liegt der Fall hier. Denn angesichts der Art und Weise, wie die Versammlung beworben wird, hätte für Sie Veranlassung bestanden, hierzu Stellung zu nehmen.

Die Art und Weise, wie Ihre Versammlung beworben wird, ist Ihnen als Veranstalter zuzurechnen. Nach Erkenntnissen des Landeskriminalamts Hessen sind die Veranstaltungen gegen Rabattkarten in Frankfurt/Main, Berlin und

Anhang 1

Düsseldorf von Ihnen, Hugo Ball, Sabine Wertmüller und Betram Freudenreich geplant und durchgeführt worden. Diese vier Personen stellen danach die Führungsgruppe dieser Protestbewegung dar. Nachweislich sind zumindest Hugo Ball und Sabine Wertmüller an der Werbung für diese Veranstaltung beteiligt. Sie haben im Kooperationsgespräch auf Frage nicht angeben können, welche andere Art der Werbung für die von Ihnen angemeldete Versammlung erfolgt ist und noch erfolgen soll; Ihren Angaben zufolge fände gar keine Werbung für die Veranstaltung statt; nicht nachvollziehbar ist dann jedoch, aufgrund welcher Umstände Sie 1.000 bis 1.500 Teilnehmer zu der von Ihnen angemeldeten Versammlung erwarten. Dies spricht dafür, dass die Werbung im Internet, in Kleinanzeigen in den Zeitungen „Kleines Blatt" in Göttingen und „Kleingedruckt" in Frankfurt/Main und in Flugblättern, die an den Universitäten Heidelberg und Göttingen verteilt wurden, zumindest mit Ihrer Billigung geschieht.

Zudem bestehen weitere Anhaltspunkte dafür, dass die Protestbewegung gegen das System der Rabattkarten die Tatsache, dass eine Protestveranstaltung am 4.5.2003 um 14.00 Uhr in Neustadt geplant ist, nach Möglichkeit geheimhalten will. Dies ergibt sich aus dem Hinweis auf den gefundenen Flugblättern, diese zu vernichten oder nur an „zuverlässige" Personen weiterzugeben, den verschlüsselten Anzeigentexten und dem Schließen einer Homepage unter gleichzeitiger Einrichtung einer neuen. Da weitere Veranstaltungen am 4.5.2003 in Neustadt nicht bekannt sind, sprechen alle Anhaltspunkte dafür, dass diese Werbung sich auf die von Ihnen angemeldete Versammlung bezieht.

Auch aus Ihrem weiteren Verhalten im Kooperationsgespräch ist zu schließen, dass Sie in Wirklichkeit eine gegen Rabattkarten gerichtete Versammlung beabsichtigen. Aufgrund Ihres Selbstbestimmungsrechts über den Ort der Versammlung sind Sie zwar nicht verpflichtet, im Kooperationsgespräch auf den Vorschlag einer anderen Demonstrationsroute einzugehen. Es ist jedoch nicht erkennbar, warum Sie einen Streckenverlauf durch die Innenstadt, der genauso viel Öffentlichkeitswirkung hat wie der von Ihnen angemeldete, kategorisch ablehnen. Dies deutet darauf hin, dass Sie auf jeden Fall an den Warenhäusern der Firmen Ramschkauf und Qualitas vorbeiziehen wollen, um gegen deren Rabattkartensystem zu demonstrieren.

b) Von der beabsichtigten Demonstration gegen Rabattkarten gehen unmittelbare Gefahren für die öffentliche Sicherheit aus.

Bei den Veranstaltungen in Frankfurt/Main, Berlin und Düsseldorf gegen Rabattkarten kam es zu Verletzungen der öffentlichen Sicherheit. In Frankfurt/Main wurden von den Versammlungsteilnehmern Sachbeschädigungen und Körperverletzungen begangen, in Berlin kam es zu rechtswidrigen Blockaden, die über die mit Versammlungen unvermeidlich verbundenen Behinderungen hinaus gingen, und einer erheblichen Sachbeschädigung und in Düsseldorf zu Nötigungen und Diebstählen. Mit den Straftaten waren Verletzungen der Rechtsgüter Dritter verbunden, nämlich des Rechts auf Eigentum und des auf körperliche Unversehrtheit sowie der allgemeinen Handlungsfreiheit.

Es ist konkret zu befürchten, dass es bei der Versammlung in Neustadt erneut zu erheblichen Straftaten und Verletzungen der Rechtsgüter Dritter kommen wird. Zu den Veranstaltungen sind dieselben Teilnehmer wie in Frankfurt/Main, Berlin und Düsseldorf zu erwarten. Für die Veranstaltungen wird jeweils auf vergleichbare Form in denselben Kreisen geworben. Die Protestbewegung gegen die Rabattkarten ist durch nicht friedliches Auftreten in der Öffentlichkeit geprägt. Alle bisherigen Protestveranstaltungen waren mit Rechtsgutverletzungen und Straftaten verbunden; diese Verletzungen der öffentlichen Sicherheit sind jeweils bewusst geplant und begangen worden, nicht spontan aus dem Verlauf der Versammlung heraus. Die Bewegung grenzt sich auch bewusst von den „friedlichen Ostermarschierern" ab und nimmt „Kollateralschäden", d.h. Verletzungen der Rechte Unbeteiligter billigend in Kauf.

Die Art der Mobilisierung für die Versammlung in Neustadt lässt nahezu mit Gewissheit erwarten, dass auch hier auf diese Art und Weise demonstriert werden soll. Die Aufforderung, „Kartenmaterial" mitzubringen, muss ebenso wie der Aufruf zum „Nach-Karten" aufgrund der Erfahrungen aus Düsseldorf, Berlin und Frankfurt/Main so verstanden werden, dass die Teilnehmer Gegenstände zur Begehung von Straftaten bei sich führen sollen. Dabei soll die „Offenheit", die sich aus dem verkaufsoffenen Sonntag ergibt, genutzt werden; damit ist unausgesprochen, aber deutlich die Aufforderung verbunden, bei der Versammlung die Warenhäuser der Firmen Ramschkauf und Qualitas zu betreten und dort Protestaktionen durchzuführen.

4. Es liegen auch die Voraussetzungen für den Erlass eines Versammlungsverbotes vor. Nach § 15 Abs. 1 VersG steht es im pflichtgemäßen Ermessen der Versammlungsbehörden, bei einer unmittelbaren Gefahr für die öffentliche Sicherheit oder Ordnung die Versammlung zu verbieten oder von Auflagen abhängig zu machen. Der Erlass eines Verbots kommt nur in Betracht, wenn weniger belastende Maßnahmen zur Gefahrenabwehr nicht ausreichen. Als weniger belastende Maßnahmen kommen neben Auflagen auch eine Auflösung der Versammlung in Betracht. Ein Verbot ist darüber hinaus nur möglich zum Schutz von der Versammlungsfreiheit gleichwertigen Rechtsgütern.

Weniger belastende, zur Gefahrenabwehr gleich geeignete Maßnahmen kamen hier nicht in Betracht. Durch eine Auflage, einen anderen Streckenverlauf zu wählen, der nicht an den Warenhäusern der Firmen Ramschkauf und

Qualitas vorbei führt, hätte zwar der Gefahr von rechtswidrigen Maßnahmen aus der Versammlung heraus gegen diese Warenhäuser begegnet werden können. Diese Maßnahme wäre zur Gefahrenabwehr jedoch nicht geeignet gewesen. Sie haben im Kooperationsgespräch jeden anderen Streckenverlauf kategorisch abgelehnt und zu erkennen gegeben, sich an eine entsprechende Auflage nicht zu halten. Auch die Möglichkeit, auf ein Vorgehen nach § 15 Abs. 1 VersG zu verzichten und ggf. die Versammlung bei einem rechtswidrigen Verlauf aufzulösen, wäre zur Gefahrenabwehr ungeeignet gewesen. Aufgrund der Erfahrungen in Frankfurt/Main, Düsseldorf und Berlin muss damit gerechnet werden, dass sich von einer bis dahin friedlichen Versammlung kleinste Gruppen ablösen, um Störaktionen in den genannten Kaufhäusern zu begehen. Dem könnte durch eine Auflösung nicht wirksam begegnet werden.

Das Verbot ist auch zum Schutz gleichwertiger Rechtsgüter notwendig. Der Schutz des Eigentums, der körperlichen Unversehrtheit und der allgemeinen Handlungsfreiheit Dritter hat gegenüber der Versammlungsfreiheit nicht zurückzustehen, wenn aus der Versammlung heraus Straftaten zu befürchten sind, mit denen die genannten Rechtsgüter verletzt werden.

5. Aus den vorgenannten Gründen ist auch jede Ersatzveranstaltung zu der angemeldeten Versammlung zu verbieten. Aufgrund der beschriebenen Vorgehensweise der Protestbewegung gegen Rabattkarten und der mit der Anmeldung verbundenen Täuschungsabsicht ist zu erwarten, dass versammlungsrechtliche Maßnahmen umgangen werden sollen.

6. Gemäß § 80 Abs. 2 Nr. 4 VwGO kann die sofortige Vollziehung eines Bescheids im überwiegenden öffentlichen Interesse angeordnet werden. Diese Voraussetzungen sind hier gegeben. Es besteht eine unmittelbare Gefahr für die öffentliche Sicherheit. Dabei sind Verletzungen von Rechtsgütern Unbeteiligter zu erwarten. Das besondere öffentliche Interesse liegt daher darin, diese Rechtsgüter, hier insbesondere Eigentum, körperliche Unversehrtheit und allgemeine Handlungsfreiheit durch die Anordnung der sofortigen Vollziehung zu schützen. Demgegenüber muss Ihr Interesse, die Versammlung wie angemeldet durchzuführen, zurücktreten.

Rechtsbehelfsbelehrung

Gegen diesen Bescheid können Sie binnen eines Monats nach Bekanntgabe Widerspruch einlegen. Der Widerspruch ist bei der Kreisfreien Stadt Neustadt, Ordnungsamt, Neugasse 7, 36547 Neustadt schriftlich oder zur Niederschrift einzulegen.

Schneider

Amtsleiter

Anhang 2

Muster eines Auflagenbescheids mit Anmeldebestätigung und Genehmigung von Ordnern

Kreisfreie Stadt Neustadt, 36547 Neustadt

Herrn Willy Schlot
Nationale Partei
Kreisverband Neustadt
Grüne Str. 7
36547 Neustadt

Ordnungsamt
Neugasse 7
Sb. Müller
0798-34567

Durch Postzustellungsurkunde

Ihr Schreiben	Unser Zeichen	Datum
24. 1. 2003	K-7/03	3. 2. 2003

Vollzug des Gesetzes über Versammlungen und Aufzüge (VersG)
Auflagenbescheid, Genehmigung von Ordnern, Anmeldebestätigung

Die Kreisfreie Stadt Neustadt, Ordnungsamt erlässt folgenden

Bescheid:

1. Bei dem von Ihnen angemeldeten Aufzug am 10. 2. 2003, 10.00 bis 12.00 Uhr in Neustadt vom Schlesischen Platz über die Meierstraße, Packhofstraße, Gartenstraße zum Berliner Platz mit dem Kundgebungsthema „Deutschland zuerst" dürfen schwarze Fahnen nicht mitgeführt werden.
2. Bei dem unter Nummer 1 genannten Aufzug dürfen Trommeln nicht mitgeführt werden.
3. Die sofortige Vollziehung der Nummern 1 und 2 wird angeordnet.
4. Die Verwendung von 50 Ordnern bei dem unter Nummer 1 genannten Aufzug wird genehmigt.

Im übrigen wird **bestätigt**, dass sie eine Versammlung wie folgt **angemeldet** haben:

Versammlungsthema:	Deutschland zuerst.
Zeitpunkt:	10. 2. 2003, 10.00–12.00 Uhr.
Streckenverlauf:	Schlesischer Platz, Meierstraße, Packhofstraße, Gartenstraße, Berliner Platz.

Kundgebungsmittel: Transparente, Plakate, Megaphone, 1 Lautsprecherwagen.
Versammlungsleiter: Herbert Bullmeier, Bayerischer Platz 7, 36547 Neustadt.
Teilnehmeranzahl: 1.000

Gründe:

I.

1. Mit Schreiben vom 24. 1. 2003 meldeten Sie für den Kreisverband der Nationalen Partei eine Versammlung an. In der Anmeldung gaben Sie an, bei der Versammlung sollten 300 schwarze Fahnen und 200 Trommeln mitgeführt werden, und beantragten die Genehmigung des Einsatzes von 50 Ordnern. Im übrigen hatte die Anmeldung den oben bestätigten Inhalt. Zum Thema der Versammlung war des weiteren ausgeführt, es sei an der Zeit, den deutschen Interessen bedingungslosen Vorrang vor der „Multi-Kulti-Ausbeutung des Volkskörpers durch die große Koalition der Lizenzpolitiker und Vaterlandsverräter" einzuräumen.

2. Die Verfassungsschutzberichte der Jahre 1998 bis 2002 des Landesamts für Verfassungsschutz Bayern führten die Nationale Partei jeweils als rechtsextremistische Partei auf. Die Partei knüpfe an die Ideologie des Nationalsozialismus an und wolle in Deutschland einen kollektivistisch-völkischen Staat errichten. Ein Verbotsverfahren vor dem Bundesverfassungsgericht gegen die Nationale Partei ist weder abgeschlossen noch anhängig.

3. Am 5. 1. 2003 fand ein vom Kreisverband Neustadt der Nationalen Partei in Bergstadt veranstalteter Aufzug unter dem Thema „Wir holen uns Deutschland zurück" statt. Der Aufzug hatte 600–800 Teilnehmer, die insgesamt ca. 200 Fahnen der Nationalen Partei mitführten. Dabei marschierten die Teilnehmer im Gleichschritt, schwangen die Fahnen im gleichen Takt und sangen nationalistische Lieder.

Am 20. 1. 2003 fand ein weiterer, vom Kreisverband Neustadt veranstalteter Aufzug der Nationalen Partei in Albstadt statt. Kundgebungsthema war „Das deutsche Volk steht auf". An der Versammlung nahmen ca. 1.000 Personen teil, die 300 Trommeln mitführten. Die Trommeln wurden während der gesamten zweistündigen Versammlung im gleichen Takt geschlagen.

4. Am 28. 1. 2003 fand ein Kooperationsgespräch statt. Dabei erhielten Sie Gelegenheit zur Stellungnahme zum Erlass von Auflagen, die das Mitführen von Fahnen und Trommeln untersagen. Sie erwiderten hierzu, diese Kundgebungsmittel seien unentbehrlich um zu zeigen, „dass in Deutschland eine neue Zeit angebrochen ist".

II.

1. Die Kreisfreie Stadt Neustadt ist als Ortspolizeibehörde für die Durchführung des Versammlungsgesetzes sachlich und örtlich zuständig.

2. Nach § 15 Abs. 1 VersG kann eine Versammlung verboten oder von bestimmten Auflagen abhängig gemacht werden, wenn nach den zur Zeit des Erlasses der Verfügung erkennbaren Umständen die öffentliche Sicherheit oder Ordnung bei Durchführung der Versammlung unmittelbar gefährdet ist. Zu den Schutzgütern der öffentlichen Sicherheit gehört nach ständiger Rechtsprechung der Verwaltungsgerichte der Schutz subjektiver Rechte und Rechtsgüter des Einzelnen wie Leben, Gesundheit, Freiheit, Ehre, Eigentum und Vermögen, die Unverletzlichkeit der objektiven Rechtsordnung sowie die Einrichtungen und Veranstaltungen des Staates und sonstiger Träger der Hoheitsgewalt. Über die Unverletzlichkeit der objektiven Rechtsordnung nehmen insbesondere die Strafgesetze am Schutz der öffentlichen Sicherheit teil.

Mit der öffentlichen Ordnung sind die ungeschriebenen Regeln geschützt, deren Befolgung nach den jeweils herrschenden ethischen und sozialen Anschauungen als unerlässliche Voraussetzung eines geordneten menschlichen Zusammenlebens innerhalb eines bestimmten Gebiets angesehen werden.

Die öffentliche Sicherheit und Ordnung ist unmittelbar gefährdet, wenn deren Verletzung fast mit Gewissheit zu erwarten ist. Erkenntnisse über frühere Versammlungen können dabei berücksichtigt werden, wenn konkrete Anhaltspunkte vorliegen, dass die angemeldete Versammlung einen vergleichbaren Verlauf nehmen wird.

Eine bloße Gefährdung der öffentlichen Ordnung wird im allgemeinen für ein Versammlungsverbot nicht genügen. Dagegen scheidet nach der Rechtsprechung des Bundesverfassungsgerichts und der ständigen Rechtsprechung der Verwaltungsgerichte die öffentliche Ordnung als Schutzgut für Maßnahmen unterhalb des Versammlungsverbots nicht grundsätzlich aus.

Dabei ist die Rechtmäßigkeit versammlungsrechtlicher Maßnahmen, die an den Inhalt von Meinungsäußerungen anknüpfen, an dem Grundrecht der Meinungsfreiheit zu messen. Insoweit ist § 15 VersG hinsichtlich des Schutzes der öffentlichen Ordnung einengend auszulegen, als zur Abwehr von kommunikativen Angriffen auf Schutzgüter der Verfassung besondere Strafrechtsnormen geschaffen worden sind. Die darin vorgesehenen Beschränkungen von Meinungsäußerungen sind jedenfalls im Hinblick auf die seit langem bekannten Gefahrensituationen abschließend und verwehren deshalb einen Rückgriff auf die in § 15 Abs. 1 VersG enthaltene Ermächtigung zum Schutz der öffentlichen Ordnung, soweit kein Straftatbestand erfüllt ist.

Dagegen sind versammlungsrechtliche Maßnahmen, die an die Besonderheiten der gemeinschaftlichen Kundgabe von Meinungen anknüpfen, am Grundrecht der Versammlungsfreiheit zu messen. Dies ist der Fall, wenn aufgrund provokativer oder aggressiver Vorgehensweise die Versammlung einen Einschüchterungseffekt und ein Klima der Gewaltdemonstration und potentieller Gewaltbereitschaft erzeugt. Der darin liegenden Gefährdung der öffentlichen Ordnung kann durch Auflagen begegnet werden. Denn das Grundrecht der Versammlungsfreiheit schützt nicht Aufmärsche mit paramilitärischem oder sonst wie einschüchterndem Charakter.

Das Selbstbestimmungsrecht des Veranstalters über Ort, Zeitpunkt, Art und Inhalt der Versammlung steht dem Erlass solcher Auflagen grundsätzlich nicht entgegen. Das Selbstbestimmungsrecht gibt dem Veranstalter nur die Befugnis, sein Versammlungsanliegen eigenständig zu konkretisieren. Kollidiert seine Versammlungsfreiheit jedoch mit anderen Rechtsgütern, ist es Aufgabe der Versammlungsbehörde, die widerstreitenden Interessen abzuwägen.

3. Nach diesen Maßstäben liegen hier die Voraussetzungen für den Erlass der in Nummern 1 und 2 genannten Auflagen vor.

Das von Ihnen beabsichtigte Mitführen von 300 schwarzen Fahnen und 200 Trommeln bei der angemeldeten Versammlung gefährdet unmittelbar die öffentliche Ordnung. Es ist nahezu mit Gewissheit zu erwarten, dass der Einsatz der Fahnen und Trommeln dazu führen wird, dass der Aufzug ein paramilitärisches Gepräge erhält und einen einschüchternden Charakter hat. Bei den zu erwartenden 1.000 Teilnehmern hätte nahezu jeder dritte Teilnehmer eine Fahne und zusätzlich jeder fünfte Teilnehmer eine Trommel dabei. Damit würde ein Eindruck entstehen, der an Aufmärsche im sog. Dritten Reich erinnert. Angesichts des Zahlenverhältnisses von Teilnehmern zu Fahnen würde ein außergewöhnlich „dichtes" Bild entstehen; ebenso würde die angesichts der Teilnehmerzahl hohe Zahl von Trommeln ein martialisches Auftreten bewirken. Denn aufgrund der Erfahrungen mit den Versammlungen Ihres Kreisverbandes am 5.1.2003 in Bergstadt und am 20.1.2003 in Albstadt ist zu erwarten, dass die Fahnen im gleichen Takt geschwungen und die Trommeln im gleichen Takt geschlagen werden. Darauf lässt auch Ihre Äußerung im Kooperationsgespräch schließen, diese Kundgebungsmittel seien unentbehrlich um zu zeigen, „dass in Deutschland eine neue Zeit angebrochen ist".

Daher werden die unter den Nummern 1 und 2 genannten Auflagen erlassen. Diese beziehen sich auf Begleitumstände der Versammlung, nicht auf in der Versammlung geäußerte Meinungen. Die Auflagen sind daher an Art. 8 GG zu messen. Auf eine Verletzung der Strafgesetze kommt es somit nicht an.

Die mit den Auflagen verbundene Beschränkung des Selbstbestimmungsrechts über die Art der Versammlung haben Sie hinzunehmen. Die Versammlungsbehörde übt ihr Ermessen dahin aus, dass dem öffentlichen Interesse am Schutz der öffentlichen Ordnung Vorrang vor Ihrem Interesse am Einsatz von Fahnen und Trommeln gebührt. Die Auflagen erlauben es, Ihr berechtigtes Interesse, als nicht verbotene Partei Ihre Auffassungen zu vertreten, mit dem Schutz der öffentlichen Ordnung in Einklang zu bringen. Durch den Einsatz der angemeldeten Kundgebungsmittel Plakate, Transparente, Megaphone und Lautsprecherwagen bleibt es der Nationalen Partei möglich, Ihre Auffassungen in der angemeldeten Versammlung auch öffentlichkeitswirksam zu vertreten und zu verbreiten. Die mit den Auflagen verbundenen Beschränkungen betreffen demgegenüber nur einzelne Modalitäten der Durchführung der Versammlung, an denen ein rechtlich schützenswertes Interesse Ihrerseits nicht besteht.

4. Gemäß § 80 Abs. 2 Nr. 4 VwGO kann die sofortige Vollziehung eines Bescheids im überwiegenden öffentlichen Interesse angeordnet werden. Diese Voraussetzungen sind hier gegeben. Es besteht eine unmittelbare Gefahr für die öffentliche Ordnung. Es ist zu erwarten, dass der von Ihnen angemeldete Aufzug ohne die verfügten Auflagen einen paramilitärischen und aggressiven Charakter haben würde. Das besondere öffentliche Interesse liegt daher darin, die öffentliche Ordnung durch die Anordnung der sofortigen Vollziehung zu schützen. Demgegenüber muss Ihr Interesse, die Versammlung wie angemeldet durchzuführen, zurücktreten.

5. Nach §§ 19 Abs. 1, 18 Abs. 2 Satz 1 VersG bedarf die Verwendung von Ordnern bei Aufzügen der polizeilichen Genehmigung. Diese wird hiermit für die beantragten 50 Ordner erteilt.

6. Im übrigen wird bestätigt, dass Sie eine Versammlung wie aufgeführt angemeldet haben.

Rechtsbehelfsbelehrung

Gegen diesen Bescheid können Sie binnen eines Monats nach Bekanntgabe Widerspruch einlegen. Der Widerspruch ist bei der Kreisfreien Stadt Neustadt, Ordnungsamt, Neugasse 7, 36547 Neustadt schriftlich oder zur Niederschrift einzulegen.

Schneider

Amtsleiter

Literaturverzeichnis

Arndt, Politisch missliebige Meinung und grundgesetzliches Friedensgebot – Verfassungsrechtliche Kritik zur Versammlungsjudikatur des OVG Münster, BayVBl. 2002, 653–661

Bader/Funke-Kaiser/Kuntze/von Albedyll, Verwaltungsgerichtsordnung, Kommentar anhand der höchstrichterlichen Rechtsprechung, Heidelberg, 1999

Battis/Grigoleit, Neue Herausforderungen für das Versammlungsrecht?, NVwZ 2001, 121–129

Dies., Die Entwicklung des versammlungsrechtlichen Eilrechtsschutzes – Eine Analyse der neuen BVerfG-Entscheidungen, NJW 2001, 2051–2055

Beljin, Neonazistische Demonstrationen in der aktuellen Rechtsprechung, DVBl. 2002, 15–22

Belz/Mußmann, Polizeigesetz für Baden-Württemberg mit Erläuterungen und ergänzenden Vorschriften, Stuttgart/München/Hannover/Berlin/Weimar/Dresden, 6. Aufl., 2001

Benda, Kammermusik, schrill, NJW 2001, 2947–2948

Bleckmann, Staatsrecht II – Die Grundrechte, Köln/Berlin/Bonn/München, 4. Aufl., 1997

Breitbach, Das Versammlungsverbot innerhalb von Bannmeilen und seine Ausnahmeregelungen, NVwZ 1988, 584–591

Brenneisen, Der exekutive Handlungsrahmen im Schutzbereich des Art. 8 GG, DÖV 2000, 275–283

Breuer, Direkte und indirekte Rezeption technischer Regeln durch die Rechtsordnung, AöR Bd. 101 (1976), 46–88

Brohm, Demonstrationsfreiheit und Sitzblockaden, JZ 1985, 501–511

Ders., Demonstrationsmüll und Straßenreinigung, JZ 1989, 324–332

Von Coelln, Die eingeschränkte Polizeifestigkeit nichtöffentlicher Versammlungen, NVwZ 2001, 1234–1239

Deger, Sind Chaos-Tage und Techno-Paraden Versammlungen?, NJW 1997, 923–925

Ders., Polizeirechtliche Maßnahmen bei Versammlungen?, NVwZ 1999, 265–268

Denninger/Hoffmann-Riem/Schneider/Stein (Hrsg.), Kommentar zum Grundgesetz für die Bundesrepublik Deutschland, Reihe Alternativkommentare, Neuwied/Darmstadt, 3. Aufl., 2001 (zit.: AK-GG)

Deutelmoser, Angst vor den Folgen eines weiten Versammlungsbegriffs?, NVwZ 1999, 240–244

Dietel/Gintzel/Kniesel, Demonstrations- und Versammlungsfreiheit, Kommentar zum Gesetz über Versammlungen und Aufzüge vom 24. Juli 1953, Köln/Berlin/Bonn/München, 12. Aufl., 2000

Dietlein, Zeltlager der Roma als Versammlung i.S. des § 1 VersG?, NVwZ 1992, 1066–1067

Dörr, Keine Versammlungsfreiheit für Neonazis? – Extremistische Demonstrationen als Herausforderung für das geltende Versammlungsrecht, VerwArch 2002, 485–505

Dolzer/Vogel/Graßhof (Hrsg.), Bonner Kommentar zum Grundgesetz, München, Stand: Mai 2003 (zit.: BK)

Drews/Wacke/Vogel/Martens, Gefahrenabwehr, Allgemeines Polizeirecht (Ordnungsrecht) des Bundes und der Länder, Köln/Berlin/Bonn/München, 9. Aufl., 1986

Erbs/Kohlhaas, Strafrechtliche Nebengesetze, München, Stand: Januar 2003

Eyermann/Fröhler (Begr.), Verwaltungsgerichtsordnung, Kommentar, München, 11. Aufl., 2000

Finkelnburg/Ortloff, Öffentliches Baurecht, Bd. II: Bauordnungsrecht, Nachbarschutz, Rechtsschutz, München, 4. Aufl., 1998

Frowein, Versammlungsfreiheit und Versammlungsrecht, NJW 1969, 1081–1086

Führing, Zu den Möglichkeiten der Verhinderung von Skinheadkonzerten – Eine Stellungnahme zum Runderlass des sachsen-anhaltinischen Ministeriums des Innern zum Umgang mit rechtsextremistischen Musikveranstaltungen, NVwZ 2001, 157–161

Geck, Zum Versammlungsbegriff des Art. 8 GG, DVBl. 1980, 797–803

Gusy, Rechtsextreme Versammlungen als Herausforderung an die Rechtspolitik, JZ 2002, 105–114

Henninger, Observation im Versammlungsgeschehen, DÖV 1998, 713–721

Hoeren/Mattner, Feiertagsgesetze der Bundesländer, Synoptischer Kommentar, Köln/Berlin/Bonn/München, 1989

Hoffmann-Riem, Neuere Rechtsprechung des BVerfG zur Versammlungsfreiheit, NVwZ 2002, 257–265

Isensee/Kirchhof (Hrsg.), Handbuch des Staatsrechts der Bundesrepublik Deutschland, Bd. VI: Freiheitsrechte, Heidelberg, 2. Aufl., 2001 (zit.: HStR)

Jarass, Konkurrenz, Konzentration und Bindungswirkung von Genehmigungen, Probleme und Lösungen am Beispiel der baulichen Anlagen, Berlin, 1984

Jarass/Pieroth, Grundgesetz für die Bundesrepublik Deutschland, Kommentar, München, 6. Aufl., 2002

Kanther, Zur „Infrastruktur" von Versammlungen: vom Imbissstand bis zum Toilettenwagen, NVwZ 2001, 1239–1243

Ketteler, Die Einschränkbarkeit nichtöffentlicher Versammlungen in geschlossenen Räumen, DÖV 1990, 954–961

Knack (Begr.), Verwaltungsverfahrensgesetz, Kommentar, Köln/Berlin/Bonn/München, 7. Aufl., 2000

Kopp/Ramsauer, Verwaltungsverfahrensgesetz, München, 7. Aufl., 2000

Krüger, Versammlungsrecht, Stuttgart/München/Hannover/Berlin/Weimar/Dresden, 1994

Ders., Rechtliche Problemfelder beim Einschreiten anläßlich nichtöffentlicher Versammlungen, DÖV 1997, 13–19

Larenz/Wolf, Allgemeiner Teil des Bürgerlichen Rechts, München, 8. Aufl., 1997

Laubinger/Repkewitz, Die Versammlung in der verfassungs- und verwaltungsgerichtlichen Rechtsprechung, VerwArch 2001, 585–627 (Teil 1), VerwArch 2002, 149–185 (Teil 2)

Lisken/Denninger (Hrsg.), Handbuch des Polizeirechts, München, 3. Aufl., 2001

von Mangoldt/Klein/Starck (Hrsg.), Das Bonner Grundgesetz, Kommentar, München, 4. Aufl., 1999

Maunz/Dürig/Herzog/Scholz (Hrsg.), Grundgesetz, Kommentar, München, Stand: Mai 2003

Meyer/Köhler, Das neue Demonstrations- und Versammlungsrecht, Versammlungsgesetz und Bannmeilengesetze mit Auszügen aus Grundgesetz, Strafgesetzbuch und Ordnungswidrigkeitengesetz sowie Landesrecht, München, 3. Aufl., 1990

von Münch/Kunig, Grundgesetz-Kommentar, Bd. 1 (Präambel bis Art. 19), München, 5. Aufl., 2000

Musil, Berlin, die Hauptstadt der Demonstrationen – Das Versammlungsrecht, ein Rechtsgebiet im Wandel?, LKV 2002, 115 – 119

Nolte, Aufgaben und Befugnisse der Polizeibehörden bei Großveranstaltungen, NVwZ 2001, 147–153

Ott/Wächtler, Gesetz über Versammlungen und Aufzüge (Versammlungsgesetz), Kommentar, Stuttgart/München/Hannover/Berlin/Weimar/Dresden, 6. Aufl., 1996

Potyrkus/Steindorf, Waffenrecht, Waffengesetz mit Durchführungsbestimmungen, Kriegswaffenkontrollgesetz und Nebenbestimmungen, Kommentar, München, 7. Aufl., 1999

Rebmann/Säcker (Hrsg.), Münchner Kommentar zum Bürgerlichen Gesetzbuch, Bd. 1, München, 4. Aufl., 2001 (zit.: MK-BGB)

Renck, Skinhead-Konzerte: Die Behörden sind nicht machtlos, BayVBl. 2002, 523–524

Ridder/Breitbach/Rühl/Steinmeier (Hrsg.), Versammlungsrecht, Kommentar, Baden-Baden, 1992

Roth, Rechtsextremistische Demonstrationen in der verwaltungsgerichtlichen Praxis, VBlBW 2003, 41–49

Rühl, Die Polizeipflichtigkeit von Versammlungen bei Störungen durch Dritte und bei Gefahren für die öffentliche Sicherheit bei Gegendemonstrationen, NVwZ 1988, 577–584

Ders., „Öffentliche Ordnung" als sonderrechtlicher Verbotstatbestand gegen Neonazis im Versammlungsrecht?, NVwZ 2003, 531–537

Sachs (Hrsg.), Grundgesetz, Kommentar, München, 3. Aufl., 2003

Schmidt-Aßmann (Hrsg.), Besonderes Verwaltungsrecht, Berlin/New York, 11. Aufl., 1999

Schörnig, Änderung von Zeitpunkt und Ort einer Versammlung im Wege der Auflage?, NVwZ 2001, 1246–1248

Schwäble, Das Grundrecht der Versammlungsfreiheit (Art. 8 GG), Berlin, 1975

Seidel, Das Versammlungsrecht auf dem Prüfstand, DÖV 2002, 283–291

Stelkens/Bonk/Sachs (Hrsg.), Verwaltungsverfahrensgesetz, Kommentar, München, 6. Aufl., 2001

Thalmaier, Skinhead-Konzerte: Sind die Behörden machtlos?, BayVBl. 2002, 517–523

Tölle, Polizei- und ordnungsbehördliche Maßnahmen bei rechtsextremistischen Versammlungen, NVwZ 2001, 153–157

Tröndle/Fischer, Strafgesetzbuch und Nebengesetze, München, 51. Aufl., 2003

Trubel/Hainka, Das Versammlungsrecht, Ausführlicher Kommentar zum Versammlungsgesetz, Hamburg, 1953

Tschentscher, Versammlungsfreiheit und Eventkultur – Unterhaltungsveranstaltungen im Schutzbereich des Art. 8 I GG, NVwZ 2001, 1243–1246

Werner, Das neue Bannmeilengesetz der „Berliner Republik", NVwZ 2000, 369–375

Wiefelspütz, Das Gesetz über befriedete Bezirke für Verfassungsorgane des Bundes – Ein Gesetz, das seinen Zweck erfüllt, NVwZ 2000, 1016–1018

Ders., Aktuelle Probleme des Versammlungsrechts in der Hauptstadt Berlin, DÖV 2001, 21–28

Ders., Ist die Love-Parade eine Versammlung?, NJW 2002, 274–276

Zeitler, Versammlungsrecht, Stuttgart/Berlin/Köln, 1994

Stichwortverzeichnis
(Die Zahlen verweisen auf die Randnummern)

Abänderungsverfahren 279 f.
Abtransport 45
Allgemeine Feststellungsklage 284
Allgemeine Handlungsfreiheit 9
Allgemeines Polizeirecht 13, 19, 40 ff., 55, 71, 103, 121, 132, 146, 165 ff., 203, 206, 225, 235, 236, 253, 260, 265, 267 ff.
Allgemeines Persönlichkeitsrecht 139, 192
Allgemeinverfügung 208 ff., 223, 276
Amtshilfe 176
Analogie 31, 253, 268 ff.
Anfahrt 20, 30
Angelegenheit, öffentliche
  s. öffentliche Angelegenheit
Anhang 102, 201, 202, 236, 245, 248, 252, 260
Anhörung 88, 211
Anmeldung 1, 7, 27, 29, 40, 79, 82, 94, 108 ff., 148, 173, 194, 211, 217, 237, 265, 271
Anreizen zu Straftaten 262
Ansammlung 2, 8, 35, 210, 216, 224, 257
Ansehen Deutschlands 143
Antragsbefugnis 276
Anweisung 92, 98, 104
Anwesenheit von Polizeibeamten 100 ff.
Anwohner 55, 140
Arbeitsfähigkeit der Verfassungsorgane 152

Aufforderung zu Straftaten 249, 258, 262
Auflagen 12, 24, 29, 40, 46, 48, 51, 59, 64, 65, 70, 79, 80, 84, 88, 99, 115, 119, 121 ff., 149, 161, 162, 173, 178, 180, 182 ff., 207, 222, 255, 275 f.
– Abgrenzung zum Verbot 181, 208
– Art und Inhalt der Versammlung 198 ff.
– Begriff 42, 187 f.
– medizinische Versorgung 205
– Meldeauflage 48, 141, 203
– Ordner 203
– räumliche Beschränkung 176, 183, 189 ff., 286
– Rednerverbot 162, 187, 201, 255, 283
– Streckenverlegung 142, 157, 187, 190, 192, 278
– Verfügung 209 ff., 256
– vorsorgliche 184
– zeitliche Beschränkung 183, 195 ff.
Auflösung 33, 34, 40, 44, 45, 46, 64, 73, 101, 108, 116 f., 119, 123, 147, 176, 178, 181, 187, 207, 210, 216 ff., 241, 255, 257 ff., 282
Aufmachung 67, 232
Aufrührerischer Verlauf 236, 245 f., 258, 260
Aufzug *s. Versammlung*
Aufschiebende Wirkung 275, 279
Auskunftspflicht 79, 82 ff.

Stichwortverzeichnis

Ausländer 28
– ausländerfeindliche Äußerungen/ Versammlung 125, 145, 200, 213
Ausnahmegenehmigung 53, 66, 151
Ausschluss
– in Einladung 234 f.
– bei Störungen 64, 71, 92, 102 f., 105 f., 107, 260
Ausschreitungen *s. Gewalttätigkeiten*
Außenpolitische Belange 143
Autobahn 50 f., 141, 191

Bad Harzburg 145
Bannkreis 29, 151 ff., 218, 278
Baunutzungsverordnung 140
Bauordnungsrecht 49, 56, 256
Baustelle 190
Bedrohung 68
Beeinflussung 152
Befreiung 152, 158, 229
Befriedeter Bezirk *s. Bannkreis*
Begründung 162, 177, 212, 215, 223, 277, 281
Bekanntgabe 59, 114, 115, 210 f., 222, 225
Beschlagnahme 65
Beschwerdeverfahren 279, 281
Bestimmtheit der Auflagen- oder Verbotsverfügung 213
Bestimmtheitsgrundsatz (Art. 103 Abs. 2 GG) 69, 116, 122, 230
Beteiligter 211
Beweislast 86, 148, 168
Bild- und Tonaufnahmen 72 ff.
Bittgang 28
Blockade 9, 24, 139, 141, 109, 206, 221, 222, 227
Bombendrohung 253

Bomberjacken 68
Brandenburger Tor 193
Brennelementewerk 141
Büchertisch 183
Bürgerfragestunde 4
Bundesgrenzschutz 176
Bundesrat 151
Bundesseuchengesetz *s. Seuchenrecht*
Bundestag 151
Bundesverfassungsgericht 151, 162, 278, 283
Bundeswehr 68

Castor-Transport 4, 141, 189, 208, 209, 222
Chaos-Tage 13
Charterhalle 242

Daten
– Erhebung und Speicherung 75, 102
– Vernichtung 74
Deeskalation 90
Demokratieprinzip 123 f., 127
Demonstration *s. Versammlung*
Demonstrationsfreiheit *s. Versammlungsfreiheit*
Deutschenrecht 28
Deutschland *s. Ansehen Deutschlands*
Deutschlands Fest 194
Diskriminierungsverbote 234
Diskussion 4, 71, 104 f.
Drittwirkung 234
Drohende Gewalt 283
Druckerzeugnisse *s. Flugblätter sowie Verkauf*
Durchsuchung 46, 274

Effektiver Rechtsschutz 85, 286

Ehre 135, 136
Eigentum 72, 135, 138, 221, 272
Eilversammlung 27, 33, 80, 108, 111
Einladung 36, 59, 102, 103, 115, 234 f.
Einschließung 222, 226, 282
Einstweilige Anordnung 282 f.
Entfernungspflicht 45, 224 f. 241, 265
Erforderlichkeit 89, 153, 181, 201, 217, 220, 264
Erlaubnis 1, 27, 40, 50 ff., 108, 159
Ermächtigungsgrundlage 21, 44, 46, 71, 76, 119, 130, 187 f., 220, 241, 253, 260, 273
Ermessen 34, 104, 106, 117, 131, 133, 149, 151, 159, 179 ff., 194, 217, 220, 230, 234, 254 f., 274, 278
– Reduzierung auf Null 52, 155
Ermittlungsverfahren 137
Ersatzveranstaltung 213
Europarecht 141, 180
Event 11 ff.

Fackeln 126, 196, 198
Fahnen 114, 126, 130, 145, 172, 198, 249, 283
FDJ 68
FDP 68
13. Februar 196
Flächenverbot *s. Verbot*
Flugblätter 14, 54
Föderalismus 127
Fortsetzungsfeststellungsklage 284
Folgepflicht der Teilnehmer 92
Fraktionssitzung 4
Freiheit 72, 135
Freiheitliche demokratische (Grund-) Ordnung 1, 127, 143, 162

Friedlichkeit/Unfriedlichkeit 1, 22 ff., 31, 34, 46, 47, 72, 86, 89, 102, 162, 166 ff., 173, 230, 239, 251, 253, 258, 262, 270 f.
Fuckparade 9, 14, 18
Fußballspiel 5, 7

Geburtstagsfeier 6
Geeignetheit 59, 74, 186, 187, 227
Gefahr 243
– einfache 7
– erhebliche 72 ff., 175 f.
– gegenwärtige 175 f.
– unmittelbare 7, 146 ff., 174, 187, 198, 208, 253, 258, 260, 267
Gefahr im Verzug 211
Gefahrenpotenzial 7, 37, 167, 181, 267 ff.
Gefahrenprognose 81, 87, 89, 90, 129, 132, 137, 147 ff., 161, 208, 240, 246, 248, 250, 283
Gegendemonstration 71, 87, 88, 145, 162, 167, 170 ff., 176, 253
Gemeingebrauch 7, 50, 202
Gemeinwohlbelange 108, 153, 283
Genehmigung 98
Gesetzgebungskompetenz 41, 159
Gesinnung, politische 66 ff., 164
Gesundheit 64, 72, 135, 138, 206, 221, 229, 253, 258, 260, 263, 272
Gewahrsam 222
Gewalt 167
Gewalttätiger Verlauf 89, 138, 147, 166, 176, 206, 245 f., 258, 260
Gewalttätigkeiten 23, 71, 89, 167, 230, 239, 253
Gewerbebetrieb 57, 88
Gewerkschaft 36, 68
Gleichartige Kleidungsstücke 66, 68
Gottesdienst 38

Grenzübergang 141
Großdemonstration 46, 112, 166
Gute Sitten 124

Hamburger Kessel 226
Hanfparade 15, 52
Hausrecht 92, 103
Hinweispflicht 79, 82 ff.
Hochzeitszug 38
Holocaust-Gedenktag 21, 123, 126, 129, 183, 195, 200

Imbissstand 14, 19, 52, 203
Immissionsschutzrecht 55, 57
Informationelle Selbstbestimmung 74, 76
Informationsveranstaltung 71
Informationsstand 2, 52, 205
Inhaltsbestimmung 47
Inline-Skater 16
Innere Ordnung der Versammlung 92 ff.
Interessenkollision 21, 51, 89, 190, 194, 195, 200

30. Januar 196

Kausalzusammenhang 169, 171
Kollidierendes Verfassungsrecht
 s. verfassungsimmanente Schranken
Kommunale Einrichtung 55
Kommunikationsinhalte 126 ff.
Konkretisierende Verfügung 118
Kongress 5, 7
Kontrollstelle 46
Konzert 5, 7, 14, 32
Konzentrationslager 145, 206
Konzentrationswirkung 39, 50 ff.
Kooperation 77 ff., 101 f., 110, 114 f., 167, 181, 211, 237

Kosten 215
Künstlerische Veranstaltung 5
Kurdische Versammlung 97, 249

Lautsprecher 37, 52, 114, 142, 153, 205, 213, 285 f.
Leben 64, 72, 135, 138, 206, 221, 229, 253, 258, 260, 263, 272
Leib *s. Gesundheit*
Leichenbegängnis 38
Leiter *s. Versammlungsleiter*
Love Parade 9, 14, 18, 52, 140

Mahnwache 9, 139, 169, 183, 192, 197, 284, 286
1. Mai 126, 158, 195
Megaphon *s. Lautsprecher*
Meinungsäußerung und -bildung 4 ff., 9, 30, 38, 52, 68, 98
– Form 8, 14 ff., 130
– politischer Meinungskampf 66, 125, 136, 139
Meinungsäußerungsdelikte 236, 240, 249 ff., 258, 262
Meinungsfreiheit 1, 127 ff., 136, 196, 200, 201, 229, 240, 251
Menschenkette 9
Menschenwürde 127, 145
Militanz 66 ff., 145, 198 f.
Mitgliederversammlung 36
Mittelbarer Eingriff 30, 47, 102
MLKP 68
Motorraddemonstration 189

Namensangabe 59, 94, 99, 234
Nationalsozialismus 66, 125 ff., 145, 159, 164, 200, 206
Neue Tatsachen 149, 179, 280
Neutralität 173, 193 f.
Nichtöffentliche Versammlung
 s. Versammlung, nichtöffentliche

Stichwortverzeichnis

Nichtstörer *s. Notstand*
Notstand 42, 161, 173 ff., 219, 274
– absoluter/echter 175, 176 f.
– relativer/unechter 175, 178
– Versammlung in geschlossenem Raum 253, 260, 263
– Versammlung unter freiem Himmel 175 ff.
9. November 196
NPD 173, 195, 198, 253

Objektive Bedingung der Strafbarkeit 136
Obligatorische Auflösung 220
Observation 102
Öffentliche Angelegenheit 4
Öffentliche Sicherheit und Ordnung 7, 24, 33, 51, 55, 57, 64, 72, 80, 90, 97 ff., 109, 117, 123 ff., 135 ff., 145 ff., 180, 194, 227, 267
Öffentlichkeit 5, 14, 36 ff., 102, 115, 162, 192, 201, 235, 266 ff.
3. Oktober 129, 158
Ordner 71, 82, 98 ff., 104, 106, 114, 203
Ordnungsbefugnis des Leiters *s. Versammlungsleiter*
Ordnungswidrigkeit 24
Ostalgiker 129
Ostermontag 126, 160

Parteien 36, 52, 198, 201, 215, 243, 259
– Parteienprivileg 162, 163
– Wettbewerbsgleichheit 125, 162, 283
Pavillon 52
Persönlichkeitsrecht, allgemeines *s. allgemeines Persönlichkeitsrecht*
Personenfeststellung 47, 232, 274

Platzverweis 105, 176, 223, 227, 265
Politische Veranstaltung 2, 4, 273
Politische Willensbildung 153
Polizeifestigkeit 40 f., 159
Polizeigesetz *s. allgemeines Polizeirecht*
Polizeiliche Begleitung 222, 264
Polizeipflichtigkeit 42, 161, 165 ff., 219, 252 f., 263, 274
Pressevertreter 234
Prioritätsprinzip 194
Privatgrundstück 141, 189
Prognose 243, 247
   s. auch Gefahrenprognose
Protest 5, 162, 208
Provokation 13, 129 f., 170 f.
Prozessionen 38
Pufferzonen 193 f.

Räumliche Beschränkung *s. Auflage*
Razzia 48
Realakt 30, 284
Rechtspflege 142
Rechtsstaatsprinzip 127, 229
Rechtswidrigkeitszusammenhang 171
Rednerverbot *s. Auflage*
Regelungsauftrag 47
Rehabilitationsinteresse 284 ff.
Reinigungspflicht *s. Verunreinigung*
Religiöse Veranstaltung 6
Repressives Verbot 155
Richter 68, 142
Robe 68
Rockkonzert 7
Rollenspiel 141, 189
Roma-Zeltlager 12, 55
Ruhebedürfnis *s. Anwohner*

Schadensersatz 24

Schmerzensgeld 226
Schmidberger 141
Schutzwaffen 26, 38, 60, 204, 228 ff.
Schweigemarsch 9, 71
Schwerer Nachteil 283
1. September 196
Seuchenrecht 49, 55, 56, 256
Sicherheitskonzept 86, 168
Sicherstellung 46, 187
Sitzbänke 52, 203
Sitzblockade *s. Blockade*
Sofortige Vollziehung 213, 275
Soldaten 68
– „Soldaten sind Mörder" 129
Sondernutzung 7
– Sondernutzungserlaubnis 19, 40, 50 ff., 183, 214
Sonn- und Feiertagsgesetze 29, 158 ff., 218
Spontanversammlung 27, 33, 80, 93, 94, 95, 108, 111, 154, 217, 259
Springerstiefel 68
Staat
– Bestand 72
– Einrichtungen 135, 141, 143
– Schutzpflicht 79, 101 ff.
Stadtlauf 16
Stand der Technik 124
Stand von Wissenschaft und Technik 124
Stausee 56
Störer *s. Polizeipflichtigkeit*
Störungsverbot 44, 71, 103
Strafprozessordnung 65, 233
Straftat 24, 126 ff., 136 f., 161, 163, 164, 196, 200, 203, 236, 240, 246, 248 f., 258, 262
Straßenrecht 19, 40, 50 ff., 54
Straßenverkehr 72, 141, 190 ff., 206, 213

Straßenverkehrsrecht 19, 40, 50 ff., 159

TA Lärm 140
Tarnveranstaltung 148, 161, 196
Teilnehmer 244, 263, 282
– Anzahl 3, 51, 198, 205, 217
– Ausschluss 64, 71, 92, 102 f., 105 f., 107, 241, 244, 260, 261
– kritischer 4, 103
– Teilnahmerecht 4, 20, 210, 259
– Zutritt 20, 46, 103, 236, 241
Theater 7, 8, 52, 153
Trauermarsch 130, 283
Tribüne 52
Trommel 172, 198

Übergriffe 151, 176
Überlassungsanspruch 12, 21, 190
Übersichtsaufnahme 76
Überwachung 101
Unfriedlichkeit *s. Friedlichkeit*
Uniform
– Ordner 98
– Uniformverbot 66 ff., 135, 273
Unmittelbarer Zwang 105, 227
Unterbrechung *s. Versammlung*
Unterhaltungsveranstaltung 5, 7, 14
Untersuchungsgrundsatz 86

Veranstalter 36, 113, 165, 167, 209, 244, 245, 248, 252, 260, 263, 282
Verbot 33, 34, 40, 44, 46, 51, 64, 79, 80, 84, 88, 108, 121 ff., 176, 178, 181, 183, 206 ff., 211, 217, 218, 236 ff., 244, 254 f., 275 f.
– Flächenverbot 183, 208
– gesetzliche 150 ff.
– Verfügung 209 ff., 256
Verbrechen 248, 255, 262

Verbringungsgewahrsam 45, 227
Verein 243, 259
– Vereinigungsfreiheit 163
– Vereinsverbot 136, 163, 167, 206, 249
– Verstoß gegen Vereinsgesetz 136, 167, 206
Verfassungsimmanente Schranken 31, 72, 127 ff., 234, 239, 258, 273
Verfassungsmäßige Ordnung 163
Verfügungsbefugnis 10, 52, 190, 242
Vergehen 248, 255, 262
Verhältnismäßigkeit 34, 79, 89, 90, 108, 131, 153, 159, 173, 175, 179, 188, 195, 198, 221, 230, 244, 255, 278
Verkauf
– Druckerzeugnisse 52, 205
– Verkaufsstand 14, 52
  s. auch Imbissstand
Vermieter 71
Vermummung 38, 204, 228 ff.
Versammlung
– Aufzug 37, 92, 100, 106 f., 224
– Beendigung 45, 92, 106, 185, 216, 222, 224 ff., 265
– Beginn 241, 244, 253
– Begriff 4 ff., 10
– Dauer 12
– extremistische 123, 126, 145, 148, 161 ff., 183, 196, 206, 238
– in geschlossenem Raum 37 f., 63, 72, 92, 98 f., 101, 104 f., 111, 154, 159, 234 ff., 272
– nichtöffentliche 10, 36, 43, 67, 235, 266 ff.
– öffentliche 10, 36, 59 ff., 67, 102, 108 ff.
– Ort 12, 51, 114, 130, 140, 145, 183, 189 ff., 211, 225 ff.
– unter freiem Himmel 37 f., 64, 72, 82, 92, 95, 98 f., 106 f., 108 ff., 154, 159, 242
– stationäre 37, 92, 106 f., 224
– Störungen 23, 44
– Thema/Gegenstand/Inhalt 108, 114, 125, 130, 134, 148, 164, 194, 196, 198 ff.
– Unterbrechung 104, 106, 264
– Verhinderung 4, 44, 71, 103
– versammlungsimmanente Tätigkeit 52, 55
– Vorfeld 20, 30, 46, 62, 65, 90, 203
– Zeitpunkt 114, 130, 140, 145, 183, 195 ff., 211, 217, 283
– Zugang/Zutritt 10, 36, 44, 46, 71, 103, 236, 241, 270
– Zweck 4 ff.
Versammlungsfreiheit
– Ausgestaltung 93, 95
– Beschränkung 1, 29 ff., 40, 108, 131, 141, 153, 180, 240
– Eingriff 6, 20, 21, 29 ff., 40, 54, 102, 130, 190, 220, 230
– Entschlussfreiheit 74
– Gesetzesvorbehalt/Vorbehaltlosigkeit 23, 30, 37, 72, 101 f., 130, 153, 159, 234, 239, 272, 274
  s. auch verfassungsimmanente Schranken
– Schutzbereich 2 ff., 11 ff., 20 f., 24, 46, 52, 68, 72, 74, 93, 95, 103, 111, 127, 164, 194, 216, 224, 230, 234, 251, 271
– Selbstbestimmungsrecht 21, 89, 140, 148, 189 ff., 195 ff., 198 ff.
– Wesensgehalt 229
Versammlungsgesetz, Spezialität 39 ff., 160, 222, 236

229

Stichwortverzeichnis

Versammlungsleiter 44, 48, 54, 71, 92, 94 ff., 106, 114, 135, 137, 185, 241, 244, 252, 258, 261, 263
Versammlungsspezifische Gefahren 40 ff.
Verunreinigung 54, 203, 214, 256
Verursacherprinzip 14
Völkerverständigung 127, 163
Volksbelustigung 2, 8, 14
Volksfest 6, 38
Volkstrauertag 159
Volksverhetzung 136 f., 145, 147, 201, 249
Vorbehalt des Gesetzes 118
Vorläufiger Rechtsschutz 275 ff.
Vortrag 5, 104

Waffen/Waffenlosigkeit 1, 25 f., 31, 34, 46, 47, 60 ff., 72, 98 f., 102, 135, 198, 230, 236, 239, 241, 244, 253, 258, 261, 262, 271

Wahlkampf 68, 125, 162
Wahlveranstaltung 52
Wahrscheinlichkeitsgrad 146, 174, 184
Wallfahrt 38
Warenverkehrsfreiheit 141, 180
Wasserrecht 55
Wechselwirkung 130
Wehrsportgruppe 68
Weihnachtsparade 4
Widerspruch 275, 279
Wiederholungsgefahr 284 ff.
Wissenschaftliche Veranstaltung 32

Zelte 12, 52, 55, 203
Zitiergebot 47, 159
Zurechnung 167, 170
Zutritt *s. Versammlung, Zugang*
Zweckveranlasser 161, 170 ff.
Zweitbescheid 149, 280

Das Fundament unserer Rechtsordnung

FRIAUF/HÖFLING (Hrsg.)

Berliner Kommentar zum Grundgesetz

Ergänzbarer Kommentar zum Grundgesetz
für die Bundesrepublik Deutschland

Hrsg. von Prof. Dr. KARL HEINRICH FRIAUF, LL.M., und
Prof. Dr. WOLFRAM HÖFLING, M.A., beide Universität zu Köln

2.234 Seiten, DIN A5, 2 Ordner € (D) 98,–/sfr. 155,–. Ergänzungen bei Bedarf,
Seitenpreis ca. € (D) 0,19. ISBN 3 503 05911 3

▌ Als „Berliner Kommentar" richtet die Kommentierung ein besonderes Augenmerk auf die Entwicklung des „Bonner Grundgesetzes" seit der Wiederherstellung der deutschen Einheit. Im vergangenen Jahrzehnt sind Strukturen und normative Dimensionen der Verfassung wesentlich fortentwickelt worden: Zahlreiche Änderungen aus Anlass der Wiedervereinigung Deutschlands und **eine zunehmende Verzahnung des nationalen Verfassungsrechts mit dem europäischen Recht** haben das Grundgesetz erheblich verändert. Gleichzeitig ist die Bedeutung des Verfassungsrechts für die gesamte Rechtsordnung, insbesondere durch die einflussreiche Rechtsprechung des Bundesverfassungsgerichts, weiter gestiegen.

▌ Der „Berliner Kommentar zum Grundgesetz" richtet auf die Entwicklungslinien unserer Verfassung im zurückliegenden Jahrzehnt besonderes Augenmerk, ohne indes die reichhaltige und fruchtbare Verfassungsrechtsdogmatik der „Bonner Republik", die auch in Zukunft ihre volle Bedeutung behalten wird, zu vernachlässigen. Dem will der Kommentar Rechnung tragen:

durch die verstärkte Berücksichtigung des gemeinschaftsrechtlichen und internationalrechtlichen Bezugsrahmens, die dogmatisch fundierte und kritisch reflektierende Analyse der verfassungsrechtlichen Judikatur und Literatur sowie durch die Herausarbeitung der verfassungsrechtlichen Einwirkungen der einzelnen Grundgesetzbestimmungen auf die praktische Rechtsarbeit.

ESV

ERICH SCHMIDT VERLAG

Postfach 30 42 40 • 10724 Berlin
Fax 030/25 00 85-870
E-Mail: ESV@ESVmedien.de
www.ESV.info

Jetzt in der 3., überarbeiteten Auflage

Die Haftung der Kommunen für die Verletzung der Verkehrssicherungspflicht

Leitfaden mit Musteranweisungen zur Organisation der Haftungsvermeidung

von CARSTEN ROTERMUND,
Referent bei der Versicherungskammer Bayern
3., überarbeitete Auflage 2001, 148 Seiten,
15,8 x 23,5 cm, kart., € (D) 19,95/sfr. 34,–.
ISBN 3 503 06063 4

▌ Die jetzt in dritter und überarbeiteter Auflage vorliegende Darstellung richtet sich vornehmlich an alle diejenigen (auch Nichtjuristen), die in der Praxis mit der Geltendmachung von Schadensersatzforderungen gegen die Gemeinden oder mit deren Abwehr befasst sind. Vor allem soll es dazu beitragen, die Schädigung Dritter und daraus resultierende Forderungen durch kommunale Tätigkeiten überhaupt zu vermeiden.

Behandelt werden Probleme aus nahezu allen Bereichen der kommunalen Verkehrssicherung. Ein Schwerpunkt ist die Erläuterung der Straßenverkehrssicherungspflicht, vor allem der Räum- und Streupflicht.

▌ Gegenüber der Vorauflage wurde eine Vielzahl neuer Gerichtsentscheidungen eingearbeitet, neue Unterkapitel eingefügt und die Anhänge aktualisiert. Eine besonders umfangreiche Überarbeitung haben die Ausführungen über die Haftung aus dem Betrieb öffentlicher Schwimmbäder und Wasserrutschen erfahren.

▌ *Mit diesem Buch erhält der Benutzer eine praxisorientierte und umfassende Darstellung des kommunalen Haftungsrechts im Zusammenhang mit der Verkehrssicherung.*

ESV

ERICH SCHMIDT VERLAG

Postfach 30 42 40 • 10724 Berlin
Fax 030/25 00 85-870
E-Mail: ESV@ESVmedien.de
www.ESV.info